2016 年国家社科基金一般项目《齐鲁古代体育文物调查研究》
（16BTY092）阶段成果
滨州学院体育文化传承与创新研究团队成果

国家社科基金丛书
GUOJIA SHEKE JIJIN CONGSHU

汉画像石中的
齐鲁古代体育文化研究

Research on the Qilu ancient sports culture
in Han Dynasty portrait stone

张红霞　著

人民出版社

目　录

前　言

中国文化历来讲究器以载道，物以承文。汉画像石是汉代民间艺术家们在石头上精心绘画并采用了多种不同的雕刻技法创造出来具有相当大的艺术价值的石刻作品，是迄今为止出土最多的文化遗迹，这些凝固了历史变迁的遗迹，折射了人类进步的历程，融汇了儒家思想和长生不老的道家思想，彰显出汉代文化的博大精深。齐鲁文化是我国区域文化的典型代表，是指先秦齐国和鲁国以东夷文化和周文化为渊源而发展构建的地域文化，是秦汉以来中国大一统文化的主要源头。齐鲁地区留存了大量汉画像石遗迹，因其分布广泛，又有"小敦煌"的美称。由这些丰富的墓葬图像，可以充分追溯人们的审美意识形态和民族精神核心，一幅幅直观的体育活动场景图像，就像一面历史的镜子展现了一个个人们崇尚的社会生活场景，吸引了体育史学者们的研究视角。体育是一种包括多种项目活动形式的文化现象，汉画像石展现的齐鲁文化，是人们集体智慧的结晶和社会生活的真实写照。本书在分析齐鲁义化及其体育文化的基础上，对汉画像石中的体育活动事项进行解读，探索其珍贵的文化价值与深刻的历史意义，旨在更好地传承弘扬我国优秀传统文化，提高文化自信。

汉画像石中墓葬图像是描写另一个世界的存在，为众生信仰的崇拜者提供了完整的生活场面和丰富多彩的生活细节，也表达了主人的享乐生活和精神需求，每一幅竞技娱乐表演画面，都是人们认为将要在彼岸出现的真实场景,可以说汉画像石是为逝者开辟创造了另一个神奇世界,有浓郁的民族色彩和时代特征。而汉代以后,汉画像石的使用正在慢慢地减少,汉画像石艺术尚未被人们进一步得到全面认识的时候,它的时代已经过去了。史学界从只对文字进行解读到利用图像来佐证已经历了数百年,如今汉画像石所展示的图像画面越来越引起学界关注。齐鲁文化对我国古代体育的产生有着重要的影响,深入分析齐鲁区域汉画像石中的体育文化内涵,感悟古代人们的身体活动表现形式及其社会价值,以期对当代人们有所激励和感召。

本书共有八章,可以分为三部分来理解:第一部分为一、二章节,分析了齐鲁体育文化的形成环境与齐鲁文化在传统体育上的表现;第二部分为三、四章节,论述了汉画像石产生和齐鲁画像石概况,对汉画像石中古代体育文化进行了解读;第三部分包括五、六、七、八章节,这些章节分别介绍了汉画像石中的射箭、武术、操舞、蹴鞠等项目活动,从中剖析了齐鲁古代体育文化的渊源和发展历史。

本书理论性较强,但也不失趣味性,主要借助大量的图片与相关典籍资料进行阐述,材料翔实,论证细密,整本书的阐述在齐鲁文化的研究领域具有一定的开拓性,能够为广大学者与爱好者提供一定的资料考证。希望通过本书的详读能够让读者在体育文史领域得到一定的提升,更加热爱博大精深的传统文化,更好地把它发扬光大。

本书的写作汇集了作者辛勤的研究成果,值此脱稿付梓之际,笔者深感欣慰的同时,对给予调研和提供资料的学界同仁深表感谢!本书虽然在理论性和综合性方面下了很大的功夫,但由于笔者知识水平以及文字表达能力的限制,在专业性与可操作性上还存在着较多不足,对此,希望各位专家学者和广大读者能够予以谅解,并提出宝贵意见,笔者当尽力完善。

作 者

2021 年 5 月

第一章　齐鲁体育文化形成的环境

齐鲁体育文化是齐鲁地域文化圈中形成的文化现象。在几千年的发展过程中，齐鲁地域文化圈经历了组合、分解、再组合的过程。齐鲁地域文化圈的自然地理环境、人文环境是齐鲁体育文化形成的重要因素，自然地理环境是其形成的基础与前提，人文环境则是其形成的决定性因素。

第一节　齐鲁地域文化圈的形成

齐鲁地域作为一个整体概念出现，经历了一段历史发展的过程。西周时期诸侯国分封，齐国与鲁国得以建立，齐、鲁是两个重要但文化特征迥异的诸侯国，从秦灭鲁、齐等国统一天下开始，齐文化、鲁文化慢慢失去其独立性并逐渐走向融合，齐国与鲁国所管辖的地域也随着历代行政区划政策的不同走向了分解、再组合的过程。直至元明时期，在今山东地区设立山东行省、山东行中书省，所管辖的区域基本包括了齐鲁古国领地，传统齐鲁文化与齐鲁地域重新统一起来，齐鲁文化作为一个地域文化概念，其内涵得到进一步明确。明清至今，齐鲁文化作为一个成熟的文化概念，以山东省行政区划为相对界限，以该地域的文化源流变化以及对我国传统文化的影响为主要内容，成为传统文化的重要组成部分。

一、齐、鲁文化的初步融合

齐国、鲁国作为西周分封的诸侯国,由于历史文化渊源与治国理念的不同,形成了文化氛围迥异的两个国家。在治国方略上,鲁国以宗周、王道为治国理念,实施了"变其俗,革其礼"(《史记·鲁周公世家》)的建国方针和"尊尊亲亲"的用人政策;齐国以实用、霸道为治国理念,实施了"因其俗,简其礼"(《史记·齐太公世家》)的治国方针和"举贤而上功"的用人政策。在经济上,鲁国重农业,经济类型单一,经济发展相对滞后;齐国重工商,农、桑、渔、盐各业并举,很快发展成为一个繁荣富庶的国家。在学术风气上,鲁人治学严守商周礼治文化传统,崇尚具有统摄化一功能的思想观念,建立的儒学思想系统完善,为后世儒教地位的确立奠定了基础;齐人治学兼容并蓄,通权达变,趋时求变,多元开放的治学理路成为齐文化与鲁文化融合的必要前提。

齐文化、鲁文化既有鲜明的文化差异,也存在融合的文化基础。周王朝分封周公于鲁、太公于齐,二人都是周王朝的功臣,虽然齐、鲁治国理念不同,但周文化是齐文化与鲁文化的重要组成部分。鲁国崇尚周礼,"周礼尽在鲁"(《左传·昭公二年》);齐国称霸诸侯,亦重周礼,认为称霸的方式不能依靠战争,而是通过广施仁义令各诸侯国臣服。鲁国崇儒学,儒学亦是以开放的姿态吸纳多家思想而形成的;齐国思想兼容并蓄,其开放兼容的治学思想与儒学有相同之处。在众多诸侯国中,首先将齐、鲁联系起来的是孔子:"齐一变,至于鲁;鲁一变,至于道。"(《论语·雍也》)孔子认为,在"礼崩乐坏"的时代,齐、鲁都保留了先祖的遗风,是春秋时期的文化中心。齐、鲁相较,鲁国虽然实力较弱,但行王道,上升则得尧舜之圣道;齐国虽然实力强大,但行霸道,霸道升才为王道。孔子以周公礼法为正统王道,以此分析了齐、鲁之不同,也看到了二者的内在相通性。由此看来,虽然齐、鲁在政治观念和经济军事实力上存在明显的差异,但作为中原文化与东夷文化融合的产物,二者具有进一步融合的基础。

最早将"齐鲁"作为统一地域概念使用的是《荀子》。《荀子·性恶》云："天非私齐、鲁之民而外秦人也,然而于父子之义,夫妇之别,不如齐、鲁之孝具敬文者,何也? 以秦人之从情性、安恣睢、慢于礼义故也,岂其性异矣哉!"《荀子》通过齐鲁之民与秦人的比较,将"齐鲁"作为一个地域文化概念,概括了齐鲁文化崇尚礼义的特征。随着秦灭鲁和齐,齐、鲁之间界限泯灭,各自独立性减弱,齐鲁逐步融合为一个统一的文化实体。从此"齐鲁"作为一个地域概念逐渐得到了认可,同时也逐渐形成了与燕赵、秦晋、吴越、荆楚等其他地域不同的文化氛围,成为区别于其他地域文化内涵的代名词。

齐鲁文化是集地域与文化于一体的概念。秦汉时期,齐鲁文化中"作为学术思想文化的代表儒家思想和作为民族宗教的道教,融入中华民族的主流文化体系并成为其主体部分"。齐鲁文化由地域文化上升为主流文化,齐鲁文化的概念与内涵也发生了重大变化。纵观历史发展进程中的齐鲁文化,其内涵可以概括为两个方面:一是作为地域文化的齐鲁文化,根据齐国、鲁国领地的范围到现今山东省行政区划,以地域为依托的文化,包括该地域的政治经济、文化思想以及风俗习惯、风土人情;二是作为主流文化的齐鲁文化,需要从中国传统文化的层面透视,其内涵主要指涉及学术思想、宗教信仰等价值观念层面。本书对齐鲁体育文化的阐释以地域性齐鲁文化为基础,对齐鲁地域的体育文化现象进分析。

二、自秦至宋齐鲁行政区划的变迁及齐鲁文化的流变

为了加强中央集权,秦朝将周王朝分封诸侯的制度改为郡县制。公元前256年,鲁国被楚国所灭;公元前223年,楚国被秦国所灭;秦统一天下后在原鲁地设薛郡。公元前221年齐国被秦所灭,在齐地设齐郡和琅琊郡,后又将齐郡分为济北郡和临淄郡,琅琊郡分为琅琊郡与胶东郡。秦朝在齐鲁之地的行政建制打破了春秋战国时期形成的齐鲁地域文化圈,也削弱了齐鲁文化的影

响力。西汉帝国实行郡国并行制度。汉高祖刘邦在齐地设置齐国,封其子刘肥为齐王,"诸民能齐言者皆予齐王"(《史记·齐悼惠王世家》)。齐国拥有临淄、济北、博阳、城阳、胶东、胶西、琅琊郡,70余城,为最大的诸侯国。鲁地设置鲁国,鲁地的中心地区大多时间为鲁国。由于齐国势力强大,汉天子将其封地不断削减,逐步被收回到汉室。西汉初年被分封的齐国、鲁国接续了春秋战国时期齐鲁文化传统,虽然遭到削减、分割,但齐鲁文化突破了地域文化的限制逐步上升为汉朝的主流文化。首先,齐文化的黄老思想成为汉初的治国思想。汉朝齐国丞相曹参以齐稷下学黄老思想治理齐国,齐国安定,百姓安居乐业。之后曹参任汉朝相国,推行黄老思想治理天下,天下大治。其次,汉武帝时期"罢黜百家,独尊儒术",将鲁文化中的儒学确立为统治思想。由此,齐鲁文化的影响力已远远超出了齐鲁地域的局限,这一变化对齐鲁地域的文化发展也产生了一定的影响。据《汉书·地理志》记载,此地风俗"好学犹愈于它俗。汉兴以来,鲁东海多至卿相"。

东汉时期继续实行郡国并行制度且行政区域划分愈加琐碎,郡国之间频繁转换,齐、鲁地域行政设置也趋于零散。齐地、鲁地及周围地区有东莱、平原、泰山、济阴、山阳等郡,有北海国、齐国、乐安国、琅琊国、济南国、济北国、鲁国、东平国、任城国等诸侯国。齐鲁地域文化与政治力量相疏离,而更多沉淀为民间民俗文化。

魏晋南北朝实行州、郡、县三级制,地方机构设置较为混乱。"当今郡县,倍多于古。或地无百里,数县并置;或户不满千,二郡分领;具僚以众,资费日多;吏卒又倍,租调岁减;清干良才,百分无二……所谓民少官多,十羊九牧。"(《隋书·杨尚希传》)齐鲁地域的政区分属青州、兖州、徐州、冀州、司州、豫州。自晋室南迁到隋朝统一天下之前,齐鲁地域"归属无常,政区屡变",如济南地区,五胡十六国时期先后被前赵、后赵、前燕、前秦、后燕、南燕等占领,东晋末年刘裕北伐,收复青州和黄河以南地区,此后这一地区在刘宋统治的60余年间,成为与北魏相互争夺的战场,在北魏分裂为东西魏、东西魏又为北齐和北周取代后,济南又归东魏、北齐统辖。南北朝朝代更迭虽然给齐鲁地域带来了战乱和贫困,但移民的流动也促进了齐鲁文化与江南文化、北方少数民族文化的交流,异域文化、异族文化的浸润与碰撞为齐鲁文化注入了新的文化元素。

隋朝结束了南北朝割据混战的局面,对混乱、重叠的行政区划进行了调整,改州、郡、县三级为州、县两级制,并根据"存要去闲,并小为大"的原则合并部分州县,后将州、县二级改为郡、县二级制,全国共设 190 个郡,1255 个县。齐鲁地域设有济阴郡、东平郡、济北郡、北海郡、齐郡、东郡、高密郡、鲁郡、琅琊郡、武阳郡、平原郡、渤海郡、清河郡。

唐朝改郡、县制为州、县制,并根据山川地形及交通状况,将天下分为 10 道,后增至 15 道,形成了道、州、县三级制。根据与黄河方位关系的不同,齐鲁地域被分别划归河南道与河北道,共包括 21 个州:曹州、濮州、郓州、兖州、齐州、沂州、青州、淄州、密州、莱州、登州、徐州、宋州、海州、博州、德州、棣州、贝州、魏州、沧州。隋唐时期"道"的行政区划主要依据地形而非传统文化圈,齐鲁地域文化被分割重组,与相邻地域文化相融相通。虽然齐鲁地域文化圈被打破,但具有齐鲁传统文化底蕴的四大家族即清河崔氏、琅琊王氏与颜氏、兰陵萧氏,在唐代政治、思想文化领域举足轻重。

宋代行政区划改"道"为"路",根据地形趋势把全国分为 15 路,后不断增加至 23 路。齐鲁地域大致被划分为京东东路、京东西路、河北路。京东路与河北路在北宋时期地位重要,成为宋、金、元的战略要地。

自秦汉至宋,齐鲁地域始终未形成一个相对完整、独立的行政区划,而是被不断地分割、组合,形成多个郡或州并列的格局。齐鲁地域虽然没有官方行政区划的明确界定,但仍以古齐国、鲁国为中心,以齐鲁文化影响、浸润之地为划分依据,形成了集学术思想、民风民俗于一体的文化圈,在历朝历代的政治、思想、文化中发挥着重要的作用。

第二节　齐鲁体育文化形成的地理环境

地理环境是人类生存发展的物质基础,不同的地理环境,不仅为人类提供了不同的生存方式,而且孕育了不同的文化。地理环境对体育文化的深远影响,在体育文化研究中已经为学界所认可。1918 年,郭希汾编写的《中国体育史》中提到:"(中国武术)门派众多是由于南北地理、气候、人的不同而造成的。北方人身材高大,北方气候严寒造成北派拳术气势雄劲,大开大合。南方多水,南方人身材矮小,拳术也比较细腻。""南拳北腿""东枪西棍"的说法是有一定根据的,至少较为客观地反映了武术文化形成的地域性差异。不仅武术文化具有明显的地域性差异,其他健身运动项目的形成与发展同样和所在地域有着密切的关系。经过几千年历史变迁,齐鲁地域的范围已逐步明确下来。"随着民族融合和人文同化的基本完成,齐、鲁两国文化也逐渐融合为一体。因为文化的一体,齐鲁形成一个统一的文化圈,由统一的文化圈形成了齐鲁的地域概念。这一地域与后来的山东省区域范围大体相当,故成为山东的代称。"①参考了历史上齐鲁文化覆盖地域和现在山东省行政区域,齐鲁地域范围界定为:以古代齐国和鲁国为中心,西邻太行山,东临渤海、黄海,与朝鲜半岛、日本列岛隔海相望,西北与河北省接壤,西南与河南省交接,南与安徽省、江苏省毗邻。陆地东西最长约 700 公里,南北最宽约 420 公里,总面积15.8 万平方公里。

在地理环境上,齐鲁地域位于黄河下游,源远流长的黄河文明是齐鲁文化的摇篮。黄河流经齐鲁大地在东营处汇入渤海,冲积而成广袤的平原。在地形上,齐鲁地域地势中部较高,东、西部渐趋平缓。中部突起,为鲁中南山地丘陵区;东部半岛大都是起伏和缓的波状丘陵区;西部、北部是黄河冲击而成的

---

① 　张洪涛:《山东体育史》,人民体育出版社 2009 年版,第 2 页。

鲁西北平原区,是华北大平原的一部分。齐鲁地域主要山脉以泰山为最高点,鲁中南及胶东地区尚有蒙山、崂山、鲁山、沂山、徂徕山、昆嵛山、九顶山、艾山、牙山、大泽山等。齐鲁地域水资源丰富,分属黄河、淮河、海河三大流域。黄河横贯东西,大运河纵穿南北,内陆地区尚分布着南四湖、东平湖、白云湖等。

齐鲁地域复杂多样的地理环境孕育了多样化的生产生活方式。鲁西北平原地势开阔,土壤肥沃,水资源丰富,形成了具有典型地域特征的农耕文明。农耕文明特点是与自然和平相处,人们日出而作,日落而息,男耕女织,自给自足,生活宁静稳定,思想相对保守。黄河虽然为鲁西北的人们带来了平坦肥沃的土地,但历史上黄河的多次泛滥也给人们带来无穷的灾难。稳定宁静的生活孕育了保守、稳重的民风,滋生了丰富的养生思想和保健养生活动;而与黄河泛滥作斗争也激发了人们勇于斗争、自强不息的奋斗精神,例如,济南商河的鼓子秧歌就是起源于开凿商河竣工的庆祝活动。

鲁东、鲁北临海,海岸线长 3024 公里,自齐国起就大力发展渔业、盐业以及工商贸易,同时鼓励发展养蚕业、丝织业。农业经济与工商贸易经济的同步发展,促进了齐鲁地域经济的繁荣,带来了思想文化的开放与多元,衍生了功能多样、价值取向多元的传统体育文化。

第三节　齐鲁地域多元化的人文思想

"齐鲁"不仅仅作为齐国和鲁国管辖范围的地域概念,而且还是一个体现了该地域鲜明文化特色的文化概念,因此,齐鲁体育文化的形成因素中,人文环境起着至关重要的作用。丹纳认为,有一种"精神的气候,就是风俗习惯和时代精神,和自然界的气候起着同样的作用"。① 齐鲁之地是战国时期诸子百家的中心,其中儒家、道家、墨家、法家、兵家、阴阳家、医家等都与其有着深厚

---

① 傅雷译:《艺术哲学》,人民出版社 1963 年版,第 34 页。

的渊源。特别是实行开明政治文化政策的齐国,广纳天下贤士,建立了稷下学宫。稷下之学既有儒、道、名、法、阴阳、兵、农、小说等诸派争立,又有淳于髡、尹文、田骈、慎到、孟轲、邹衍等大家辈出,文化界、思想界呈现出一派全方位开放、蓬勃发展的局面,将百家争鸣带入全盛期,不仅使齐文化得到了空前繁荣,也带动了鲁国及其他诸侯国进入一个黄金时代。齐鲁之地儒家、道家、兵家、墨家、阴阳家、医家等思想形成的"精神的气候"对该地域文化特色的形成产生了深远的影响。

诞生在鲁国的儒家,是先秦诸子百家之一。儒家学说虽然在秦朝因"焚书坑儒"的政策而遭受重创,但在汉代"罢黜百家,独尊儒术"的主张下,逐渐上升为统治思想,进而在后世两千多年的封建王朝中始终居于主流地位。儒家的开创者孔子,春秋时期鲁国人,为了宣扬尧、舜的王道与周文王、周武王、周公的礼治思想,建立了以"仁"为核心的伦理道德思想体系,主张做人要"克己复礼""己所不欲,勿施于人",为政要"节用而爱人"、以德治国。虽然孔子周游列国处处碰壁,但其门徒不断增多,孔子也被后世尊称为"圣人",开创的儒家学说不断得到充实,影响也越来越显著。被称为"亚圣"的孟子,战国中期邹国(今山东邹城)人,受业于孔子嫡孙子思的学生。孟子将孔子"仁"的思想发展为"仁政",提出了"民贵君轻"的民本思想,主张"不以仁政,不能平治天下","施仁政于民,省刑罚,薄税敛"。子思学派与孟子学派在思想上有一致性,被后人联系在一起称为"思孟学派";又因孟子传承发扬了孔子的"仁学"思想,孟子与孔子被后人并称"孔孟"。荀子,战国后期赵国人,后游学到齐国,在齐国稷下学宫中影响颇大,曾三次出任稷下学宫的祭酒。荀子传承发展了孔子的"仁学"思想、孟子的民本思想,并结合法家、道家思想对儒家学说进行了改造,增强了儒家思想的社会适应能力,从而进一步扩大了儒家的影响。孔子、孟子、荀子建立的儒家思想体系成为中国传统文化的重要组成部分,对中国的政治、经济、文化以及健身、娱乐、休闲等领域都产生了深远的影响。

　　道家思想是古代思想流派之一,与儒家互补,儒显道隐是中国传统思想文化的主要特征。道家流派自形成之后就与齐鲁文化不断交融互渗,并发展为齐鲁文化的重要组成部分。道家的代表人物是老子、庄子。庄子,战国中期宋国蒙地人,曾为蒙漆园吏。宋国为齐、楚、魏所灭,被三分其地,齐得济阴、东平,楚得沛地,魏得其梁、陈留(《太平寰宇记》卷十二)。根据考古及相关文献资料证明,庄子所在的蒙地已不再属宋,而属于齐,庄子为漆园吏的所在地在曹州漆园城,庄子墓在今山东省菏泽市东明县东北之漆园城,东明县原县志办主任王守义围绕"漆园为吏""濮水垂钓""河监借粮"等庄子生平的重要事件,通过本地的《庄氏族谱》、东袁旗营桥、11块石碑得出了"庄子故里在东明"的结论。据史书记载,庄子为齐湣王所看重,欲聘以为相。《庄子》一书,有的学者认为其具有鲜明的贵齐思想,并蕴含了丰富的齐文化,如齐文化豁达的语言风格、惯用俗语;齐国的神话传说、历史故事、风土人情等。老庄道家思想在传承过程中逐渐形成了多种流派,如隐逸派、黄老派、异端派、神仙派等,其中黄老派、神仙派形成于齐地并逐渐发展起来。汉代曹参在齐地采用黄老思想治理齐国,任汉相之后,将黄老思想作为汉王朝的治国思想,国家因此呈现政治稳定、经济繁荣的局面。神仙方术在齐地有着悠久的历史,与道家思想相融合,为东汉的道教产生奠定了基础。魏晋玄学是以道为主,融合儒学而形成的思想流派。王弼,山阳高平(今山东金乡至邹城一带)人,是玄学的开创者和重要的代表人物。王弼从认识论的角度建立了"贵无"哲学,扫除了自然、哲学、纲常名教对人的精神的束缚,提高了人的抽象思维能力,提升了人的精神价值,是一次伟大的思想解放。王弼玄学为富有哲理思辨性的宋明理学奠定了基础。墨家是诸子百家中的重要学派之一,与儒家并称"显学",被称为"齐鲁文化之一翼"。《韩非子·显学》记载:"世之显学,儒墨也。儒之所至,孔丘也;墨之所至,翟也。"创始人墨子,春秋末期战国初期鲁国人,是一个出身底层的哲学家。墨家主张"兼爱""非攻""尚贤""尚同""天志""明鬼""非命""非乐""节用""节葬"。墨家学派将维护"公理""道义"作为必须应尽的职责,纪律严明,严于律己,具有鲜明的社会实践精神。作为先秦时期产生于齐鲁的两大显学,墨家与儒家既有共同的价值取向,也有鲜明的差异。对于文质关系,墨家"蔽于用而不知文"(《荀子·解蔽》),强调重质轻文;对于义利关系,墨家提出义利统一的价值观念,形成了经世致用的功利主义思想;对于"仁义"的理解,墨家主张无差别的仁义之爱,并被转化为"其言必信,其行必果,已诺必诚,不爱其躯,赴士之厄困,既已存亡死矣,而不矜其能,羞伐其德"的"侠义"精神。受墨家思想的影响,齐鲁民众形成了讲义气、道义感、责任感强的群体性格,墨家思想在战国时期广为流传,影响广泛,到秦汉之际逐渐衰微,但墨学提倡节约、任人唯贤,主张积极防御、反对霸权,重视理性、科技、逻辑等优良传统成为传统文化的重要内容,至今仍有极强的现代意义。

　　齐鲁文化不仅孕育了儒家、墨家思想,传承发展了道家思想,而且是兵家思想的发源地。齐鲁兵家名家众多,创作了多部重要的兵学经典,成为后世兵家典范。太公姜尚满腹韬略,"多兵权与奇计,故后世之言兵及周之阴权皆宗太公为本谋",在周王朝建立过程中发挥了重要的作用。太公分封至齐,"修政,因其俗,简其礼,通工商之业,便鱼盐之利,而人民多归齐,齐为大国"(《史记·齐太公世家》)。太公辅佐周武王及建立齐国时积累的经验与思想对诸子百家产生了广泛的影响,被后世尊称为"百家宗师";太公的策略直接影响了兵学的形成,太公亦被称为"兵家始祖",齐国成为兵家思想的发源地。《六韬》又名《太公六韬》《太公兵法》,战国时依托太公所作,此书通过周文王、周武王与太公对话的形式,分析了治国治军、战争指导等基本理论与原则,是兵家权谋类的重要作品。齐相管仲为增强齐国争霸的军事实力,采用了寓兵于民的谋略,并且对于军队的赏罚、军费、建制、武器等要素加以具体规定,齐国的军事力量大大增强。司马穰苴,原名田穰苴,春秋时期齐国人,著有《司马穰苴兵法》,被归入兵书《司马法》中。孙武,春秋时期齐国人,被后世尊称为"孙子""兵圣",所著《孙子兵法》对后世的军事思想及战争实践都有极高的指导价值,被后世誉为"兵学圣典""古代第一兵书"。吴起,战国初期卫国左氏(今山东定陶)人,具有卓越的军事才能,后人将其与孙子连称"孙吴",所著《吴子兵法》与《孙子兵法》合称《孙吴兵法》。汉时齐国人黄石公所著《三略》是一部与《六韬》齐名的著名兵书。明代抗倭名将戚继光,山东登州人,根据自己的作战经验创作《纪效新书》《练兵实纪》等兵书,对练兵、阵图、兵器制造等表达了独到的观点。齐鲁兵家思想是中国古代兵家的重要组成部分,宋代官修兵家经典《武经七书》,其中四部《六韬》《孙子兵法》《吴子兵法》《司马法》皆为齐鲁兵书。

诞生于齐鲁之地的阴阳家融合了阴阳、五行学说建立了宇宙自然与社会历史的发展图式,是战国时期流传较广、影响较大的著名学派之一,代表思想家是邹子,名邹衍,战国时期齐国人,稷下学宫著名学者,为寻求经世致用之方,邹先学儒学,后突破儒学、墨学的局限,将星象历法与阴阳五行运用于社会历史的解释,提出了"五行"说、"五德始终"说、"大九州"说等。"五行"说是指自然界阴阳五行运行的规律,提出五行相生与五行相胜的观点。"五德始终"说是仿照自然界五行相生相克的规律解释社会历史发展中的朝代更迭规律的学说。"大九州"说是指神州之外尚有八个州,因而提出天下有九州之说,"大九州"说具有极高的地理价值,也拓宽了战国时期各诸侯国的视野。邹衍的学说在战国时期曾风靡一时,"五德始终"学说为齐王、燕王等成就霸业、帝业提出了合理的解释。邹衍也赢得各诸侯国的重视,在齐国被赐为上大夫,"是以邹子重于齐"(《史记·孟子荀卿列传》),在燕国,受到燕王的高规格礼遇。司马迁在《史记》中将邹衍列为稷下诸子之首,并在《孟子荀卿列传》《秦始皇本纪》《二代世表秦楚之际月表》等篇中多有论及。阴阳家思想不仅直接影响了战国及秦汉的政治观念,而且对黄老思想、道教的形成产生了深远的影响。

医家是春秋战国时期诸子百家之一,历史悠久且流传甚广,为后世中医学的形成奠定了基础。张仲景《伤寒杂病论》序文中曰:"上古有神农、黄帝、岐伯;中古有长桑、汉有公乘阳庆、仓公;下此以往,未之闻也。"文中提到的长桑、公乘阳庆、仓公均为齐国人,是古代医家的代表人物,也是史书记载较早的医家。扁鹊,春秋时期齐国人,原名秦越人,医术高明,巡诊诸侯各国,被称为"神医",成为后世医术高明者的代称,并形成了具有齐鲁地方文化特征的扁医学,齐鲁医家擅长针灸,在大汶口文化遗址出土了大量的用于针灸的砭石,《黄帝内经·素问·异法方宜论》亦曰:"东方之城,天地之所始生也……其病皆为将,其治以砭石,故砭石者,亦从东方来。"公乘阳庆,西汉初年齐国临淄人,收淳于髡为徒,传授给淳于髡黄帝、扁鹊的脉书,教授其通过观察面部不同颜色来诊病的方法及药剂的理论,提高了淳于髡医术。淳于髡,西汉初年齐国临淄人,曾任齐太仓令,被后世称为"仓公"。淳于髡医术精湛,且医德高尚,在各地巡诊(《史记·扁鹊仓公列传》)中记载了其25例成功医案,被称为"诊籍",同时,淳于髡精心授徒,有记载的徒弟有宋邑、冯信、唐安、高期、王禹、杜信等人。此外,晋代高平人王叔和传承了扁鹊医学,整理了《伤寒论》,著述《脉经》,对古代脉学影响甚大。

综上所述,齐鲁地域是诸子百家活动的主要区域,齐国的稷下学宫则是当时学术活动的中心。齐鲁文化不仅孕育、发展了儒家、道家、墨家、兵家、阴阳家、医家,而且其他诸家思想如法家、名家等受其影响也得到了进一步的开拓创新。春秋战国时期的齐鲁之地是中国古代思想文化高度繁荣的地区,诸子一方面通过游说传播自己的观点,另一方面则是积极参与治理国家的实践,身体力行,践行自己的观点,进而扩大其思想的影响力。齐鲁地域活跃的学术氛围和相对稳定富足的社会生活状态,使齐鲁地域成为北方文化的重要发源地,儒家、道家、兵家、墨家、医家、阴阳家等思想流派成为传统文化的重要内容。在齐鲁地域形成的体育文化势必受到了多方面思想观念的影响,从而具有价值取向多元化、形式多样化的特征。

第二章　齐鲁文化与传统体育

　　齐鲁文化是我国区域文化的典型代表。齐鲁文化指先秦齐国和鲁国以东夷文化和周文化为渊源而发展构建的地域文化，是秦汉以来中国大一统文化的主要源头。可以说，齐国民间民俗体育的盛行，奠定了中国早期体育娱乐活动的独特地位，呈现了大众化、生活化的体育特色；鲁国是儒学创始人孔子诞生地，是礼仪之邦，舍生取义的儒家文化价值观是体育活动中的人文因子，为建立和完善中华体育人文精神打下了坚实的理论基础。

第一节　鲁文化与传统体育

　　鲁文化是指周朝分封的诸侯国鲁国的文化。由于在西周拥有特殊的政治地位，鲁国在西周礼治文化传承过程中的作用举足轻重，在鲁地产生的儒家思想也成为两千多年封建社会的正统思想。鲁文化的礼治特征直接影响着鲁国的政治、经济、外交决策，而且其民风民俗也打上了鲜明的烙印。

一、鲁文化概述

　　鲁国是周文王之子姬旦受封而建立的。姬旦辅佐周武王争夺天下，功勋卓著，被称为"周公"。周公为辅佐周武王、周成王未去封地，而是由儿子伯禽前往治理鲁国。周武王封少昊之虚曲阜于鲁公,鲁国定都曲阜,疆域在泰山以南,为方百里,在国势强大时曾达到"方百里者五"(《孟子·告子下》),扩大到初封国土的 5 倍。从公元前 11 世纪伯禽鲁公开国到鲁顷公二十四年(公元前 249 年)鲁国被楚国伐灭,共传 34 代,历时约 800 年。

根据鲁国国力及其在诸侯国中的地位,可以将鲁国历史分为三个时期。一是鲁公(公元前 1043 年)至鲁武公时期(公元前 816 年),鲁国国势强盛,是西周诸侯国中的大国之一。伯禽鲁公遵从父亲周公的教诲:"我文王之子,武王之弟,成王之叔父,我于天下已不贱矣。然我一沐三握发,一饭三吐哺,起以待士,犹恐失天下之贤人。子之鲁,慎无以国骄人。"(《史记·鲁周公世家》)鲁公严格按照周王朝的礼治制度对鲁地民俗进行改革,并平定了管叔、蔡叔的作乱和准戎、徐夷的谋反,鲁国得以安定。鲁公之后的鲁考公、鲁炀公、鲁幽公、鲁魏公、鲁厉公、鲁献公、鲁真公、鲁武公相继即位,鲁国国势稳定强大,诸侯国曹、滕、薛、纪、杞、邓、郳葛时常来朝觐。

二是自鲁懿公(公元前 815 年)至鲁宣公(公元前 591 年),鲁国的礼治制度式微,统治者内部的权力斗争日益激烈。按照周王朝的礼制,诸侯国君主继承权以嫡长子为核心,并辅以兄终弟及的规制:"一继一及,鲁之常也。"(《史记·鲁周公世家》)鲁国自鲁武公去世后,统治者内部的权力斗争日益激烈,在国君继承上多次出现嫡庶不分、废长立幼等违制现象。周宣王喜爱鲁武公幼子戏,废长子括而立幼子戏为太子,太子戏即位为鲁懿公。括的儿子伯御和鲁人不满废长立幼,杀害鲁懿公,鲁人立伯御为鲁君。周宣王对此不满,攻打鲁国,杀伯御而立鲁懿公的弟弟为鲁君,即鲁孝公。自鲁懿公即位至鲁孝公即位,前后短短 20 年内,鲁国三易其君,传统的国君继承制被打破,权力继承缺乏约束,导致鲁国权力斗争加剧,进而鲁国国势日渐衰落。鲁惠公去世后,其长庶子息即鲁隐公为了辅佐年幼的嫡传太子允,仿效周公辅佐周成王的做法,代理朝政,待太子允长大后还政于他,但隐公未能美名远扬,反而受到陷害而被杀害。鲁庄公病重欲立庶子斑为继承人,其长弟庆父、次弟叔牙皆欲立庆父为继承人,其三弟季友则欲立公子延。不同的利益集团的权力之争致叔牙被毒死、公子斑与公子开相继被杀死、庆父自杀。鲁国自此开始了长期的错综复杂的权力之争,由西周强藩沦为无力抗击外敌侵扰的弱国。

三是自鲁成公(公元前 590 年)至鲁顷公时期(公元前 249 年),鲁国陷入内忧外患的困境。国内"三桓"势力强大而公室衰落,在外则屡次遭受诸侯强国的欺凌,最终被楚国伐灭。鲁国"三桓"是指鲁桓公的三个儿子即卿大夫孟氏、叔孙氏、季氏及其后代各自形成的大家族,与鲁国国君势力相抗衡,被后世称为"三桓"。鲁文公去世后,襄仲在齐国的帮助下杀嫡立庶,立文公庶子俀为鲁宣公,"鲁由此公室卑,三桓强"。历代鲁国君主力图除掉三桓的势力,却难以撼动。鲁昭公攻打季氏,而三家族联合起来攻打昭公,昭公只好跑到齐国、晋国,最后客死晋地乾侯。鲁哀公打算利用诸侯的力量削弱三桓的势力,三桓攻打鲁哀公,哀公只好辗转流离于卫国、邹国、越国,最后死在有山氏家中。鲁悼公时,"三桓得势,鲁君有如小侯,地位低于三家族"(《史记·鲁周公世家》)。在外交上,春秋五霸、战国七雄等诸侯强国崛起,鲁国只有依靠强国的帮助才能化解政治危机。鲁国国君需要经常去"朝见"晋国、楚国等大国。"四年,(鲁)襄公朝晋";"十二年,(鲁襄公)朝晋";"二十一年,(鲁襄公)朝晋平公";"昭公三年,朝晋至河,晋平公谢还之,鲁耻焉";"八年,楚灵王就章华台,召(鲁)昭公。昭公往贺,赐昭公宝器";"十二年,(鲁昭公)朝晋至河;十五年,(鲁昭公)朝晋,晋留之葬晋昭公,鲁耻之;二十一年,(鲁昭公)朝晋至河,晋谢还之"(《史记·鲁周公世家》);等等。在吴国、齐国、楚国等强国的攻打下,鲁国最终走向灭亡。

鲁国自分封建立就与周王朝的命运紧密地联系在一起,与周王朝同样经历了繁盛、衰微、灭亡的历程。推行周王朝的礼治并逐渐形成具有鲁国特色的治国理念和经济发展制度,虽然有效地树立了鲁国前期的政治地位,但同时也成为束缚鲁国发展的无形枷锁,春秋战国时期各诸侯国雄起争相称霸,鲁国却难以摆脱衰败的命运。

1. 鲁国遵循周礼的治国思想

鲁国在西周时期拥有优越的政治地位。鲁国是周王朝功勋卓著且出身高贵的周公的封地,周王朝向来有贵同姓、薄异姓的传统,周公是"文王之子,武王之弟,成王之叔父",在同姓分封中亦是最尊贵的一位。相关史料说明,周武王将周公分封在少昊之虚曲阜是为了征服势力强大的东夷部落,并监视、抑制异姓分封的齐国,是具有重要战略意义的布局。周武王对周公委以重任,同时也给予鲁国不一般的政治优势。鲁国的政治优势从以下几个方面体现出来:一是鲁国可以享有天子的礼乐。周公去世后,周成王将周公随文王安葬,表示成王不敢以周公为他的臣子。为了褒扬周公的恩德,鲁国国君可以和天子一样享有祭祀天地和祖庙的特权,在等级制度严格的西周王朝,这是给予鲁国的最高礼遇,也在各诸侯国面前昭示了鲁国极高的政治地位。二是《诗经》中鲁国的诗歌和商、周诗歌一样结集在《颂》诗中,与商、周并列。《诗经》是反映西周至春秋时期社会生活的诗歌总集,分《风》《雅》《颂》三类,其中《颂》诗是宗庙祭祀的乐歌和史诗,内容是歌颂祖先的功业,分为《商颂》《周颂》《鲁颂》三部分。其他诸侯国的诗歌则分在《国风》之中,周王朝"尊鲁"的态度得到了鲜明的体现。

鲁国严格遵循周王朝的治国理念,以"礼"治国。"礼"自夏、商发展至西周,已成为治国安邦的基础,遵从"礼"方能实现理想中的"王道",鲁国自觉恪守周礼,面对鲁地风俗与周礼的差异与冲突,实施了"变其俗,革其礼""尊尊而亲亲"的治国方略,建立了贵贱远近的社会秩序和长幼尊卑的家族秩序。鲁国统治者对周礼的尊崇与恪守改变了鲁地的民俗,"鲁人不但逐渐接受了新的意识形态而且在心理层面上对周公和周礼也生出一种天然的亲近感和自豪感"。鲁国周礼的继承不仅稳固了自身的统治,而且成为立于诸侯国中重要的政治资本。春秋战国时期诸侯国为霸主之争频繁发动战争,周礼已难以维系,但人们内心仍保留着对周礼的一点向往与敬畏,对鲁国曾有的礼治传统大为赞赏:"周礼尽在鲁矣!"(《左传·昭公二年》)

2.鲁国重农抑商的经济形式

鲁国发展经济主要依赖于自给自足的农业生产方式。鲁国地处鲁中南平原带,地势平坦且土壤肥沃,利于农业经济的发展,且鲁地是四周闭塞的内陆地区,交通不便,难以发展工商业。重农抑商的经济观念在一定程度上限制了鲁国的发展,在齐等诸侯国不断改革谋求发展的情况下,鲁国国力逐渐呈现衰弱的迹象。鲁庄公二十八年(公元前 666 年),鲁国发生饥荒,"天灾流行,戾于弊邑,饥馑荐降,民赢几卒",臧文仲"以鬯圭与玉磬如齐告籴"(《国语·鲁语》),饥荒才得以缓解。臧文仲为振兴鲁国经济,提出了"废六关"(废掉关卡)的举措以发展工商业,这一做法却被孔子视为"不仁"之举。根据考古发现,鲁国故城曲阜总面积约 10 平方公里,只有齐故城的 2/3。鲁故城内冶铁遗址 2 处,面积共约 10.4 万平方米,只有齐故城冶铁遗址总面积的 1/9;冶铜遗址 2 处,面积共约 7 万平方米;制骨遗址 2 处,面积共约 16.2 万平方米;制陶遗址 3 处,面积共约 22.75 万平方米。手工业作坊遗址面积共约 59.5 万平方米,即半平方公里多一点,只有齐故城手工业作坊总面积的一半左右。特别是能反映工商业发展水平的铸钱业,齐故城有 2 处铸钱遗址(其中一处属于汉代的),而鲁故城内至今未发现铸钱遗址。鲁故城曲阜与齐故城临淄遗址的对比,鲁国经济实力的微弱可见一斑。

3.鲁国尚俭的民风

鲁国对周礼的崇尚遵从与重农抑商的经济形式造就了鲁人尚俭的民风。一方面,周公"节俭毋逸"的治国思想在鲁国得到了发扬。鲁庄公命人在桓公庙的椽子上雕刻花纹,大夫御孙劝谏庄公:"俭,德之共也;侈,恶之大也。"(《左传·庄公二十四年》)季文子担任鲁宣公、鲁成公的国相,以俭养德,"无衣帛之妾,无食粟之马",认为"人之父兄食粗衣恶,而我美妾与马,无乃非相人者乎"(《国语·鲁语》),意即老百姓吃粗粮、穿破衣服,而自己把婢女和马打扮得美丽,恐怕就不像辅佐国君的人了。孔子把"俭"作为礼教思想的重要内容,"奢则不孙,俭则固。与其不孙也,宁固"(《论语·述而》);"礼,与其奢也,宁俭"(《论语·八佾》),"俭先礼后",真正的德政、礼治都需要将"俭"放在第一位。另一方面,鲁国重农抑商的经济发展策略对民间尚俭之风的形成影响很大。与地广人稀的楚、越之地不同,鲁地地处平原地带,地小人众,资源相对匮乏,俭啬之风逐渐形成。节俭观念的宣扬与崇尚礼仪的风气导致鲁人比较拘谨,而重农抑商的观念又进一步束缚了鲁人发展工商业活动经济的积极性,温文尔雅,尚俭严谨的君子成为鲁人效仿的榜样。

由于周公卓越的功勋,鲁国在礼制、受封等方面都享受了优厚的待遇,为西周强大的诸侯国。在地域上,鲁国封地在泰山以南,富庶且社会文明程度较高。在政治上,鲁国享有超出一般诸侯国的特权,也将传承周王朝的礼治制度作为国家治理的基本制度。政治、经济及文化上的优势提升了鲁国的整体实力,至春秋时期鲁国都以大国的身份接受周围小国的朝觐,战国时期,由于周王室的衰微和诸侯争霸格局的形成,鲁国失去了大国优势而走向没落。

二、鲁国传统体育文化现象

鲁国对周礼的遵从与重农抑商的经济观念造就了鲁国谦逊礼让的淳朴民风,鲁地的体育文化现象也与礼教宣扬有着密切的关系。西周时期鲁国强盛的国力与政治特权,呈现礼治与武事并举的发展态势,奠定了鲁国此时的大国地位。礼射作为礼教的重要载体,在鲁国也得到了进一步发展。相较于齐国丰富的娱乐性民间体育活动,鲁国则相对缺乏,在战国国势衰败之时,方能看到有关记载。

(一)"文治"下的"武功"

古代没有与现代体育观念相一致的概念,根据中国传统体育文化发展的历程及当今对体育的理解,古代的"尚武"之风蕴含着体育文化因素。在武艺及门派出现之前,"尚武"主要体现在两个方面:一是军事领域,既体现在军队平日操练备战上,还表现于战场上通过刀、剑等兵器,或徒步、骑马、驾驶战车征战杀伐。

二是民间人们通过身体运动或技能追求力量、勇敢、义气时所展现的风貌。鲁国在诸侯林立的格局下，既推行礼治，又注重发展武事，至春秋时仍是与强齐相抗衡的国家，"春秋初年，鲁只一败于齐，而四败宋、两败齐、一败卫燕。直至齐公称霸前夕，鲁之国势尚甚强，不亚于齐"。

1.礼治下的赫赫战功

在礼教思想的影响下，鲁国认为战争取胜不仅仅依靠战备的充分和兵力的众多，更关键的是要建立在德政的基础上。著名的长勺之战是鲁国与齐国的一场战役，齐国已跻身于大国之列，军事力量雄厚，鲁国相对弱小。这是一场保卫国家的正义之战，鲁国能够以弱胜强，取胜的根本原因是政治上取信于民，在战场上后发制人。曹刿在战前与鲁庄公的对话，强调了德政对于战争取胜的重要性。曹刿问："何以战？"公曰："衣食所安，弗敢专也，必以分人。"对曰："小惠未遍，民弗从也。"公曰："牺牲玉帛，弗敢加也，必以信。"对曰："小信未孚，神弗福也。"公曰："小大之狱，虽不能察，必以情。"对曰："忠之属也。可以战。战则请从。"（《左传·庄公十年》）对战争的正义性与参战者德政的强调，反映了礼治思想对鲁国战争观念的影响。

鲁国遵从周礼，主张文事武备兼举，所标举的武备也具有浓厚的礼教色彩。《诗经·鲁颂》四篇是对鲁僖公遵从周公、伯禽治国之道而振兴鲁国的伟大功绩的赞颂，《泮水》篇描述鲁僖公平叛淮夷，行受俘礼，赞美僖公文德武备兼修的功勋。整首诗在歌颂鲁僖公美德和美好形象的基础上，赞颂了鲁国在仁德引导下建立起的强大的军事力量和取得的赫赫战功，充满了强烈的刚健尚武的气息和出征必胜的豪情。《閟宫》篇则夸赞了鲁国军事装备的精良以及平定淮夷、击退楚国、徐国的霸气："公车千乘，朱英绿縢。二矛重弓，公徒三万，贝胄朱綅。烝徒增增，戎狄是膺，荆舒是惩，则莫我敢承！"

《有駜》篇描写鲁僖公君臣祈年以后的宴饮活动，三个诗节则是以对高大健壮的马的描写起兴，引出对鲁僖公的赞颂："有駜有駜，駜彼乘黄。有駜有驷,驷彼乘牡。有驷有驷,驷彼乘駧。"《泮水》篇对鲁僖公英姿的描写也借助于骑的马儿来烘托:"思乐泮水,薄采其藻。鲁侯戾止,其马蹻蹻。其马蹻蹻,其音昭昭。载色载笑,匪怒伊教。"《闷宫》篇也提到了"公车千乘",暗示战马极多。"国之大事,在祀与戎"(《左传·成公十三年》)。鲁僖公重视马政体现了鲁国强大的军事力量,僖公执政时鲁国国力增强,疆域进一步扩大,被称为鲁国"中兴时期"。

2. 鲁国勇者曹沫与孔子

曹沫是鲁国勇猛有力的将军,深得鲁庄公的厚爱,虽三次战败,庄公仍让曹沫为将。为了报知遇之恩,也为了保护自己的国家,以雪战败之耻,曹沫在盟会上以匕首挟持齐桓公,言辞有理有据且慷慨激昂,镇定自若,迫使齐桓公归还了其战败丢失的土地,桓公左右莫敢动,而问曰:"子将何欲?"曹沫曰:"齐强鲁弱,而大国侵鲁亦甚矣。今鲁城坏即压齐境,君其图之!"桓公乃许尽归鲁之侵地。既已言出,曹沫投其匕首,下坛,北面就群臣之位,颜色不变,辞令如故,桓公怒,欲倍其约,管仲曰:"不可,夫贪小利以自快,弃信于诸侯,失天下之援,不如与之。"(《史记·刺客列传》)于是桓公乃遂割鲁侵地,曹沫三战所亡地尽复予鲁。

孔子不仅是一位谦谦君子,而且是一位勇士。孔子身材高大,"长九尺有六寸,人皆谓之,长人而异之"(《史记·孔子世家》),且擅长射箭。孔子的勇气不仅仅来自于魁梧的身躯和精湛的射技,而是来自于内心的勇气以及对礼治思想的坚定信心。孔子的"勇"在齐、鲁夹谷会盟上得到了集中的体现。面对强大的齐国的无礼表现,孔子直面刀戈,大声斥责齐人失礼,以正义战胜了齐国,使鲁国取得了夹谷会盟的胜利。

"勇"是尚武精神的重要内容,武将曹沫与儒家孔子在会盟上置自身安危于不顾的胆识与勇气为鲁国带来了外交上、军事上的胜利。忠于国家之"勇"成为后世志士仁人保家卫国、保持独立人格的重要精神支柱,也成为武术文化的重要精神内容之一。

（二）礼射

古代射箭分习武之射与习礼之射。习武之射是强身健体、提高战斗力、培养习武意识的重要手段；习礼之射是王公贵族祭祀、晋爵益地或削地、观察德行、选拔人才的重要方式。礼射发源于殷商，盛行于西周，春秋战国时期逐渐走向社会化、平民化。鲁国遵从周礼安邦定国，礼射活动记载较多。综观鲁国礼射的发展变化，可以梳理出西周到东周时期礼射历史变迁的脉络。

1.周王在鲁地举行大射礼

西周时期，大射是周天子主持或亲自参射、诸侯国君参加的高规格的礼射活动，规模宏大，气势恢宏，一般在周朝王都举行。据史书记载，义盉盖是一件记录大射礼的青铜器，盖内有铭文，记载的是西周中期穆王时期的大射活动。《义盉盖铭》第一次提到"大射"，此次大射则是在鲁地举行，且周王亲自参加比射。射礼之所以在鲁地举行，其原因或与周王东巡或封禅泰山有关，鲁国因周公之故，立有文王之庙，周王东巡到鲁，依礼到文王庙祭祀。既然周王要祭祀文王庙或名山大川，那就需要通过射礼来挑选助祭的人，所以这次大射礼很可能就是为此而举行的。根据相关资料考证，大射礼准备时间长，参加人数多，规模大且影响广泛。在鲁地举行大射礼证实了鲁国渊源深厚的礼教传统。

2.鲁隐公"观鱼（渔）于棠"

射鱼礼是射礼中的一种，源于商而盛于西周。射鱼礼包括"矢鱼""陈鱼""观鱼"三个依次进行的仪节。"矢鱼"即射鱼，与捕猎兽类一样以供祭祀；"陈鱼"即陈列所射之鱼，以供国君省视；"观鱼"即视鱼，省鱼，察看所陈之鱼，是献鱼祭祀之前的一项仪节。有关射鱼礼的记载较少，其中被历代学者关注的一件史料是有关鲁隐公的。《左氏春秋》《公羊春秋》《谷梁春秋》及《史记·鲁周公世家》均记载了此事，但言辞稍有不同。《左氏春秋》记载为"公矢鱼于棠"，而后三者则记载为"（公）观鱼于棠"，且记载了鲁隐公此举遭到臧僖伯的谏阻，但鲁隐公以去边境巡行为借口去了棠地。对于鲁隐公是"矢鱼"还是

"观鱼",为何去业地进行,为何"矢鱼""观鱼"之后却没有提及祭祀之事,臧僖伯为何谏阻,鲁隐公出行又为何遭到质疑等问题,历来争论纷纭不休。据有关记载,业为鲁国边境之地,去边境之地行射鱼礼属于非礼的做法,鲁隐公虽执意前行,但将亲自"矢鱼"改为"观鱼"。鲁隐公此行或许还有其他的政治或军事目的,故而"观鱼"之后祭祀之事不了了之。

由鲁隐公"观鱼于业"可以看出,射礼不仅包括规模宏大的大射礼、具有一定娱乐功能的宾射礼、燕射礼等,还有种类多样的射牲礼。鲁隐公去边境之地"观鱼"且未提祭祀一事,说明西周至春秋时期射礼的礼仪性及严谨庄重的程度已有所降低,射礼成为君臣之间、诸侯国之间争权夺利、实施谋略的挡箭牌,礼射之礼教功能已逐渐式微。春秋时期,周王室及各诸侯国礼射式微,而鲁国仍然遵循周礼,射礼活动较为频繁。

3. 鲁襄公举行享礼之射

《左传》记载了鲁襄公二十九年举行的享礼之射:"范献子来聘,拜城杞也。公享之,展庄叔执币。射者三耦,公臣不足,取于家臣。家臣:展瑕、展玉父为一耦。公臣,公巫召伯、仲颜庄叔为一耦,鄫鼓父、党叔为一耦。"按照享射的礼仪要求,参射者需要三对人,由于射礼式微,胜任射礼的臣子人选不够,为了射礼的完整,鲁襄公从家臣中选出展瑕、展玉父作为一对参加,公臣公巫召伯与仲颜庄叔一对,鄫鼓父、党叔一对。鲁国臣子中六位胜任射礼的臣子都难以找到,一方面反映了公室礼射的衰落,另一方面则表明此时的鲁国公室弱小卑微,礼射已有王公贵族走向社会底层,逐渐呈现社会化、世俗化的发展趋势。

4. 孔子"射于矍相之圃"

孔子不仅崇尚周礼,而且善射,射箭知识也颇为丰富。据《史记·孔子世家》记载,陈湣公的庭院落下一只隼,这只隼是被一支箭镞为石制、箭杆为楛木且长一尺八寸的箭射落的,陈湣公不知此箭来自何处,孔子详尽地讲明了此箭是由蛮夷之地的肃慎部落进贡给周王;周王将这种楛木箭分赐给长女大姬,又将大姬嫁给虞胡公,并将虞胡公分封在陈,故而陈湣公方能见到此箭。孔子将楛木箭的来龙去脉讲得清楚,并在陈公的旧仓库中又找到了这种箭,让人叹服。

孔子善射并将射箭作为礼教的重要手段。孔子与弟子在矍相的园圃里习射观德,在子路邀请观者比赛射箭的人时,提出下面三类人才可以和子路比赛射箭:一是忠于国家的人,"贲军之将,亡国之大夫,与为人后者,不得入";二是孝悌于家的人,"幼壮孝悌,耆老好礼,不从流俗,修身以俟死者,在此位";三是善于学礼之人,"好学不倦,好礼不变,耄期称道而不乱者,在此位"(《孔子家语·观乡射》)。而于国不忠、于家不孝、不善学礼的人,孔子认为不配来射箭。孔子开创私学,提倡因材施教,有教无类,对于参与礼射之人的选择已摆脱了殷商及西周时期王公贵族的限制,而是以"德之贵"为衡量的标准。由地位的尊贵到"德之贵"的转变,致使礼射由规模宏大的大射逐渐走向平民乡射。孔子去世之后,弟子及鲁国人依傍孔子墓冢处安家落户,进行"讲礼乡饮大射之礼"。孔子对弟子进行的礼射教育,有力地推动了礼射在各诸侯国的传播以及在后世的传承。

孔子对习礼之射与习武之射进行了区分,提出"射不主皮"的观点。"射不主皮,为力不同科,古之道也。"(《论语·八佾》)习武之射是主皮之射,一般以兽皮为靶,以能否射中为标准,技术的高低及力量的大小是决定胜负的关键。习礼之射是不主皮之射,一般以"侯"为靶,以是否合乎礼仪为判断的标准,要求技艺与德行兼修,而不以中的为主。《论语集注》分析道:"记曰武王克商,散军郊射,而贯革之射息。"正谓此也。周衰,礼废,列国兵争,复尚贯革,故孔子叹之。在孔子看来,战争杀伐需主皮之射,而仁道王政只需不主皮之射。

孔子主张"仁""礼"治国,他的教育从"仁爱"出发,以"礼"为主,提倡平民教育,包括智育、体育在内的全面教育。他的体育思想是"寓体于礼",他说:"志于道,据于德,依于仁,游于艺"(《论语·述而》)。"兴于诗,立于礼,成于乐"(《论语·泰伯》)。"知者不惑,仁者不忧,勇者不惧"(《论语·子罕》)。孔子云:"有文事者必有武备,有武事者必有文备。"《四部备要·史记》中说:"仁者不忧,知者不惑,勇者不惧。"《论语·宪问》中又说:"勇而无礼则乱。"《论语·泰伯》中还说:"君子无所争,必也射乎？揖让而升,下而饮,其争也君子。"由以上史料可知,无论多么勇武,都必须服"礼"。孔子不主张战争,他说过"军旅之事,未之学也"(《论语·卫灵公》),又称"中庸之为德也其至矣乎"(《论语·雍也》)。他主张用"上说下教"的方式调和阶级矛盾,所以他教学生"射""御"不是为了让学生学会打仗,而是"以学知礼"。在"寓体于礼"思想的指引下,孔子经常与学生一起参加一些体育活动,如钓鱼,"子钓而不纲,弋不射宿"(《论语·述而》),如登山,"孔子北游于农山"(《孔子家语》)。《孟子·尽心上》记载:"孔子登东山而小鲁,登泰山而小天下",至今泰山顶上还留有孔子登临处的遗迹。孔子主张全面发展的教育思想,"六艺"教育就是文武并重、诸育俱全的最好教材,"礼""乐"重德育和美育,"书""数"重智育,"射""御"重体育,在孔子的教育与影响下,他的学生也是全面发展,并各有所长,如樊迟、冉有经常给他驾车,子游、子路都曾带兵打仗。

综上所述,鲁国遵从周礼,并以礼射作为礼教的重要手段。鲁国由周王在鲁地举行大射并亲自参射,到鲁隐公"观鱼于业"而举行射鱼礼;由鲁襄公主持的"享礼之射"到孔子提出"射不主皮"并在矍相之圃和弟子习射,可以看出鲁国礼射由王公贵族参与的规模宏大的礼射逐渐走向社会平民的乡射,礼射的礼教功能被弱化。孔子对弟子进行的礼射教育,为春秋战国时期周礼的传承发挥了重大作用。

（三）"斗鸡政变"与"西狩获麟"

春秋战国时期鲁国三桓势力强大,国君权威衰微,鲁国由西周强国逐渐变成弱小国家,需要凭借与周王朝的亲密关系周旋于各大国之间方能得以保全。

国力衰弱与礼治思想的式微,君臣之间僭越礼制的行为缺乏了约束,公卿贵族的安逸享乐思想蔓延开来。射箭、田猎等活动的礼教功能、军事功能被弱化,而休闲娱乐色彩增强,同时斗鸡、走犬等活动成为公卿贵族热衷的娱乐方式。

1.“斗鸡政变”

斗鸡是古代斗戏的一种,源于夏朝,春秋战国时期已成为达官贵人娱乐的重要方式。鲁昭公时期三桓几乎掌控了鲁国的军政大权,尤其是季平子势力膨胀超过了鲁昭公,季平子与大夫郈昭伯的一次斗鸡致使鲁国政权之争加剧,鲁昭公流亡并客死他国。在这次斗鸡过程中,季平子与郈昭伯都对斗鸡进行了“武装”。“季氏芥鸡羽,郈氏金距”,季平子在斗鸡的羽毛上撒上芥末,斗鸡过程中翅膀扇动以伤害对方的眼睛;郈昭伯在斗鸡的鸡爪上绑上金属制护具,以增强杀伤力。在这次争斗过程中,季平子的斗鸡被打败,“季平子怒而侵郈氏,郈昭伯亦怒平子”(《史记·鲁周公世家》)。郈昭伯联合与季平子有矛盾的臧昭伯以及对季平子强权不满的鲁昭公,共同对付季平子,季平子在被围困时得到叔孙氏、孟氏的帮助,一起打败了鲁昭公。鲁昭公被迫流亡到齐国、晋国,由于三桓的阻挠,鲁昭公最后客死在晋国乾侯。孔子在此次斗鸡政变之后深感鲁国公室衰微,礼治思想难以实施而离开鲁国,开始了周游列国的历程。

斗鸡不仅是一种娱乐,而且是斗鸡主人较量的方式。季平子与郈昭伯斗鸡并不是为了娱乐,而是以斗鸡的方式进行了一场权势的较量。季平子权倾一时,不能容忍任何一个超过自己的对手的存在。为了取胜不惜违背规则,采用“芥鸡羽”的方式置对方于死地。在礼治思想的影响下,季平子把持鲁国朝政的野心尚需要君臣礼数的掩盖与粉饰,在斗鸡场上则通过斗鸡的争斗得到了淋漓尽致的体现。斗鸡的关注点不在于“鸡”,而在于“斗”,斗鸡成为季平子权势、武力的象征符号。季郈斗鸡引发了激烈的权力之争,斗鸡的“斗气”“赌博”被放大成为达官贵族斗富、斗权的一种方式,由此也成为被儒家正统思想抑制的一种活动。

2."西狩获麟"

田猎是古代一项历史悠久、功能多样的活动,殷商时期的甲骨卜辞中有着大量的记载。西周时期将其作为获取祭祀品、讲武习兵的重要活动。"故春蒐、夏苗、秋狝、冬狩,皆于农隙以讲事也"(《左传·隐公五年》)。周礼对田猎的礼制作出了详细的规定:"天子不合围,诸侯不掩群。天子杀则下大绥,诸侯杀则下小绥,大夫杀则止佐车。佐车止,则百姓田猎。獭祭鱼,然后虞人入泽梁。豺祭兽,然后田猎。鸠化为鹰,然后设罻罗。草木零落,然后入山林。昆虫未蛰,不以火田。不麛,不卵,不杀胎,不殀夭,不覆巢。"(《礼记·王制》)。田猎不仅是礼治教化的重要方式,而且是一项较量体能、技能的比赛,参与者需要具有高强的射箭、骑马、搏斗等技能与排兵布阵的能力,内含丰富的体育文化因素。

春秋战国时期礼崩乐坏,王公贵族在田猎时不再遵守周礼的要求,而更注重其休闲娱乐性。"西狩获麟"则是关于孔子因鲁人狩杀麒麟而悲叹的事件。鲁哀公十四年(公元 481 年),叔孙氏狩猎于大野,车夫鉏商猎获了一只难以识别的怪兽,孔子看到是麒麟,悲叹不已。麒麟是中国古代传说中的一种瑞兽,能够给人们降瑞纳福,拥有和君子一样的美德,"麒麟,狼头,肉角,含仁怀义,音中钟吕,行步中规,折旋中矩,游必择土,翔必有处,不履生虫,不折生草,不群不旅,不入陷阱,不入罗网,文章斌斌"(张揖《广雅》)。麒麟一般在明君盛事出现,而今鲁国衰弱不堪且公侯大夫骄奢淫逸,此时麒麟出现反而是一个不好的征兆,孔子故而悲泣。据宋人胡仔考证:春,西狩于大野,叔孙氏之车子鉏商获麟,折其前左足,载以归。叔孙以为不祥,以赐虞人。孔子观之,曰:"麟也!胡为来哉!胡为来哉!"乃反袂拭面,涕泣沾襟。叔孙闻之,然后取之。子贡问曰:"夫子何泣尔?"孔子曰:"麟之至,为明王也,出非其时而见害,吾是以伤焉!"先是,孔子因《鲁史记》作《春秋》及是西狩获麟,孔子伤周道之不兴,感嘉瑞之无应,遂以此绝笔焉。

因狩猎麒麟而悲泣乃至不再编写《春秋》,孔子将多年来坚持周礼而不被采纳、认可所产生的坎坷、失望找到了一个让自己释怀的理由。叔孙氏猎获麒麟,因其长相怪异而认为不祥,打算赐给虞人。对于叔孙氏,这次田猎没有多少娱乐可言。对于"西狩获麟",历史给予了高度的关注,反映了人们对于孔子所揭示的麒麟寓意的认同。而对于一次"不愉快"的狩猎的关注,也可以看到儒家崇礼思想对于史书撰写的影响。虽然对于娱乐活动缺乏应有的关注,但仍可以看出鲁国春秋战国时期田猎活动礼制约束、规模、功能等与西周时期已有很大的差异,其娱乐休闲的属性逐渐凸显出来。

Capturing a Qilin in a Hunt
In the spring of 481 BCE, a strange-looking animal was killed in a hunt. It looked like a river deer with fleshy horns. The seventy-one-year-old Confucius identified it as a qilin. Confucius cried and said, "The qilin symbolizes benevolence and appears only when the country is properly run according to the Way. But now the country is not properly run. A qilin appeared but was killed. This is the end of my ideals." Thus he stopped writing *Spring and Autumn Annals*, which is the historical records of Lu.

图 2-1　《圣迹图》之西狩获麟

注:课题组采集于曲阜孔庙,2017 年 12 月。

综上所述,鲁国从西周时期取得赫赫战功到春秋战国时期衰弱之后曹沫、孔子以一己之力力挽狂澜的胆识与勇气;从遵从周礼的礼射到"斗鸡政变""西狩获麟",虽然国家势力衰弱,疆域不断缩小,周礼在鲁国的践行及影响式微,但和其他诸侯国相比,周礼的影响及渗透仍然十分明显。作战、射箭、斗鸡、田猎等体育文化现象具有鲜明的礼教色彩。

三、孔子体育思想

孔子为鲁人,身材高大健壮,且善射、能御、巨力,在鲁国的政治、外交、军事活动中有过杰出的表现。有关孔子的射御技能及非凡体能的记载散见于《论语》《左传》《史记·孔子世家》等文献资料中,需要仔细爬梳方能找到。孔子将具有军事战备性质的射御置于其礼治体系中,将勇武、竞争以及长寿养生皆纳入其仁学思想中,形成了具有鲜明礼教色彩的体育思想。

（一）"仁智之勇"

为国家、民族的利益而不怕挫折牺牲、敢于拼搏争取的勇武精神是民族英雄主义精神的写照,也是中华体育精神的重要内容。追根溯源,勇武精神与孔子的"仁智之勇"思想有着密切的联系。

孔子将"勇"作为君子品格的重要内容,并将其"仁""智"融合为一体来阐明其内涵:"君子道者三,我无能焉:仁者不忧,智者不惑,勇者不惧。"(《论语·宪问》)"仁",是针对君子的德行而言,是界定君子的首要标准;"智",是针对君子的智慧而言,是君子承担其社会责任以实现仁德的能力;"勇",指君子内心的勇敢与强大,君子"仁""智"得以实现需要有问心无愧的强大的内心。

孔子所谓的"勇"与"畏""惧"相对,包括以下三个方面的内涵:首先,真正的"勇"须是仁者之勇,"仁者必有勇,勇者不必有仁"(《论语·宪问》)。仁者以天下为公,内心坦荡,方才无忧无惧。仁者之勇是勇于反省、勇于改过。"吾日三省吾身"(《论语·学而》);"见贤思齐,见不贤而内自省也"(《论语·里仁》);"知耻近乎勇"(《中庸》),时刻将荣辱记在心上的人,这才是真正的勇者。其次,真正的"勇"须是智者之勇。孔子曰"暴虎冯河,死而无悔者,吾不与也。必也临事不惧,好谋而成者也。"孔子不赞赏那种赤手空拳和老虎搏斗或不用船只渡河死了都不后悔的人,临事不惧且能善于谋划后作决断的人才值得称道。孔子推崇智者之勇,力量与智慧相结合才能产生价值,匹夫之勇、一时之快之勇缺乏谋划,其弊端是容易引起祸乱,"好勇不好学,其弊也乱"(《论语·阳货》)。其三,真正的勇要以礼法道义为前提。孔子厌恶"勇而无礼者"(《论语·阳货》),认为"勇而无礼则乱"(《论语·泰伯》)。"义",宜也。真正的勇要以"义"加以约束,"君子义以为上,君子有勇而无义为乱,小人有勇而无义为盗"(《论语·阳货》)。君子有勇无义就会造反,小人有勇无义就会成为匪盗之徒。由此看来,孔子所谓"勇"是指仁智之"大勇",并将其与无仁之勇、无智之勇区别开了,只有具有仁智之勇的人,才能有所担当,有所成就。孔子在夹谷会盟上以"仁智之勇"为鲁国赢得了外交、军事上的胜利,后世得到认可的民族英雄、武术大家也皆有"仁智之勇"。勇武是传统竞技文化的重要内容,也是传统武术武德的组成部分,但尚武之人常有因一己私利或为一时之快而逞强斗狠的现象,孔子"仁智之勇"的观点对于改变这一现象,塑造优秀竞技文化与武术武德都有积极的作用。

(二)"君子之争"

竞争是竞技文化的核心内容,也是竞技体育文化的基本特征,孔子"仁""礼"思想体系中将"争"与"和""礼"结合起来,倡导"和争""礼争"。孔子多讲"仁"与"礼",而少言"争",《论语·八佾》中则专门论到了"争","君子无所争,必也,射乎! 揖让而升,下而饮,其争也君子。"君子有谦让之德,如若论争,只有射箭最合适,射箭比赛是周朝最为普遍的竞赛活动。射箭竞赛不仅比试射箭的力量、技艺,还需要通过射箭培养参与者的礼仪,在赛前的揖让到赛后的同饮,尽显君子之风,谓之"君子之争"。

审视孔子的思想,可以从以下几个方面理解"君子之争"。首先,"君子之争"是培养君子风度的重要方式。"射者,仁之道也。"(《礼记·射义》)通过君子在射箭过程中前进、后退、转身、反身等一举一动中培养自身的礼仪规范和内在素养。观射之人则借此判断君子的品行,并将其作为甄选诸侯、卿大夫、士的重要依据。其次,"君子之争"不是只注重结果的竞争,而是提倡文明竞赛。以射观士、以射选士,观选的依据不仅仅是射的结果,还包括射箭过程中的举止、神情。同时,孔子认为射箭只要正、直、固且中礼,便可射中,而对于射箭力量的大小并不看重,"射不主皮,为力不同科,古之道也"(《论语·八佾》)。射箭是否射破箭靶并不是衡量的标准,孔子并不赞同以力量强大而显示霸气的竞争方式。再次,"君子之争"并不忽视竞技的过程,而是对射箭过程中的问题进行了具体分析。在射箭的过程中,君子需要"内志正,外体直","持弓矢审固"。射箭时内心要纯正,即心诚,精神高度集中、身体端正挺拔、执弓搭箭要稳。如果射箭不中,需要从自身找原因,"射求正诸己,己正而后发,发而不中,则不怨胜己者,反求诸己而已矣"(《礼记·射义》)。射箭的最高境界是技术娴熟且中礼合乐,达到人与弓箭合一、合乎礼仪且"随心所欲不逾矩"的境界,"射者何以射? 何以听? 循声而发,发而不失正鹄者,其唯贤者乎。若夫不肖之人,则彼将安能以中"(《礼记·射义》)。

孔子的"君子之争"对后世的竞争观念及赛场礼仪产生了深远的影响。在竞争观念上,孔子倡导"和争",认为竞争是自我培养的一种方式,不注重结果,而注重竞争的过程给竞争双方乃至观赏者产生的影响,在此种观念下,传统武术形成了"武德为首,以和为贵"的比赛观念,当今"友谊第一,比赛第二"的赛场文化也与孔子"和争"观念一脉相承。在赛事礼仪上,孔子认为竞争者乃至观众都是比赛的参与者,每个人的举止神情都要符合特定的礼仪,因此,"君子之争"倡导"礼争"。受"礼争"的影响,武术比武形成了固定的礼仪模式,遵守比武礼仪成为比武者必备的素养。目前随着竞技体育赛事的增多,赛场礼仪和看台文化成为赛事文化的重要组成部分,从君子礼争中继承优良传统以规范赛场礼仪和观赛礼仪,有助于高品质赛场文化的建设。

(三)文武兼备

孔子在治国上主张文武兼备;在自身修养上,既熟知《诗》《书》《礼》

《乐》，又擅长射、御，能文能武；在教育上，亦是既重视仁、义、礼、智，又注重武勇，二者不可偏废。孔子文武兼备的主张对于后世的身体教育、体育传承均有一定的借鉴意义。

在治国安民上，孔子主张文武兼备，张弛有道："张而不弛，文武弗能也。弛而不张，文武弗为也。一张一弛，文武之道也"（《礼记·杂记下》）。孔子在推行礼治思想的同时，提出在诸侯争霸局面下军事战备的重要性。孔子的政治理想是"祖述尧舜，宪章文武"，建立仁怀天下、礼治万民的社会。孔子在坚守政治理想的同时，也看到了春秋战国时期礼崩乐坏的混乱局面，对于治国提出了文武兼备的观点："有文事者必有武备，有武事者必有文备"（《史记·孔子世家》）。在诸侯争霸的环境下，国家的治理不仅需要礼治，还需要增强军事力量。鲁国在与齐国的夹谷会盟上取得的胜利，不仅来自于孔子的仁智之勇，而且与鲁国武将左右司马的同行所带来的威慑力有一定关系。

在自身修养上，孔子既重礼教修养，成为后世敬仰的谦谦君子，又注重身体运动能力的培养，具有非凡的武勇气质。一方面，孔子潜心学习商周礼治文化整理《诗》《书》《礼》《乐》，撰写《易传》《春秋》，开创了儒家伦理道德思想。在日常生活中，孔子躬身实践礼教思想，在言谈举止、服饰装束上符合"礼"的规定。另一方面，孔子喜爱射、御且技艺精良。孔子射于矍相圃，"盖视者堵墙"；相较于箭，孔子认为自己更喜欢驾车，"吾何执？执御乎？执射乎？吾执御矣"（《论语·子罕》）。孔子身材高大，力气很大，能徒手打开城门，"孔子之劲拓国门之关""勇服于孟贲"，勇力屈服了大勇士孟贲；"足蹑郊兔"，能追踏野兔；曾担任司寇，掌管刑狱、纠察之事。顾恺之所绘的《孔子出行图》中，孔子在前，腰悬长剑，孔子武勇之气概可见一斑。孔子在鲁国难以推行礼治思想，开始周游列国，结果处处碰壁，只得回国授徒著书。孔子的伟大在于"知其不可而为之"的勇气与坚韧，其思想在后代成为历代统治王朝治国观念的思想基础。

同时，孔子将文武兼备的观点渗透在其教育观念中，对于弟子的教育不仅注重诗书礼仪的学习,还注重射、御的练习,形成文武并重的教育思想。孔子在周礼衰微之际,大力倡导"礼治"思想,在教授子弟过程中,亦是将"六艺"中"射""御"作为教学的主要内容之一。"射"即射箭,"御"即驾驭战车,二者的讲授学习有助于增强身体素质,提高作战技能。孔子弟子中亦不乏身材健壮、武艺高强的弟子。"弟子盖三千焉,身通六艺者七十有二人。"(《史记·孔子世家》)孔子经常通过日常为人处世教育弟子,还带着学生登山、游水、郊游,在休闲游乐中讲解其礼治思想。孔子身体力行、文武兼备、张弛有道的教学方式对后世教育产生了积极的影响。

第二节　齐文化与传统体育

一、齐文化概述

齐文化是指齐国从公元前 1056 年太公姜尚受封建国到公元前 221 年被秦灭亡 800 余年的文化。齐文化是中原文化与东夷文化碰撞的产物,是内陆文化与海洋文化融合的结果。政治上,齐国君臣修明法度,任用贤能;经济上,积极开展农业、渔业、工业、商业,都城临淄成为当时繁华的大都市;军事上,开疆拓土,疆域广阔,几度争霸诸侯;思想上,广开言路,广纳贤才,"稷下学"成为后世自由学术思想的代称。齐文化不仅在政治、经济、军事、思想等方面对当时产生了广泛的影响,而且为民众的休闲娱乐生活营造了宽松的人文环境和浓厚的文化氛围,为传统体育活动的开展提供了适宜的土壤。

(一)齐国历史

齐国历史根据国君宗族的不同,分为"姜齐"和"田齐"两个阶段。自太公姜尚在营丘建国至齐康公被专权的田氏迁至海滨,这一阶段被称为"姜齐",即"姜姓齐国"。自齐侯太公(田)和即位至齐王建被秦灭亡,这一阶段被称为

"田齐",即"田氏齐国"。

(二)姜齐

太公姜尚于营丘建立齐国,并将齐国建成周朝东部的大国。太公对周王朝的建立功勋卓著,因与周王室异姓,且是东海海滨人,被分封在东夷文化与中原文化交界的营丘。周王朝刚刚建立,还未平定安抚远方的东夷各国。齐地紧邻东夷莱国,莱国出兵与太公争夺营丘。太公不仅平定了东夷,而且在政治、经济等方面进行了一系列的改革,卓有成效。"修政,因其俗,简其礼,通商工之业,便鱼盐之利,而人民多归齐,齐为大国。"齐国得到周王朝的允许,享有广阔区域的征伐大权,"东至海,西至河,南至穆陵,北至无棣,五侯九伯,实得征之"(《史记·齐太公世家》)。自此,齐国作为东方大国的地位确立。

齐桓公任用管仲为相,成就了诸侯霸主的地位。齐襄公去世后流亡在外的公子小白和公子纠争做国君,公子小白抢先回国被拥立为国君,即齐桓公。齐桓公不计前嫌任用了曾辅佐公子纠的管仲。管仲相齐的经济政策是"遂滋民,与无财"(《国语·齐语》),"设轻重鱼盐之利,以赡贫穷"(《史记·齐太公世家》),重用贤士、周济穷人,种种举措深得民心;在外交上,不仅加强了军事战备,增强了在诸侯国中的震慑力,而且以礼义之师得到诸侯国的信任和周王的礼遇。齐桓公三十五年在葵丘会盟诸侯,周王派宰孔参加,将祭祀过文王、武王的祭品赏赐给齐桓公,并免去跪拜大礼。齐桓公成为中原地区的首位霸主,诸侯国都愿意依附于齐国。管仲去世后,齐桓公任用了一味谄媚君主且不近人情的易牙、开方、竖刁三人,三人专权,齐桓公去世后五位公子争夺君位,导致朝政混乱,国势衰微。

齐庄公、齐景公时,由于卿大夫崔氏、庆氏、田氏、鲍氏、高氏、栾氏之间的权力争斗,致使齐国衰弱。景公时晏婴为相,晏婴修内政、任贤才,对外则机敏善辩,不辱使命,齐国在诸侯中的地位有所提高。晏婴去世后,田氏专权。齐康公十九年(公元前386年),康公被迁至海滨,"二十六年,康公卒,吕氏遂绝其祀"(《史记·齐太公世家》),姜齐被田齐取而代之。

(三)田齐

田氏齐国是在田氏家族几代人的谋略下建立起来的。齐国田氏始祖陈完本是陈国陈厉公的儿子,在陈国残酷的权力之争中落难来到齐国,改姓田。田氏代齐前的世系为:田敬仲(完)—田孟夷(稚)—田孟庄(湣)—田文子(须无)—田桓子(无宇)—田釐子(乞)—田成子(常)—田襄子(盘)—田庄子(白)—田太公(和)。在田氏代齐的过程中,田文子、田桓子、田釐子、田成子为其中的关键人物,田氏家族发动了多次政变,动用了大量的计谋权术。田文子始为大夫,田氏父子文子、桓子二人联合鲍氏、高氏、栾氏赶走了位高权重的庆氏。大夫晏婴去世时,田氏专权已露端倪。田釐子拥立公子阳生即齐悼公,田成子杀死齐简公,拥立齐平公,自此,田氏独揽齐国政权,并进一步扩大田氏封地。齐康公时,田太公在魏文侯的帮助下位列诸侯,周天子也应允了。"康公十九年,田和立为齐侯,列于周室,纪元年。"(《史记·田敬仲完世家》)在田氏几代人的权谋运作之下,姜姓齐国灭亡,田氏齐国取而代之。

齐威王将齐国霸业推向高峰。齐威王继位时齐国国力尚弱,三晋、鲁国、卫国、赵国先后攻打齐国,夺取了灵丘、阳关、博陵、薛陵、甄地等。齐威王对内从严治政,重用贤能的驺忌子为相,视贤才如珍宝;对外收回被侵占的领地,成为诸侯。齐威王自称为王,以此号令天下。齐宣王时围魏救赵,进一步提高了齐国在诸侯国中的威信。齐威王、齐宣王时期也是稷下学宫发展的鼎盛时期,在各国礼贤下士的风气下,齐国通过开明的文化政策、自由的学术氛围、优厚的待遇聚集了天下的人才贤士,儒、道、名、墨、法、兵、阴阳各思想流派自由争鸣,稷下学大大提高了齐国的影响力。

齐国在诸侯国合纵连横策略中走向了灭亡。齐湣王时期,强秦崛起,诸侯混战,由于湣王晚年骄横、穷兵黩武且好大喜功,齐国国力衰落难以与强秦对抗。齐国以大国自居,在秦攻打其他国家时没有施与援手,而是隔岸观火,致使众叛亲离,不仅丧失了与秦国抗衡的实力,还遭到燕、赵、秦、魏、韩五国的联合攻打,齐国被掠取了70余座城,几乎亡国。最后一个齐王建胸无大志且懦弱无能,齐相后胜是一个投降秦国的卖国贼。秦国攻打齐国不战而胜,曾经的中原强国、诸侯霸主最终走向了灭亡。

齐国西接内陆,东临海洋,特定的地理环境衍生了农业与渔业等多种生产方式。太公姜尚建齐,将中原礼教文化与尚武勇的东夷文化融合在一起。多元文化背景下,齐人重实效、尚智谋,将齐国建成中原强国,国家的强大与富庶培育了尚奢、尚美的民风民俗。

(四)齐文化

1. 多元文化的融合

从文化源流来看,齐文化融合了东夷文化与中原文化。东夷文化主要分布在河南东部、江苏北部以及整个山东地区,是齐文化的主要来源。相关考古资料证实,东夷文化历史悠久且内容丰富,在石器、陶器、音乐、文字等方面都卓有成就。太公姜尚由周王分封到齐地,带来了周人的中原文化。中原文化是黄帝、炎帝两系合流的华夏文化。齐国建国之初,东夷文化渊源深厚,东夷各国势力强大,太公因地制宜,采用了"因其俗,简其礼"的文化政策,有效地缓解了东夷文化与中原文化的矛盾与冲突,以开放、融合的姿态建设齐文化。在太公文化政策的引导下,齐国建设卓有成效,很快就具有了大国的风范。

从地域来看,齐文化融合了内陆文化与海洋文化。齐国建国之初建都营丘,方圆只有百里。通过对周围各国的征讨杀伐,疆域扩大"东至海,西至河,南至穆陵,北至无棣":东至大海;西至黄河;南到穆陵,指穆陵关,在今山东临朐县东南大岘山上;北到无棣,指无棣水,在今河北盐山县南。齐国地域广阔,"膏壤两千里"。太公充分发挥了齐国内陆与沿海各自的地理优势,不仅大力发展农业,而且发展沿海的渔业、盐业以及工商业,"通商工之业,便鱼盐之利"(《史记·齐太公世家》),把"负海泻卤,少五谷而人民寡"(《汉书·地理志》)的齐国发展为诸侯国中最富庶的国家。

东夷文化与中原文化、内陆农业文化和海洋文化的融合是太公根据齐国的历史渊源和地理环境确定的发展策略,稷下学则是战国时期田齐为齐国争霸作出的主动选择。战国时期各诸侯礼贤下士,争夺人才,形成了以"士"争的风气,士"去齐齐轻,附秦秦重,得士者昌,失士者亡"。齐国建立稷下学宫,以开放、自由的文化传统和优厚的待遇吸引天下贤士。"齐国人才荟萃,群贤毕集,人人握灵蛇之珠,家家抱荆山之玉,议论风发,高潮迭起,争鸣齐放,精彩纷呈,著述之丰,汗牛充栋,学风浓厚,冠于诸国。儒、道、名、墨、法、兵、阴阳诸派并列,淳于髡、尹文、田骈、慎到、孟轲、邹衍、荀况等大家辈出,齐国文化界、思想界呈现出诸派全方位开放、蓬蓬勃勃、兴旺发达的局面。"诸子百家争鸣的盛况成为中国文化史上前所未有的繁荣景象,对中国文化思想的发展影响深远。

2. 开放务实,注重谋略

齐国是诸侯国中的大国、强国,在800余年的历史中,几度称霸诸侯。姜齐时期,齐桓公是中原第一个霸主;田齐时期,齐威王在诸侯中首先称王,齐国成就霸业主要源于其开放务实、注重谋略的文化特征。

齐国的开国君主太公姜尚善用谋略。据《史记·齐太公世家》记载,周王朝之所以能够推翻殷商并让天下诸侯归顺是由于太公的谋略:"周西伯昌之脱羑里归,与姜尚阴谋修德以倾商政,其事多兵权与奇计,故后世之言兵及周之阴权皆宗太公为本谋……天下三分,其三归周者,太公之谋计居多。"太公到营丘建齐,面对土地贫瘠、人民贫困却常遭东夷人侵犯的状况,制订了"因其俗,简其礼"的民族文化融合政策、"通商工之业,便鱼盐之利"的经济发展政策、"举贤而上功"的用人方针,受封仅五个月,就向周公报告其政绩,得到了周公的高度赞赏。周王朝建立之初,边远的蛮夷地区尚未安抚,朝中管叔、蔡叔争权作乱,太公积极参与叛乱的平定。鉴于此,周王给予太公"东至海,西至河,南至穆陵,北至无棣"这一区域内的征伐大权,所有五等诸侯、九州长官,只要是不服从周王的命令,太公都有权力征讨,齐国的疆域迅速扩大,成为诸侯中的大国。

齐桓公霸业的成就得益于管仲的谋略,管仲坚持以民为本,依法治国,在政治、经济、军事、外交等方面提出了一系列的方略,成效显著。管仲提出"予而后取,藏富于民"(《管子·牧民》)的观点,只有百姓富裕安居乐业,国家才能富足强大;"圣人之所以圣人,善分民也"(《管子·乘马》),圣人善于分利于民;反对国家向百姓收受赋税,建议通过官家控制盐铁来增加国库收入,"官山海"(《管子·海王》)。管仲重视农业,"五谷粟米,民之司命也",并对农业发展提出了具体的发展策略。管仲不仅重视农业,而且提出了加强工商业的主张,"务本饬末则富"(《管子·幼官》),认为工商贸易是国富民富的重要途径,并提出了"买贱鬻贵"的经营规律。为了贸易的繁荣,管仲提出了"侈靡之术"(《管子·侈靡》),鼓励百姓致富并提倡高消费。在国家管理上,管仲提出了"利出一孔",国家要进行宏观调控,"国有十年之蓄"(《管子·国蓄》),应"取之有度,用之有止"(《管子·权修》)等。为了发展齐国经济,减少人们的贫富差异,加强了货币流通的管理,提出了"轻重"理论。管仲的治国方略秉承了太公开放务实的原则,未被周礼所束缚,因地制宜,因势利导,根据齐地齐民的实际状况提出。管子之论"卑而易行"(《史记·管晏列传》),且务实有效,在管仲的辅佐下,齐国国富民强,齐桓公成为中原霸主。

晏婴是齐国名相之一,辅佐齐灵公、庄公、景公三世,备受齐人推崇。晏婴不仅节俭,礼贤下士,勤于政事,而且睿智,能言善辩,在外交活动中不辱使命,提高了齐国在诸侯国中的地位。晏婴对于政事及齐国卿大夫复杂的权力之争,国君有话问他,他就严肃地回答;不向他问话,他就严肃地办事。国家有道时,顺命办事;无道时,权衡办事,"其在朝,君语及之,即危言;语不及之,即危行。国有道,即顺命;无道,即衡命"(《史记·管晏列传》)。晏婴事齐王三世,在于凡事能权衡度量之后去做,不仅坚持了自己的原则,而且保全了自己。

田氏几代人坚持不懈地策划筹谋,最终取代姜齐。驺忌子因弹琴的技艺见齐威王,以乐理比拟政事,齐威王任其为相;虚心听从淳于髡的教导,齐威王也越发重用他,并封其为侯。齐国从太公到管仲,从姜齐到田齐,从晏婴到驺忌子,重谋略尚实务成为齐文化的重要内容。

3.尚奢、尚美的民风民俗

齐国民殷国富的治国政策与开放自由的思想文化氛围,造就了齐国的霸主地位与繁荣富庶。受周礼思想的影响,齐国君王成就霸业不仅仅依靠强大的国力与武力,而是通过文治教化的方式征服诸侯国。齐桓公对内藏富于民,对外广施恩惠,在齐国面前,大国自惭不如,小国纷纷归附,甲盾刀剑封存不用,诸侯列国形成了以齐桓公为中心的和谐的秩序。同时齐国在管仲的影响下,注重工商贸易的发展,提倡奢侈富贵的生活。强大的国力与礼治文饰下的霸主地位涵养了齐国泱泱大国的风范,也形成了尚奢、尚美的民风民俗。

齐国是诸侯国中最富有、生活最奢华的国家。管仲倡导"侈靡"生活,认为"侈靡"不仅可以刺激消费,促进经济的发展,而且可以教化百姓,衣食富足是教化他们的重要方式,"仓廪实而知礼节,衣食足而知荣辱"(《管子·牧民》);饮食享乐是老百姓的愿望,满足他们的愿望就可以管理他们。管仲的治政理念被齐人所接受,随着齐国国势的强大和经济的繁荣,奢侈之风也逐渐形成。"管仲富拟于公室,有三归、反坫,齐人不以为侈。管仲卒,齐国遵其政,常强于诸侯"(《史记·管晏列传》)。管仲富贵可以和齐国国君相比,有诸侯才可享用的三归高台和祭祀宴饮反坫台,但齐人并不认为管仲奢侈。管仲去世后,齐国依然遵循他制定的政令,齐国也因此常常强大于其他诸侯国。齐国的富庶与侈靡在苏秦的描述中可见一斑:"临淄甚富而实,其民无不吹竽、鼓瑟、击筑、弹琴、斗鸡、走犬、六博、蹋鞠;临淄之途,车毂击,人肩摩,连衽成帷,举袂成幕,挥汗成雨;家敦而富,志高而扬。"(《战国策·齐策》)在铺排夸张的言辞中可以感受到齐国繁华享乐的景象。

齐国的富有与尚奢之风促成了齐人对美的追求,对音乐、衣饰、房屋、车马装饰美以及人自身美的关注成为齐人审美风尚的重要内容。齐人崇尚音乐,齐国《韶》乐至善至美。孔子"在齐闻《韶》,三月不知肉味,曰:'不图为乐之至于斯也'。"(《论语·述而》)善歌者韩娥在齐国雍门唱歌,唱完之后离开了,雍门的老百姓感觉"余音绕梁,三日不绝,左右以其人弗去"(《列子·汤问》),由此可见齐人对音乐的热爱。在繁华的都市临淄更是"其民无不吹竽、鼓瑟、击筑、弹琴",宫廷之内"钟鼓竽瑟之声不绝"(《战国策·齐策》)。齐国不仅"冠带衣履天下",而且服饰的形制、色彩、纹饰、质料、配饰等方面也非常考究,制作精美。从目前山东临淄郎家庄一号东周殉人墓、章丘女郎山战国墓、长岛王沟东周墓、临淄商王战国墓出土的大量彩绘人物陶俑的衣着服饰,可以看出齐国"错彩镂金,雕缋满眼"的服饰审美观。

齐人不仅对服饰、住所、出行车马等方面颇为讲究,而且对人自身也形成了独特的审美品位。勇武成为男性美的重要内涵,女子的坦诚自信、热情乐观得到了赞美,齐国女子之美博得世人的认同与倾慕。"岂其食鱼,必河之鲂?岂其娶妻,必齐之姜?"(《诗经·陈风·衡门》)吃鱼一定要吃黄河名贵的大鳊鱼吗? 要娶一定要齐国女子吗? 诗句中暗含了世人以娶到齐国女子为荣的现象。对于男性美,与孔子所倡导的"里仁为美"的观念不同,齐人推崇健壮与修养并重的审美标准。《诗经·齐风·卢令》从猎犬写起,通过描写猎犬佩戴的颈圈叮当的声音,表现猎犬的迅捷,由猎犬烘托猎人的勇武与仁心。其诗曰:

　诗经·齐风·卢令

　卢令令,其人美且仁。

　卢重环,其人美且鬈。

　卢重鋂,其人美且偲。

译文:

黑犬颈圈叮当响,猎人英俊又善良。黑犬脖上套双环,猎人英俊又勇敢。黑犬脖上环套环,猎人英俊又能干。

二、齐国传统体育文化现象

东夷人尚武传统的影响与齐相管仲军事武备新举措形成齐国尚武的社会习俗,受尚武习俗影响,齐人形成了崇技击、重谋略、尚功名的性格特征。齐国国力强盛,民众富庶,盛行的民间休闲娱乐活动田猎、射箭、投壶、斗鸡、走狗、秋千、飞鸢、蹴鞠、棋类、登山、游水等种类繁多,形式多样,直接影响了后世休闲娱乐活动的发展。发源于齐都临淄的蹴鞠,在几千年的历史传承中经历了兴起、繁荣、衰落、复兴的历程,积累了丰富的蹴鞠文化。

(一)尚武的社会习俗

齐国成为诸侯强国,与其军事实力及尚武的社会习俗有着内在的联系。齐国尚武习俗的形成,一方面与东夷人的尚武传统有着密切的关系,另一方面则由于齐国对军事武备的重视。

1.东夷人尚武传统的影响

齐文化的来源主要是周文化、商文化和东夷文化。东夷文化是齐地的土著文化,在殷商、周王朝统治时期,作为主流文化的商文化、周文化在齐地不断地与东夷文化碰撞、融合。由于东夷人生活地域偏远且东夷人勇武强悍,东夷地区一直难以征服,始终未被主流文化所同化。太公姜尚建齐采取了"因其俗,简其礼"的治国方针,对强大的东夷文化因势利导,东夷文化与周文化相融合,其文化特质得以保留。东夷文化历史悠久、文化发达,考古资料证实,东夷人创造了制陶业、铜器制造业、纺织业、文字,形成了后李文化、北辛文化、大汶口文化、龙山文化、岳石文化的发展序列,积累了丰富的文化遗产。东夷人好战、喜斗,从字源学的角度分析可见端倪。东汉许慎《说文解字》云:"夷,东方之人也,从大从弓。"清人朱骏声《说文通训定声》释曰:"夷,东方之人也。东方夷人好战,好猎,故字从大持弓会意,大人也。"《说文解字·矢部》云:"古者夷牟初作矢。"意为东夷人最早发明了箭。"夷"字的"弓"绕缠在大(人)字的中间,像是人背弓之形,弓放在人身上背着,必是大弓,非小弓。东夷人身材高大魁梧,勇武善战,在远古时期艰苦的生活环境和氏族部落的战争中顽强地生存下来。

在古代传说中有两位勇武善战的东夷英雄:蚩尤与后羿。传说蚩尤是炎帝的孙子,东夷部落的首领,勇猛善战且本领高强,制作了剑、矛、戟、盾等作战兵器。黄帝与蚩尤争战胜少败多,在九天玄女布阵兵法与专收云息雨的女魃的帮助下,黄帝于涿鹿之野打败并杀死蚩尤。黄帝担心蚩尤死后作怪,便把他的尸首分开埋在了两个地方。在“成者王侯败者寇”的观念下,传说中的黄帝被塑造成爱民的明君形象,而被黄帝费神劳力打败的蚩尤则被塑造成为人所不齿的残暴血腥的战争贩子。涿鹿之战的传说从侧面反映了东夷人勇猛善战的性格。后羿射日的神话则塑造了为民除害的东夷英雄形象。传说后羿是东夷首领,在十个太阳烤炙着大地而人民苦不堪言时,勇敢的后羿射落了九个太阳,人们得以生存。后羿射日的神话反映了东夷人射箭技术的高超。

在东夷尚武传统影响下,君臣百姓皆以武勇为荣。管仲曰:“其民贪粗而好勇。”(《管子·水地》)吴起曰:“夫齐性刚”(《吴子兵法·料敌》)。《晏子春秋·内篇杂下》中云:“齐人甚好毂击,相犯以为乐,禁之不止。”齐国国君崇尚武勇,有的国君喜爱在田猎中尽显勇士风采,有的则以武勇作为选臣荐士的基本要求。《公孙龙子·迹府》云:“是时齐(愍)王好勇,于是尹文曰,使此人广庭大众之中,见侵侮而终不敢斗,王将以为臣乎?”王曰:“钜士也?见侮而不斗,辱也!辱则寡人不以为臣矣。”齐愍王认为在大庭广众之下受辱而不敢与之决斗的怯懦之人,是没有资格做臣子的。

2.管仲军事武备新举措

“民富国强,称霸诸侯”是管仲治理齐国的目标,国家强大不仅是国家富庶,还需要有强大的军事力量。为加强齐国的军事战备,与藏富于民一样,管仲采寓兵于民的策略,将士兵训练与农民生产有机地结合起来,以民富民强来实现国富国强。寓兵于民的策略培养了百姓健身强体、保家卫国的意识,尚武习俗盛行。

其一，实行"连五家之兵"的兵制。管子劝诫齐桓公行伍军备的建设需要寓之于民，否则会引起诸侯国的防备，难以出奇制胜称霸天下。对于寓兵于民制度的建立，管仲提出了具体的做法：

管仲对曰："作内政而寓军令焉。为高子之里，为国子之里，为公里，三分齐国，以为三军。择其贤民，使为里君。乡有行伍，卒长则其制令，且以田猎，因以赏罚，则百姓通于军事矣。"桓曰："善。"（《管子·小匡》）于是乎管子乃制五家以为轨，轨为之长；十轨为里，里有司；四里为连，连为之长；十连为乡，乡有良人以为军令。是故五家为轨，五人为伍，轨长率之。十轨为里，故五十人为小戎，里有司率之。四里为连，故二百人为卒，连长率之。十连为乡，故二千人为旅，乡良人率之。五乡一师，故万人一军，五乡之师率之。

齐国兵制建立在"轨—里—连—乡—五乡"的乡民组织体系基础上，军队由五人之"伍"、五十人之"戎"、二百人之"卒"、二千人之"旅"、一万人之"军"逐级组建，军队统帅由轨长—里有司—连长—乡良人—元帅组成。齐国三军元帅由齐桓公、国子、高子三人担任。齐国军队整个体系完备严谨，军令上传下达有效统一，军队便于管理。

寓兵于农，不仅便于管理，而且行伍内并肩作战的士兵是休戚相关的乡人，关系亲密则人心团结。"故卒伍之人，人与人相保，家与家相爱，少相居，长相游祭祀相福，死丧相恤，祸福相忧，居处相乐，行作相和，哭泣相哀。是故夜战其声相闻，足以无乱；昼战其目相见，足以相识；欢欣足以相死，是故以守则固，以战则胜。君有此教士三万人，以横行于天下，诛无道，以定周室，天下大国之君莫之能圉也。"（《管子·小匡》）制度严谨且军心一致，齐国军队战斗力大大增强。《史记·张仪列传》云："天下强国无过齐者……齐，负海之国也，地广民众，兵强士勇。"《史记·苏秦列传》云："齐地方二千余里，带甲数十万，粟如丘山。三军之良，五家之兵，进如锋矢，战如雷霆，解如风雨……齐之强，天下莫能当。"

其二,实行勇士选拔制度。寓兵于农政令的实施,致使齐国尚武之风大盛。在此基础上,齐桓公延续了开国君主太公姜尚"举贤上功"的用人政策,举贤任能,并将拳勇力健者与好学仁义者相提并论,作为国家需要的人才给予重用。"于子之乡,有拳勇股肱之力,筋骨秀出于众者,有则以告。有而不以告,谓之蔽才,其罪五。"(《管子·小匡》)齐桓公要亲自过问乡长举荐的情况并进行赏罚,齐桓公以国家政令的方式明确了勇武之士的地位与作用,进一步增强了齐民习武练兵的热情。

其三,实行田猎与练兵的融合,不仅加强了齐国军队的作战能力,而且将田猎活动推向民间。田猎集祭祀、军事训练、休闲娱乐等功能于一体,是商周时期王公贵族经常开展的一种活动。齐国历代国君都喜欢田猎,齐桓公时将田猎与民兵训练结合起来,将田猎发展为民兵训练的一种方式。"春以田,曰蒐,振旅秋以田,曰狝,治兵。是故卒伍政定于里,军旅政定于郊。内教既成,令不得迁徙。"(《管子·小国》)与周王朝所倡导的春蒐、夏苗、秋狝、冬狩的田猎安排不同,齐国用以练兵的田猎主要是在春天和秋天举行。春天田猎即春蒐,主要用来整顿军队,操练士兵;秋天田猎即秋狝,主要用于训练如何进军、作战、指挥等。寓兵于农,田猎练兵,在内政中完成了军队的组建,在郊野上完成了习武练兵,将这一制度确定下来不得改变,则军事武备就有了保障。田猎与兵民训练的结果,打破了田猎活动的阶层限制,由王公贵族逐渐走向乡村民间,成为民间农闲时节老百姓休闲娱乐的一种方式。

同时,为了对抗越国水兵的进攻,管仲因地制宜,训练水兵,采用重赏的方式,培养了一支游泳技能高超的队伍,还带动更多的人参与到游泳活动中来。"能游者赐千金。未能用金千,齐民之游水,不避吴越。"(《管子·轻重甲》)

齐国通过寓兵于民加强军事战备的新举措,不仅提高了军事力量,而且在民众中推广了各种力量、技能及战术的练习,为拳术、休闲娱乐活动的开展奠定了基础。

3. 尚武习俗与齐人性格

齐国受多元文化的影响,思想自由开放,农、工、商、渔、盐业并行发展,齐国成为诸侯大国。齐地传统文化及齐国繁荣富庶的大国之风,形成了尚武、尚奢的习俗,养育了齐人独特的性格。汉唐以来,由于儒家俭以养德思想的影响,尚奢之风在后世被诟病,对后世影响不大,而尚武之风则得到了进一步发扬。受尚武习俗影响,齐人形成了崇技击、重谋略、尚功名的性格特征。

崇技击。《荀子·议兵》云:"齐人隆技击,其技也,得一首者,则赐赎锱金,无本赏矣。是事小、敌毳则偷可用也,事大、敌坚则涣然离耳。""隆"意谓尊崇;技击,唐代杨倞《荀子注》曰:"齐人以勇力击斩敌者,号为技击。"《荀子》认为,齐人尊崇以勇力击斩敌人,每杀敌一人,能得到赏金八两,这种重赏之下的勇士,难以抵挡魏国之武卒、秦国之锐士。齐庄公时期设置了勇士爵位,在战场上表现勇敢者皆可得到爵位。齐国设立了技击之士,技击之士作为一个兵种,经过严格的军事训练,具有优秀的战技素养。技击的内涵则由勇力逐渐过渡为战技素养,《汉书·刑法志》对齐兵、魏兵、秦兵进行了对比分析,肯定了齐兵善技击的特点:"齐愍以技击强,魏惠以武卒奋,秦昭以锐士胜。"唐代颜师古《汉书注》中引曹魏时期学者孟康对齐兵技击的解释:"兵家之技巧。技巧者,习手足,便器械,积机关,以立攻守之胜。"由此看来,到了齐愍王时期,齐人技击的含义已由勇力、战技素养发展为搏杀的手法、腿法、步法、功法、器械运用之法、心法等技艺综合运用的技击法术。

齐人不仅擅长技击之术,而且认识到兵甲在技击中的重要性,十分重视兵甲的制作。兵甲精良是作战取胜的关键,《管子·参患》曰:"兵不完利,与亡操者同实;甲不坚密,与俴者同实;弩不可以及远,与短兵同实;射而不能中,与无矢者同实;中而不能入,与无镞者同实;将徒人,与俴者同实;短兵待远矢,与坐而待死者同实。故凡兵有大论,必先论其器、论其士、论其将、论其主。故曰:'器滥恶不利者,以其士予人也;士不可用者,以其将予人也;将不知兵者,以其主予人也;主不积务于兵者,以其国予人也。'"管仲将兵甲是否精良作为作战的首要因素,以对比的方式分析了兵甲不精良的严重后果。管仲并对兵甲进行试用评选,"春秋角试以练,精锐为右"(《管子·七法》),春秋两季进行比试,精锐的列为上等。

齐兵高超的技击本领与精良的兵甲提高了军队的战斗力,在诸侯国争战时期与魏国武卒、秦国锐士并称三支实力强大的军队。同时,齐人善技击的传统对后世齐鲁大地武术技艺的形成与发展产生了深远的影响。

重谋略。齐人足智多谋在史书中多有记载。《史记·货殖列传》对齐人的描述:"其俗宽缓阔达,而足智,好议论,地重,难动摇。"司马迁认为齐地民俗开阔舒展,豁达不拘小节,齐人富于智慧,喜好议论,秉性稳重,意志坚定,颇有大国风范。《史记·齐太公世家》记载了司马迁根据自己的见闻切身感受到的齐民的智慧:"其民阔达多匿知,其天性也。"齐人胸怀豁达且深沉多智,这是他们的天性。《汉书·地理志》中亦记载齐民"舒缓阔达而足智"的性格。齐人"足智"的特点在"尚武"习俗的影响下,形成了"隆技击"的对抗风格和"重谋略"的作战方式。在与对手的直接对抗中,齐人擅长技击之术,通过精湛的手法、腿法、脚法、心法以及兵器使用技法以战胜对方。在作战中,齐人则擅长以谋略取胜,与敌方交战,善于通过运筹帷幄,以最少的损失取得最大限度的胜利。

尚功名。齐人在太公姜尚"举贤上功"用人政策的引导下,形成了"矜功名"的性格。齐桓公重视勇武之士的举荐与任用,以武勇获取功名成为许多勇武之士的价值追求。在孟尝君门下食客三千,众多食客中在胆识、谋略、技击、拳术等某一方面与众不同,在孟尝君遇到重要事情的时候,食客则挺身而出,以报知遇之恩,并博得美名,或获得认可得到一定的官位。以勇武博取功名,齐地出现了各类勇武之士。勇士对获得的功名十分看重,晏婴"二桃杀三士"则是利用了勇士"矜功名"的弱点,轻而易举地杀害了三位勇士。齐景公时,齐国三位勇士公孙接、田开疆、古冶子武艺高强,勇气盖世,战功赫赫,名闻天下。三人因武艺高、功劳大而骄横傲慢,不把晏婴放在眼里。齐景公按照晏婴的计谋,将两个桃子赐给三位勇士,让他们论功而食。公孙接、田开疆自认为功劳大抢先拿到了桃子,古冶子因没有拿到桃子愤然讲述自己的卓越功劳,拿到桃子的两位听后因自己贪婪无耻的举动而羞愧难当,自杀身亡,古冶子因自己羞辱朋友的无义之举而痛悔,也自杀身亡。三位勇士先是争功,后则为道德仁义皆弃桃自杀。三位勇士争桃子体现了齐国勇武之士对功名的追求。然而,三位勇士又不同于诸多追求功名的勇士,成为勇武之德教化的榜样。三位勇士争功名过程中发现自己道德品行的弱点,为保护自己的道德荣誉而放弃对功名的追求。由争功名到保德行,并杀身成仁,三位勇士的做法对后世武术文化以德为首观念的形成影响深远。

此外,尚武习俗影响下的齐人尚有"怯于众斗"的特点。崇技击、重谋略、尚功名的性格反映了齐人逐利观念对尚武习俗的影响。武勇与逐利相结合还形成了齐人"怯于众斗,勇于持刺,故多劫人者"(《史记·货殖列传》)的特征。齐人多人对阵时显得胆怯,而勇于独自拿着兵器去行刺,这一现象在史书中多有记载,齐兵胆怯,战斗力不强。齐桓公时管仲治兵有方,军队战斗力加强,然而到了战国时期,齐国以爵位、重金激励齐兵作战,导致齐兵胆怯。孙膑与庞涓作战,孙膑因"齐号为怯"而减灶设下重兵,庞军因"固知齐兵怯"(《史记·孙子吴起列传》)而上了孙膑的圈套,由此看来,齐兵怯战在诸侯国中远近闻名。另一方面,齐人逞个人之勇,以个人之勇武、技击之高强、计谋之高明而名闻天下者甚众。"齐国士民中,无不争强斗勇,甚至决斗杀人,并以此标榜夸耀。终齐一世仗剑行义、热衷格斗者有之,暗杀行刺、鸡鸣狗盗者亦有之,至于剑士、武夫、力士、刺客、拳勇之类,始终充溢于邑野。"齐人"怯于众斗,勇于持刺"特点的形成不仅与齐人的逐利思想有关,而且与重赏制度有关,在危难时刻,重赏都会变成无利或利小之举,因此,建仁义之师方是治兵之道。

(二)民间休闲娱乐活动的兴盛

经济的繁荣与思想较少束缚造就了齐国民间娱乐活动的兴起。一方面,传统习兵练兵的训练方式和祭祀礼仪活动逐渐走向娱乐化,休闲娱乐活动的种类增多了。根据文献资料记载,齐地的民间休闲娱乐活动有田猎、射箭、投壶、斗鸡、走犬、秋千、飞鸢、蹴鞠、棋类、登山、游水、手搏、角力、奔跑、跳跃、投石、逾矩以及百戏舞蹈等,种类繁多,形式多样。另一方面,王公贵族的休闲娱乐活动逐渐走向市井民间,开展的范围广阔了,参与的群体扩大了。我国古代的休闲娱乐活动几乎都可以在齐国找到痕迹,齐民的富有成为参与各种娱乐活动的经济基础,思想的开放自由激发了齐民参与的热情,丰富多样的休闲娱乐活动带来了齐都临淄的繁华。

1.习兵、礼教活动走向娱乐化——田猎、射箭、投壶

（1）田猎

商周时期,田猎是王公贵族进行军事训练、祭祀、礼教的重要方式。在田猎过程中,贵族子弟可以进行排兵布阵、作战方式的练习,可以训练射杀、追杀的能力,培养勇武之气和对抗的技能;田猎所获猎物是祭祀牲祭的主要来源;周王与各诸侯田猎的规模、时间及狩猎对象、方式都需要遵循礼制的具体要求,因此田猎又是贵族子弟学习礼制的重要方式。田猎与军事、祭祀的密切关系决定了周王及各诸侯对田猎的重视。田猎在齐国君臣的治国方略下与祭祀、礼教的关系逐渐疏离。太公姜尚"因其俗,简其礼"的举措在一定程度上削弱了礼制对田猎的约束;齐相管仲寓兵于民建立兵制,将田猎作为民兵练兵的重要方式,其形制规模及时间安排都有了很大的改变。

田猎与祭祀、礼教关系的疏离致使其休闲娱乐的功能凸显出来。齐国国君对田猎的痴迷多源于其娱乐功能。齐襄公"田狩,不听国政"(《国语·齐语》);齐桓公、齐景公等都十分喜欢田猎。《诗经》305 篇中田猎诗共 7 首,《齐风》就有 2 首。《卢令》一诗则写出了猎人的健壮勇武和猎犬的轻快迅捷;《还》通过两位猎人相遇同行,赞美对方狩猎的英姿,展示了猎人田猎的场面。

诗经·齐风·还

子之还兮,遭我乎猺之间兮。并驱从两肩兮,揖我谓我儇兮。

子之茂兮,遭我乎猺之道兮。并驱从两牡兮,揖我谓我好兮。

子之昌兮,遭我乎猺之阳兮。并驱从两狼兮,揖我谓我臧兮。

译文:

你真敏捷又矫健,咱们相遇在猺山。共同追赶两野兽,向我行礼夸我好。

你真英俊又貌美,咱们相遇猺山道。共同追赶两雄兽,向我行礼夸我好。

你真强壮又勇武,咱们相遇猺山南。共同追赶两只狼,向我行礼夸我好。

汉代《毛诗序》认为这首诗是对齐哀公沉溺于田猎的讽刺:"《还》,刺荒也,哀公好田猎,从禽兽而无厌。国人化之,遂成风俗,习于田猎谓之贤,闲于驰逐谓之好焉。"在毛诗对《还》的注解中,可以看出齐人在齐哀公的影响下热衷田猎的风俗。后世民间百姓在农闲时节"细狗撵兔"即由田猎演变而来。

(2)射箭

射箭是西周六艺之一,是维护社会秩序、培养贵族子弟品行的重要工具。齐人善射,齐地流传着后羿射日的传说。《诗经·齐风·猗嗟》一诗以女子的口吻塑造了一位善射的美男子形象:

诗经·齐风·猗嗟

猗嗟昌兮,颀而长兮。抑若扬兮,美目扬兮。巧趋跄兮,射则臧兮。

猗嗟名兮,美目清兮。仪既成兮,终日射侯。不出正兮,展我甥兮。

猗嗟娈兮,清扬婉兮。舞则选兮,射则贯兮。四矢反兮,以御乱兮。

译文:

哎哟,这人真健壮,身材高大又颀长。前额方正容颜好,双目有神多漂亮。进退奔走动作巧,射技实在太精良。

哎哟,这人真精神,眼睛美丽又清明。一切仪式已完成,终日射靶不曾停。

箭无虚发中靶心,真是我的好丈夫。

哎哟,这人真英俊,眼睛清澈又明亮。舞姿端正节奏强,箭出穿靶不空放。四矢同中靶中央,抵御外患有力量。

诗中的男子英俊潇洒且射技高超,射箭过程中的一举一动不仅符合礼仪规范,而且箭不虚发,四箭皆中,穿靶有力。诗中虽然提到男子射箭进退奔走的动作符合仪式要求,但整首诗的基调并不是庄严肃穆的,而是洋溢着愉悦与轻松,从一个女子的视角去描写,所展现的男子美是刚健有力的阳刚之美。对于这首诗的解释,有的认为与鲁庄公有关,鲁庄公的母亲文姜是齐襄公的妹妹,此诗在对鲁庄公赞颂的背后蕴含了其母不贤与齐襄公兄妹乱伦一事。此种解释颇为牵强,这首诗无疑展现了齐人善射的习俗。与孔子"射不主皮"不同,齐人射箭的礼教色彩淡化,技艺精良且勇武有力成为衡量的重要标准。

（3）投壶

投壶是古代士大夫宴饮时的一种投掷活动,也是古代礼治教化的重要方式。《礼记》详细记载了投壶的用具、程序、步骤等。有关投壶活动的记载最早是《左传·昭公十二年》,由此看来,投壶在春秋时期已经在王公贵族中流行。《左传》记载了晋昭公与齐景公宴饮投壶,按照礼仪要求先后投矢,并吟诵诗句表达自己的心意:晋侯以齐侯宴,中行穆子相。投壶,晋侯先。穆子曰:"有酒如淮,有肉如坻。寡君中此,为诸侯师。"中之。齐侯举矢,曰:"有酒如渑,有肉如陵。寡人中此,与君代兴。"亦中之。伯瑕谓穆子曰:"子失辞。吾固师诸侯矣,壶何为焉,其以中俊也?齐君弱吾君,归弗来矣!"穆子曰:"吾军帅强御,卒乘竞劝,今犹古也,齐将何事?"公孙傁趋进曰:"日旰君勤,可以出矣!"以齐侯出。(《左传·昭公十二年》)

后人认为,投壶是由射礼演变而来,"投壶,射之细"(东汉郑玄注《礼记·投壶礼》)。纵观历代对投壶礼的解释,可将射礼演变为投壶礼的原因概括为以下两个方面:一是文士阶层崛起,宾主缺乏精良的射箭技艺,而投壶相对来讲力量要求低、技术难度低;二是射礼规制宏大,空间太小或人数太少难以进行,而投壶礼不受空间和人数的限制。通过晋昭公与齐景公宴饮投壶的过程,可以看出投壶礼与射礼的差异。投壶礼在用具上、程序上已大大简化,其礼教功能被弱化,晋昭公与齐景公借投壶表现二人争霸的雄心,投壶礼成为一种粉饰的工具。投壶活动在器具、力量、技术等方面要求不高,娱乐功能凸显,后来发展为民间投戏之一。1975年在山东莒南殉人墓出土的陶壶是最早的投壶器具,该陶壶颈长、腹鼓、底平,口沿有明显的撞击和磨损痕迹,整只陶壶以雷纹表装饰。经专业人士鉴定,这只陶壶就是春秋时期的投壶实物。

2. 休闲娱乐活动民间化——斗鸡、走犬、秋千、飞鸢

(1)斗鸡、走犬

齐国斗鸡游戏盛行,参与者众多,既有达官贵人,也有平民百姓。据《史记·苏秦列传》记载,齐都"临淄甚富而实,齐民无不吹竽鼓瑟,弹琴击筑,斗鸡走犬六博蹋鞠者"。在富庶的经济条件下,临淄民众或吹拉弹唱,或以鸡狗为乐,或下棋踢球,不一而足,甚是快乐。齐人斗鸡不仅参与者多,而且驯鸡、斗鸡颇为讲究。《庄子·外篇·达生》中记载了纪渻子为齐王养斗鸡的故事:纪渻子为王养斗鸡。十日而问:"鸡已乎?"曰:"未也,方虚骄而恃气"。十日又问,曰,"未也,犹应向景。"十日又问,曰:"未也,犹疾视而盛气。"十日又问,曰:"几矣。鸡虽有鸣者,已无变矣,望之似木鸡矣,其德全矣。异鸡无敢应者,反走矣。"

纪渻子养斗鸡不仅注重斗鸡的力量与技巧,而且通过观察斗鸡的神态、气势培养斗鸡的品质与境界。斗鸡经过十日的训练,表面看上去盛气凌人,但内心空虚且傲慢,这是一种浮躁的状态,尚需训练;又过十日,斗鸡看到对手已经有了反应,但缺乏斗志;又过十日,斗鸡斗志昂扬,目光敏锐,但锋芒毕露,充满了傲气与怒气,此时斗鸡参战难以稳操胜券;又过十日,此时的斗鸡面对挑战者的挑衅,神色自若,精神专一,不惊不动,投入战斗则必胜无疑。"呆若木鸡"即是对斗鸡最高境界的描绘。《庄子》通过纪渻子驯养斗鸡的故事阐释了道家恬淡无为的思想,这则小故事也反映了齐民对斗鸡经验的总结,对后世的斗鸡游戏具有一定的借鉴意义。

"走犬"一词古今异义,古代是指一种娱乐方式;今人所言"走犬"即"走狗",多用其比喻义,指受人豢养而帮助作恶的人,是一个贬义词,与古代的博戏娱乐毫无关系。古代的"走犬"指供人们娱乐的狗,主要有两种用途:一是猎狗。古人打猎时放出猎狗追捕野兽,体味与猎狗共同追赶及获取猎物的乐趣,"飞鹰走狗"中的"走狗"即是指猎狗。另一种是赛狗。主人组织狗与狗比赛,在观赏比赛中获得乐趣。狗与狗的竞争也是主人间的竞争,以期通过赛狗谋得钱财、地位、名声等,因此,赛狗具有赌博的性质。《史记·苏秦列传》记载齐民娱乐盛况时描述道:"齐民无不吹竽鼓瑟、弹琴击筑、斗鸡走犬、六博蹋鞠者。"此处"走犬"与"斗鸡"并列,在齐都临淄广为开展,齐民大多有经济条件养狗以娱乐,由此可以推断,其义是指后者,是与"斗鸡"一样具有赌博性质的博戏。"斗鸡"取胜不仅需要斗鸡健壮有力,而且要有斗的技巧,因此,斗鸡需要精心驯养;而"走犬"比试的主要是速度,技巧难度较低,易于驯养,在民众中更易普及,因而在富庶的临淄参与"走犬"者甚众。

(2)秋千、飞鸢

秋千是古代的一种娱乐方式。对于秋千的起源,诸多文献记载源于北方少数民族,由北方传入中原则是齐桓公的功劳。北方少数民族攻打燕国,燕国求救于齐国,齐桓公北征打败少数民族,并将他们的秋千游戏带回了齐国。《汉书·匈奴传上》也载:"山戎伐燕,燕告急齐,齐桓公北伐山戎,山戎走。"宋代高承《事物纪原》是专门记载事物源流变化的一部书,"自博弈嬉戏之微,鱼虫飞走之类无不考其所自米"。此书记载了秋千由齐桓公传入中原的说法:"秋千,山戎之戏,其民爱习轻矫之态,每至寒食为之。自齐桓公北伐山戎,此戏传入中国。"秋千是山戎寒食节民俗之一,传入中原之后,渐渐融入到清明节中。明代谢肇淛《五杂俎》卷五也曾如是记载,并提到明代时期齐地秋千之戏十分盛行:"南方好傀儡,北方好秋千,然皆胡戏也。"秋千源自齐桓公伐山戎,传其戏入中国今燕、齐之间,清明前后,此戏盛行。所谓北方戎狄爱习轻趫之能者,其说信矣。秋千经齐桓公传入中原,已融入了人们的民俗生活中。

秋千有多种玩法,最常见的是荡秋千,荡秋千者或坐或踩在木板上,即后荡来荡去,以高为胜。荡秋千操作简单,颇得女子与少年儿童的喜爱。还有一种玩法是转秋千。清代郑板桥曾任潍县(今山东潍坊)县令,十年后对潍县的秋千习俗念念不忘。《怀潍县》一诗描述了众多女子打秋千的美妙情景:"纸花如雪满天飞,娇女秋千打四围。五色罗裙风摆动,好将蝴蝶斗春归。"《潍县志稿》记载了潍县转秋千的特点:"转秋千,高与城齐,十余岁的女子坐其上,可容二十余人。其下有十余壮夫推之如推磨,然则秋千飞转。"潍县转秋千的"架子是单杆的,需要底盘或架子固定,中间竖起的高杆上有齿轮样的把手,顶部有一横杠,杠两头各拴一秋千,转秋千者坐好后,由身强力壮的小伙子转动高杆把手使其旋转,并带动高杆上的秋千转动。"清末潍县诗人陈恒庆曾为转秋千赋诗:"秋千矗立转东风,倒影河流夕照红;群女如花天上坐,哗然笑语五云中。"

清代以后,随着转秋千经验的积累,秋千的架子增高了,转的技术难度也不断增加,每年春分过后,潍县人在北沙滩搭建秋千架,练习转秋千,清明节前几天举行盛大的秋千会。据相关资料记载,潍县北沙滩的秋千架高大复杂,中间是根高达十几米的大圆柱,绑在柱身上供推转的横柱离地 1 米多,秋千架的平台离地约 5 米,供转秋千的女子和敲锣的人使用,再往上是拴秋千座位的 8 条木柱,呈漏斗状,像鸟窝,被称为"老鸹窝"。"老鸹窝"一圈可挂秋千座位 8 个,根据需要和承重能力可以增加。秋千盛会持续三天,男子推转横柱增加动力,女子争先恐后转秋千,感受半仙之戏带来的欢乐。不仅如此,在盛会的最后,还有青壮男子以竞技的方式爬上圆柱顶上"拔旗"。"拔旗"者在柱顶上展示高超的技艺,被称为"打故事",动作惊险,颇似现在高难度的杂技。

莒县转秋千历史悠久,据说"此地居齐长城之阳,居穆陵关之门户,或许是秋千(由齐桓公)传入的最早地域"。虽然记载古代莒县转秋千情形的文献资料较为缺乏,但通过 1949 年后莒县秋千会的盛况仍然可以了解转秋千的特点。莒县转秋千流传的范围是莒北碁山主峰以东，长城岭下，以大林茂、大野场、小河等村为中心，秋千会举办的时间是寒食至清明期间。莒县转秋千与潍县转秋千一样，在历史传承过程中，积累了丰富的秋千技艺。在秋千盛会上，人们转秋千的技艺令人眼花缭乱，拍手叫绝。女子的绝技有"凤凰展翅""织女飞梭""天女散花"等；男子技艺更是惊险刺激，有"金鸡独立""壁虎倒爬""喜鹊登枝""金钩倒挂""鹞子翻身""麒麟送子""霸王观阵""老虎蹲山头""老虎睡觉""鹞鹰亮翅""太公钓鱼""王小摸鱼""鲤鱼打挺"等。

秋千由齐桓公自北方山戎传入齐地，逐渐融入到齐地乃至中原的日常和民俗生活中。荡秋千的秋千架制作简单，可以因地制宜，便捷随意，在民众日常生活中极为常见，成为女子和少年儿童娱乐的重要方式。转秋千的秋千架则制作难度很大，从需要的材料和搭建的工艺上都需要众人协作方能完成，因此，转秋千在流传中势必融入民俗生活中，承载特定的民俗文化。转秋千的民俗文化意义在历史的流传过程中随着时代的变化也有所不同。

其一，转秋千具有古代祭奠遗风，表达了人们对平安幸福的祈求。转秋千又名"打秋千"，在方言中，"打秋千"与"打悠千"音似，意谓越打越有钱。秋千盛会之前要集体焚香烧纸，祈求平安，"悠千神，悠千神，光打悠千别跌人。"打秋千之前登上秋千高台撒糖果，大家争相哄抢，期望生活如糖果般甜美。打秋千者在高空转秋千时抛撒纸符、黄豆意谓驱灾辟邪。人们通过转秋千聚在一起，以表达对美好愿望的追求，体现了一种积极乐观的生活态度。其二，在追求自由爱情上，转秋千与荡秋千在青年男女之间都扮演了重要的角色。纵观中国古代有关秋千的诗词，可以看到秋千是自由爱情的媒介和见证之一。荡秋千多为庭院中女子独自玩乐，对自由情感的追求较为含蓄，更多则是情感备受压抑所带来的感伤。而转秋千是众人集会的方式，青年男女表达情感也更为直接、炙热。转秋千传递着人们对生活的热爱和美好情感的追求。其三，现今转秋千成为联系乡谊、密切乡谊的民俗游艺活动。

飞鸢是风筝的前身，起源于战国时期。据记载，飞鸢的制作者有两种说法,一种是鲁班,一种是墨子。《列子·汤问》:"夫班输之云梯,墨翟之飞鸢,自谓能之极也。"《韩非子·外储说》:"墨子为木鸢,三年而成,蜚一日而败。"墨子三年做成木制飞鸢,结果飞了不到一天就掉落下来。二是公输班。《墨子·鲁问》:"公输子削竹木以为鹊,成而飞之,三日不下,公输子以为至巧。"公输班以竹木制作飞鹊,飞了三日不落。无论飞鸢最早制作者是墨子还是公输班,可以看到制作的技巧和材质是飞鸢能否成功的重要因素。齐地富庶且养蚕业、丝织业十分发达,"齐带山海,膏壤千里,宜桑麻,人民多文彩布帛鱼盐",齐国对外贸易往来频繁,"故齐冠带衣履天下,海岱之间敛袂而往朝焉"(《史记·货殖列传》)。飞鸢的制作采用齐地的丝绸绢帛和竹木,飞天的效果更好。作为齐地之一的潍坊,其风筝文化历史悠久且独具特色,与传统飞鸢的制作有着内在的联系。

(三)蹴鞠文化

蹴鞠又名"蹋鞠""蹴球""蹴圆""筑球""踢圆"等,是一项起源于齐地的古老运动。从战国时期一直到唐宋,蹴鞠发展为不同阶层喜爱的健身娱乐活动,出现了"球不离足,足不离球,华庭观赏,万人瞻仰"(马端临《文献通考》)的繁盛局面。元明清时期,由于多方面的原因,蹴鞠逐渐被边缘化,进而走向沉寂衰落。进入 21 世纪,随着体育文化的兴起,民间体育得到了广泛的关注,蹴鞠文化再度进入人们的视野。临淄蹴鞠被论证为世界足球的起源,蹴鞠文化也大放异彩,成为淄博城市文化、世界足球文化的一个重要事件。此外,由蹴鞠衍生了多种运动项目,如踢足球、踢毽子、打马球、冰上蹴鞠(已失技)、打鞠球(石质鞠球),进一步丰富了中国传统体育文化。

1. 蹴鞠的起源

对于蹴鞠的起源,古代典籍中语焉不详。最早的记载是《战国策》与《史记》的《苏秦列传》《货殖列传》,在记述齐国的繁荣富庶时提到了蹋鞠流行的盛况,而对于蹴鞠的起源仍是不得而知。刘向《别录》对蹴鞠的起源及特点作了简约而谨慎的说明:"蹴鞠者,传言黄帝所作。或曰起战国之时。蹴鞠,兵势也,所以练武士,知有材也,皆因嬉戏而练之。"传说蹴鞠源于黄帝,无从考证;言说蹴鞠起于战国,却也言之稍晚。据《史记》记载,齐都"临淄甚富而实,其民无不吹竽鼓瑟,弹琴击筑,斗鸡走犬,六博蹋鞠者"。或许言语有些夸张,但仍可推断蹴鞠在战国时期的齐地已发展颇为成熟。蹴鞠最早的记载与齐地有关,且后世有关蹴鞠的记载也大多与齐国临淄联系在一起,这一现象说明蹴鞠与齐国有着很深的渊源。再加以传说中蹴鞠是由黄帝而作,黄帝与齐地东夷部落的首领蚩尤作战,以战败者蚩尤的胃做成球让士兵踢来踢去。综合蹴鞠起源的多种说法,蹴鞠源于齐国临淄亦顺理成章了。

对于蹴鞠的起源,不仅需要查阅文献典籍和考古资料,还需要从文化发生学的角度对其进行客观的分析。蹴鞠源于齐地,与齐国繁荣的经济、手工业的发达以及尚技击的民风有着内在的联系。

其一,齐国临淄的富庶是蹴鞠产生的前提与基础。蹴鞠与吹竽鼓瑟、弹琴击筑、斗鸡走犬以及六博是齐国百姓的休闲娱乐活动,休闲娱乐活动盛行的前提是民富国强。在古代史书中多有记载,齐国不仅是中原霸主,而且施行了藏富于民的治国策略。管仲相齐,把富民放在首位,"凡治国之道,必先富民"。重视发展农业生产,大力发展工商业,削减百姓税收,因此,齐国国力大增:"齐南有太山,东有琅邪,西有清河,北有渤海,此所谓四塞之国也。齐地方二千里,带甲数十万,粟如丘山。齐车之良,五家之兵,疾如锥矢,战如雷电,解如风雨……临淄甚富而实,其民无不吹竽鼓瑟、击筑弹琴、斗鸡走犬、六博者;临淄之途,车毂击,人肩摩,连衽成帷、举袂成幕、挥汗成雨;家敦而富,志高而扬。""天下强国无过于齐者,大臣父兄殷众富乐,无过于齐者。"(《战国策·齐策》)国家安定强大,百姓安居富庶,为各种休闲娱乐活动提供了适宜的土壤。

其二,齐国发达的手工业为鞠的制作提供了工艺支持。所谓蹴鞠,即踢球也。球形物体弹跳、活动能力强,不仅是生产实践中的重要工具,也具有较高的娱乐价值,球戏成为古代重要的娱乐方式。蹴鞠的规则是用脚踢球,对球的材质及工艺有着极高的要求:球的材质不能太坚硬,以免对脚及身体的其他部位带来伤害;需要坚韧,否则容易踢破;球体越圆越好,这样运动性能高;球轻便一些更好,运动会更便捷。唐人颜师古在《汉书·艺文志》中注曰:"鞠以韦(经去毛加工制成的柔皮)为之,实以物,蹴蹋之以为戏也。"根据相关文献记载及考古发现,齐国发达的手工业可以制作出适宜脚踢的球。齐国建立之初就确立了发展工商业的治国策略:"通商工之业,便鱼盐之利"(《史记·齐太公世家》),"劝其女工,极技巧"(《史记·货殖列传》),认识到工商业在国家政治、经济、军事方面的重要性。《管子·七法》"为兵之数"分析了"工""器"对增强军事战斗力的重要作用:"财盖天下,而工不盖天下,不能正天下;工盖天下,而器不盖天下,不能正天下",技术发达、工具先进是增强国力、军事实力的重要手段。《考工记》是我国目前所见年代最早的手工业技术文献,该书记述了齐国官营手工业各个工种的设计规范和制作工艺,虽未注明作者及成书年代,一般认为是春秋战国时期由齐人完成的,称其为齐国的官书。《考工记》中"鲍人"部分详细记述了各类皮革的鞣制工艺:

> 鲍人之事,望而眡之,欲其荼白也;进而握之,欲其柔而滑也;卷而抟之,欲其无迤也;眡其著,欲其浅也;察其线,欲其藏也。革欲其荼白,而疾浣之,汗之则坚;欲其柔滑而腥,脂之则需。引而信之,欲其直也。信之而直,则取材正也。信之而枉,则是一方缓、一方急也。若苟一方缓、一方急,则及其用之也,必自其急者先裂。若苟自急者先裂,则是以博为帴也。卷而抟之而不迤,则厚薄序也。眡而著其浅,则革信也;察其线而藏,则虽敝不甐。

译文:

观察鲍人鞣制皮革过程,远看那皮革,要像茅、芦的花那样白;进前用手握一握,要感到很柔滑;把它紧紧地卷起来,要整齐而不斜;看皮革上两皮合处,要又薄又牢;看那缝合处的线,要隐藏不显。皮革要像茅、芦的花一样白,而清洗时很快捷不使入水时间过久,就会坚韧;要使皮革柔滑而涂上厚厚的油脂,就会很柔软。拉而伸展皮革,要它很平直。拉伸开来很平直,就说明所取革材纹理很正。伸展开来歪斜不直,就说明(拉伸时用力)一边紧,一边松。如果(拉伸时用力)一边紧,一边松,到用皮革的时候,一定会从紧的一边先断裂。如果从紧的一边先断裂,那就是使宽的皮革反而变窄了。将皮革卷紧而不歪斜,就说明厚薄均匀。看到皮革缝合处又薄又窄,皮革就不会伸缩变形;看到皮革上的缝线隐藏不显,即使皮革用坏了,缝线也不会受损伤。

《考工记》记述的手工业分工细密,人尽其能,技术精湛,"攻木之工七,攻金之工六,攻皮之工五,设色之工五,刮摩之工五,抟埴之工二"。由此看来,齐国的手工业水平能够制作出既圆又轻、适宜于脚踢的球。

其三,齐民尚武勇技击的民风为蹴鞠玩法规则的创造提供了丰富的智慧。蹴鞠即用脚踢球,这一运动项目不仅对球的制作有着较高的要求,而且体现了对于技能、技巧的运用。不用手而用脚或身体的其他部位踢球,具有较高的技术难度。颠球要控制球不落地,传球需要注意力量、角度以及脚触球位置、面积的大小,运球则在自己掌控的范围内推拨球,接球要求将运行中的球接控在需要的位置上。球运动灵活多变,用脚掌控球需要娴熟的技术,齐人"隆技击"的特点为蹴鞠的产生提供了技术支持。由于齐人多智慧,重权谋,因此,在竞争对抗中,齐人注重技术、战术的运用,创造了丰富的兵家文化。善技击的齐人对于球戏进行了更多创造性的改变,创新的球戏蹴鞠不仅脚法富有变化、技术要求高,而且在比赛中需要布阵、战术与协同配合等多项技能,蹴鞠体现了齐人较高的技击水平。同时,齐地尚武勇的风尚促使齐人参与到蹴鞠活动中。与斗鸡、走狗、六博等其他娱乐活动相比,蹴鞠需要参与者自身参与到运动中,并要求具备一定的力量素质。齐人受东夷文化的影响,性格豪放,身材高大健壮,善于搏斗。齐人尚武勇的风尚得到了统治者的倡导与激励,齐国国君不仅身体力行,喜爱练力搏斗,而且对于战场上的获胜者,给予重金奖励。相较于其他娱乐活动,蹴鞠是具有勇武之风的一项运动,后世逐渐成为军队训练的一种方式。

此外,蹴鞠的产生与齐国的寓兵于农的制度有关。齐相管仲实行了"连五家之兵"的制度,五户农家为一轨,作为兵农的基层单位。据考证,最早的蹴鞠比赛是六人制,"由伍长或轨长率领五人参加,故为六人制,只有齐国最有可能使这种军事训练项目走向民间"。

2. 汉至唐宋时期蹴鞠文化的繁荣

汉代至唐宋时期,蹴鞠逐步完善,并发展到鼎盛阶段。在这 1500 年间,蹴鞠的规则、场地都有了新的变化,鞠的制作工艺也有了极大的提高,参与的群体既有帝王将相、达官贵人,也有平民百姓、女子儿童,成为深受不同阶层人群喜爱的一项运动。

其一,蹴鞠的规则及玩法的演变。自汉至宋,蹴鞠玩法多样,从乐舞蹴鞠到白打,从同场直接对抗到隔门间接对抗,蹴鞠规则也相应地进行调整并趋于完善。汉代百戏盛行,乐舞蹴鞠多是贵族阶层在鞠城观赏蹴鞠表演,并有音乐伴奏。音乐随着蹴鞠的舒缓紧急的节奏以及审美风格的不同而有所变化。"一般情况下,男子蹴鞠伴鼓乐,女子蹴鞠伴管乐,男子强调雄壮,女子偏重婀娜。"画像石中展示了乐舞蹴鞠的美妙情景。西晋陆机《鞠歌行》"序"对于鞠歌亦有记载:"汉宫阁有含章鞠室、灵芝鞠室,后汉马防第宅卜临道,连阁通池,鞠城弥於街路。鞠歌将谓此也。"唐宋时期,军中蹴鞠、蹴鞠比赛保留了配乐伴奏的形式,唐朝诗人韦应物《寒食后北楼作》曰:"遥闻击鼓声,蹴鞠军中乐。"目前,在大型足球比赛中,观众席上的球迷仍然通过敲鼓、吹喇叭等方式为球员加油助威。白打是不用球门,比试踢高、踢出花样的蹴鞠形式。白打可以自己娱乐,也可以多人娱乐或分班比赛,形式多样灵活且对场地要求不高,在民间便于推广。在汉代散踢式蹴鞠类似"白打",是一种表演性舞蹈。到了唐宋时期,随着蹴鞠技能的提高与普及,"白打"花样翻新且高难度的动作备受追捧,"球终日不坠""球不离足,足不离球",蹴鞠技艺高超。"白打"作为散踢蹴鞠的名称正式确定下来,"白打"中的花样、动作则称为"解数"。根据身体控球部位的不同,解数分为上截解数、中截解数、下截解数,三种解数临时组合为成套的解数,经典的成套解数成为众人提高蹴鞠技能的套路。为了便于学习记忆,人们以比拟的方式加以命名:"转乾坤""燕归巢""斜插花""风摆荷叶""叶底摘桃""玉佛顶珠""双肩背月""拐子流星""金佛推磨"等等。同场直接对抗是汉代蹴鞠的形式之一。汉代休养生息的治国理念不仅带来了国家的稳定富有,而且促进了民间休闲娱乐活动的繁荣,蹴鞠也由齐地推广到汉朝各地。汉代是封建社会上升时期,豪放昂扬,与时代精神相契合,汉代蹴鞠注重力量性与竞争性,并成为军队训练的一种重要方式。西汉刘向《别录》曰:"蹋鞠,兵势也,所以练武士知有材也,皆因嬉戏而讲练之。"由此看来,蹋鞠是训练提高士兵作战技巧、能力的方法。东汉班固《汉书·艺文志》将介绍蹴鞠运动的文献《蹴鞠二十五篇》归类为"兵技巧十三家"。汉代蹴鞠的规则是同场直接对抗,将鞠踢入对方鞠室为胜,比赛过程运动强度大,对抗激烈。东汉李尤《鞠城铭》简要概括了蹴鞠的基本规则:"圆鞠方墙,仿象阴阳。法月衡对,二六相当。建长立平,其例有常。不以亲疏,不有阿私。端心平意,莫怨其非。鞠政由然,况乎执机。"该文从鞠的形状、鞠城的建制、蹴鞠队人数、裁判的标准、比赛的心态等方面展示了汉代蹴鞠的特点。隔网间接对抗是唐宋时期蹴鞠的重要形式。汉代蹴鞠比赛注重力量与对抗性,唐宋时期蹴鞠比赛则注重技巧性,比赛的规则发生了很大的变化。蹴鞠场制由汉代两个鞠室演变为中间单个鞠门;对抗方式由直接对抗变为间接对抗;规则由将鞠踢进对方鞠室为胜改为踢入中间鞠门上的"风流眼"为胜。鞠室演变为鞠门,蹴鞠的场地要求低了,较小的平整的空地就可以进行蹴鞠比赛;蹴鞠的人数变少了,活动开展更为便捷;直接对抗变为隔门间接对抗,蹴鞠的力量性、对抗性减弱了,不同年龄、性别的群体都可以参加;蹴鞠的技巧性增强了,蹴鞠者痴迷于花样翻新的蹴鞠技法的练习,形成了与汉代蹴鞠审美风格迥异的娱乐方式。但同时可以看到,三丈二尺高的鞠门增加了蹴鞠的难度,追求蹴鞠技法的风气在一定程度上影响了蹴鞠在民间的推广。明代《蹴鞠谱》对蹴鞠的规则、踢法等进行了具体描述,被称为最早的蹴鞠专业书籍,对了解唐宋蹴鞠具有重要意义。

表 2-1　中国历史蹴鞠形制

时间	蹴鞠形式	人数	裁判	规则	场地	其他特点
汉及汉以前	分队直接对抗	12 人	"长"和"平"	可冲击对抗,球进对方鞠室	小球门半月形,方形蹴鞠城	配鼓乐,男女可同场
	表演性散踢蹴鞠	—	—	—	平整的空地	配乐,类似舞蹈
唐	间接对抗	5—7 人	教正、知宾	球不着地,球过"风流眼"多者为胜	单球门,平整的空地	配乐,出现充气鞠
	白打	1—10 人	—	赛花样、技巧和准确性	—	—
宋	间接对抗	5—7 人	教正、知宾	球不着地、球过"风流眼"为胜	单球门,平整的空地	配乐,出现球迷组织和比赛
	白打	1—10 人或更多	—	赛花样、技巧和准确性	—	—
元明清	沿袭唐宋	沿袭唐宋	沿袭唐宋	沿袭唐宋	沿袭唐宋	清代出现"冰上蹴鞠"

其二,鞠的制作工艺日渐成熟。鞠的制作经历了近 2000 年的探索,材质的选择、加工以及制作的手法不断改进,由最初的"毛丸"演变为近似现代足球的"鞠",极大提高了蹴鞠活动的魅力。鞠的材质与制作工艺直接影响着蹴鞠活动的形制及普及的程度,宋代蹴鞠活动的繁荣即与鞠制作工艺的成熟及大量的生产销售有着密切的关系。

鞠的材质选自皮革。东汉许慎《说文解字》曰:"鞠,从革匊声。"意谓"鞠"是形声字,左形右声,"革"表其意,是指鞠为皮革类制品。皮革制作的鞠是由"毛丸"发展而来,晋郭璞注《三仓解诂》中,将"毛丸"与"鞠"联系起来:"鞠,毛丸,可踢戏。"毛丸是用毛发缠成球状,用脚踢的一种游戏。鞠的材质选用皮革,在汉代已广为流行。唐颜师古注《汉书》云:"鞠,以韦为之,中实以毛,蹴蹋为乐。"唐司马贞《史记索隐》中云:"鞠戏以皮为之,中实以毛,蹴蹋为戏也。"徐锴《说文解字系传》曰:"踢鞠,以革为圆囊,实以毛,蹴蹋为戏。"由此可以推断,由皮革制作鞠,在战国时期已经存在,这与齐国皮革制作工艺的发展有着内在的关系。唐宋时期,皮革制作工艺有了进一步发展,"熟硝黄革,实料轻裁",鞠的材质更加精细。

蹴鞠活动的一大变革是鞠由实心球演变为空心球。汉代的鞠是用毛发填充的实心球,"中实以毛",至唐代出现了充气鞠。充气鞠是鞠由填充实物改为充气,充气鞠不仅形状更接近于圆形,而且弹性高。唐代仲无颇《气球赋》描述了充气鞠的特点:"气之为球,含而成质,俾腾跃而悠利,在吹嘘而取实。尽心规矩,初因方以致圆,假手弥缝,终使满而不溢。"宋代对充气鞠作了进一步改进:在鞠皮壳内放置一个动物膀胱,充气使之充盈,充气的方式由吹气变革为鼓风器充气,充气更为便捷。明代《蹴鞠图谱》记载了宋代充气鞠的充气要求:"不可太坚,坚则健色浮急,蹴之损力。不可太宽,宽则健色虚泛,蹴之不起。须用九分著气,乃为适中。"同时,鞠的缝制工艺也有了很大的提高:一方面是鞠皮壳的片数逐渐增加,由起初的两片到四片、六片、八片、十二片,对缝制工艺要求越来越高,鞠的形状到宋代时已经"碎凑十分圆"了;另一方面,鞠缝制方式由"外缝"演变为"内缝"。将缝好的鞠壳翻转,鞠壳表面不露线角,做成后的鞠更为美观。

宋代蹴鞠活动开展广泛,对鞠的需要量很大,而且宋代手工业和商业发展迅速,鞠的制作与销售走向行业化和商业化。宋代鞠不仅制作工艺精良,而且形成了诸多品牌,在明代《蹴鞠图谱》"健色名"中记载了当时知名度较高的品牌,有"六锭银""虎掌""人月圆""古老钱""锁子菊""葵花""不断云""曲水万字""云台月""五角""六叶龙""旋落虎掌""香烟篆""斗底""叶底桃""灵花虎掌""侧金盏""龟背""鹁鸽头""梨花虎掌""一对银""一瓶花""十二月""两朱云"等,其中部分品牌在后世还在沿用。

其三,参与的群体呈现多元化。汉魏六朝时期蹴鞠活动逐渐由达官贵人走向民间。权贵人间以蹴鞠为乐,平民百姓也是"里有俗,党有场,康庄驰逐,穷巷蹋鞠"(《盐铁论·国疾》)。蹴鞠是汉代部队训练娱乐的重要方式,班固《汉书·卫青霍去病传》记载:"霍去病在塞外征战,卒乏粮,或不能自振,而去病尚穿域蹋鞠也。"班固《汉书·艺文志》中记录曾有《蹴鞠二十五篇》，并将其归入兵家技巧类，这本书到唐代时已亡佚。东晋虞预《会稽典录》记载："三国鼎峙，互兴金革。士以弓马为务，家以蹴鞠为学。"

汉朝有文字记载的"蹴鞠迷"有两位：一位是汉高祖刘邦的父亲。汉刘歆《西京杂记》记载：高祖父亲"徙长安，居深宫，凄怆不乐。汉高祖窃因左右问其故，以平生所好，皆屠贩少年，酤酒卖饼，斗鸡蹴鞠，以此为欢，今皆无此，故以不乐。高祖乃作新丰，移诸故人实之，太上皇乃悦。"汉高祖刘邦喜爱蹴鞠、斗鸡等娱乐活动，但痴迷程度史书记载颇少。另一位则是西汉项处，痴迷蹴鞠。患病请齐国国医太仓公为其诊脉，太仓公嘱其曰："慎毋为劳力事，为劳力事必呕血死。"项处痴迷蹴鞠，未遵医嘱，结果蹴鞠出汗后咯血，第二天就死去了。此外，曹操也热衷于蹴鞠，鱼豢《魏略》记载："孔桂字叔林，好蹴鞠，太祖（曹操）爱之，每在左右。"

唐宋时期休闲娱乐文化发达，蹴鞠空前繁荣。根据文献记载可知，蹴鞠参与群体日趋广泛，且出现职业化发展趋势，同时女子蹴鞠的绘画、诗词亦流传甚广。唐宋帝王如唐太宗、唐玄宗、唐僖宗、宋太祖、宋徽宗等都热衷参与蹴鞠、欣赏蹴鞠，帝王的喜好成为蹴鞠得以推广的强劲动力。宋代出现了全国性的蹴鞠组织"齐云社"，具有行会的性质，意味着齐云社成员是专业蹴鞠艺人，被称为"鞠客"。齐云社有严格的内部纪律和完善的组织机构，对宋代蹴鞠技艺的提高和社会影响力的提升都发挥了重要的作用。唐宋时期，蹴鞠活动的社会化程度逐渐提高，进而衍化为清明节习俗，为更多的女子参与蹴鞠创造了条件。女子蹴鞠多以白打的形式自娱自乐，具有较强的趣味性。

随着蹴鞠活动的广泛开展，世人对蹴鞠也形成了多方面的认识。唐人对蹴鞠的认知更多停留在娱乐的层面，在唐诗中只是作为一个普通的物象。而在宋诗词中，蹴鞠已成为宋人认识社会的一种方式，涌现了诸多专咏蹴鞠的诗歌《蹴鞠谱》，兹录其中一首：

蹴鞠谱

巧匠园缝异样花，身体轻健实堪夸。

能令公子精神爽，善诱王孙礼义加。

宜富贵，逞奢华，一团和气遍天涯。

宋祖昔日皆曾习，占断风流第一家。

此诗作者不详，诗句通俗简单，更像是一首打油诗。诗中描述了鞠的美观、蹴鞠人的轻巧矫健，而后对蹴鞠的诸种功能一一点明：蹴鞠运动能让人精神饱满；在蹴鞠活动中要遵守纪律、规定，以培养人的道德修养；蹴鞠作为集体性活动，能增强大家的团结意识；蹴鞠活动还是显示自身身份、地位的重要方式，在蹴鞠活动中最值得称道的是宋太祖。

3.元明清时期蹴鞠文化的没落

蹴鞠运动在元代时期逐渐呈衰落趋势，至清代有关蹴鞠的记载已颇为稀少了，蹴鞠的没落与主流思潮以及社会的变革有着内在的联系。

首先，受主流社会观念的影响，人们对蹴鞠的价值定位发生了根本性的改变。汉唐时期是古代上升期，帝王开疆拓土，崇尚勇武精神；政治清明，南北文化、东西文化交流互融，思想相对自由，国家呈现盛世气象。在汉唐盛世蹴鞠的发展呈上升趋势。不仅帝王将相喜爱蹴鞠，而且将其作为军事训练的内容。上层社会的倡导，也促使蹴鞠走向了民间，并融入清明民俗，成为人们社会生活的一个组成部分。宋代蹴鞠发展到巅峰阶段，这与皇帝的喜爱、倡导密不可分；蹴鞠技能高超的高俅可以做上高官，同时与宋代市民阶层的崛起以及对休闲娱乐生活的追求有着内在的联系。至此，蹴鞠在社会中的多元价值得到了社会的认可。元明清时期，蹴鞠的社会定位逐渐被降低，价值功能被缩小，以至于成为负面价值的代表，其没落命运也就在所难免。元代与清代统治者皆为马背上的民族，对于中原文化孕育的技巧高超、装扮华丽的蹴鞠运动并不认同。元代时期不再自上而下提倡蹴鞠，蹴鞠逐渐演化为民间娱乐活动。明代娱乐性蹴鞠逐渐沦落至赌博、淫乐的地位上,明朝皇帝并明令禁止蹴鞠:"蹴圆者卸脚。"清顺治皇帝曾口谕禁止蹴鞠。由于主流社会的压抑与打压,蹴鞠最终走向衰亡。

其次,蹴鞠的衰亡与儒家思想也有着必然的联系。儒家思想是中国古代社会两千年来的主流思潮,明清时期儒学的新形态"理学"逐渐走向极端,八股科举考试严重禁锢了人们的思想。在思想备受束缚的时代,缺少蹴鞠文化所倡导的竞技与对抗、公平与竞争得以生存的土壤。儒家重文轻武、重修心轻练力,明清时期的蹴鞠是一项纯娱乐性活动,不仅不能修身,反而被认为是游手好闲之徒热衷的玩意,蹴鞠与"玩物丧志"相提并论,而逐渐消亡。

蹴鞠由唐宋的巅峰走向元明清的没落,其走过的历程犹如在空中划过的一条弧线。蒲松龄在《聊斋志异》卷三的《汪士秀》中描述被踢破的鞠落入水中的一段话,与蹴鞠走过的历程何其相似:"中有漏光,下射如虹;虽然疾落,又如经天之彗,直投水中,滚滚作沸泡声而灭。"繁盛时期如长虹贯日,异常耀目;犹如划过长空的彗星,星光熠熠,但灿烂之后,却消失得无影无踪。

附录:

聊斋志异·汪士秀

蒲松龄

江士秀,庐州人。刚勇有力,能举石舂。父子善蹴鞠。父四十余,过钱塘没焉。积八九年,汪以故诣湖南,夜泊洞庭。时望月东升,澄江如练。方眺瞩间,忽有五人自湖中出,携大席,平铺水面,略可半亩。纷陈酒馔,馔器磨触作响,然声温厚,不类陶瓦。已而三人践席坐,二人侍饮。坐者一衣黄,二衣白;头上巾皆皂色,裁裁然下连肩背,制绝奇古,而月色微茫,不甚可晰。侍者俱褐衣;其一似童,其一似叟也。但闻黄衣人曰:"今夜月色大佳,足供快饮。"白衣者曰:"此夕风景,大似广利王宴梨花岛时。"三人互劝,引竟浮白。但语略小,即不可闻,舟入隐伏,不敢动息。

汪细审侍者,叟酷类父;而听其言,又非父声。二漏将残,忽一人曰:"趁此明月,宜一击球为乐。"即见僮汲水中,取一圆出,大可盈抱,中如水银满贮,表里通明。坐者尽起,黄衣人呼叟共蹴之。蹴起丈余,光摇摇射人眼,俄而然远起,飞堕舟中。汪技痒,极力踏去,觉异常轻软,踏猛似破,腾寻丈;中有漏光,下射如虹;蚩然疾落,又如经天之彗,直投水中,滚滚作沸泡声而灭。席中共怒曰:"何物生人,败我清兴!"叟笑曰:"不恶不恶,此吾家流星拐也。"白衣人嗔其语戏,怒曰:"都方厌恼,老奴何得作欢?便同小乌皮捉得狂子来,不然,胫股当有椎吃也!"汪计无所逃,即亦不畏,捉刀立舟中。

倏见僮、叟操兵来。汪注视,真其父也,疾呼:"阿翁,儿在此。"叟大骇,相顾凄断,僮即反身去。叟曰:"儿急作匿,不然都死矣!"言未已,三人忽已登舟。面皆漆黑,睛大于榴,攫叟出。汪力与夺,摇舟断缆。汪以刀截其臂落,黄衣者逃。一白衣人奔汪,汪剁其颅,堕水有声,哄然俱没。方谋夜渡,旋见巨喙出水面,深若井。四面湖水奔注,砰砰作响,俄一喷涌,则浪接星斗,万舟簸荡,湖人大恐。舟上有石鼓二,皆重百斤,汪举一以投,激水雷鸣,浪渐消;又投其一,风波悉平。

汪疑父为鬼,叟曰:"我固未尝死也,溺江者十九人,皆为妖物所食;我以蹴圆得全,物得罪于钱塘君,故移避洞庭耳,三人鱼精,所蹴鱼胞也。"父子聚喜,中夜击棹而去。天明,见舟中有鱼翅,径四五尺许,乃悟是夜间所断臂也。

4. 新时期蹴鞠文化的复兴

蹴鞠运动虽然在明清时期逐渐没落,但新时期蹴鞠文化得到了复兴,得到了国内外足球界的认可,并在发源地临淄(今山东淄博)得到了保护和传承。蹴鞠文化的复兴成为体育文化界的一个大事件。

首先,临淄蹴鞠被论证为世界足球的起源。学者们通过大量的文献及考古资料研究了临淄蹴鞠的起源、发展历程以及鞠的制作、鞠室的规制、蹴鞠的玩法及规则、蹴鞠的裁判等问题,对蹴鞠文化形成了一个系统、全面的认识。在蹴鞠的传播与传承以及与现代足球的关系的研究方面,有学者经过缜密的探索,发现了蹴鞠与现代足球的内在关系,并提出了一个观点:世界足球起源于临淄蹴鞠。2004 年 6 月 9—11 日,中国体育史学、考古学、齐文化领域的学者、专家及中国足协官员等在临淄召开了"足球起源专家论证会",经过科学的探讨和论证,最后形成一致结论——"中国古代蹴鞠(足球)起源于春秋战国时期的齐国首都临淄"。2004 年 7 月 8 日,国家体育总局正式批准将这一学术成果"公布介绍和使用"。2004 年 7 月 15 日,在中国第三届国际足球博览会和亚洲足球赛的开幕式上,国际足联主席布拉特郑重宣布:"足球起源于中国,起源于淄博临淄。"

其次,采用多种途径传承、发展蹴鞠文化。2005 年 9 月,临淄足球博物馆建成开馆,向世人宣传、展示蹴鞠运动的悠久历史和发展现状。2006 年 5 月 20 日,蹴鞠作为非物质文化遗产经国务院批准列入第一批国家级非物质文化遗产名录。淄博人先后拍摄了电视剧《一脚定江山》、电影《蹴鞠》等作品向世人展示宣传了蹴鞠文化。临淄足球博物馆组建了蹴鞠队,为参观的游客提供表演服务,临淄蹴鞠队参加了北京奥运会部分重大主题活动的展演。临淄区金茵小学多渠道创设足球文化氛围,通过校园广播站和校园电视台及宣传橱窗等途径让学生了解蹴鞠、了解足球。2010 年 3 月,学校被表彰为"亚足联中国展望淄博项目示范学校"。2005 年 7 月 22—26 日,第一届中国临淄蹴鞠推广大赛暨第四届国际青少年足球夏令营活动在临淄区齐都体育城和齐都文化城举行。参赛队伍共 12 支,其中大学生队伍 4 支,分别是山东大学、青岛大学、天津体育学院、山东体育学院;中学生队伍 4 支,分别是韩国高灵郡、北京八一学校、浙江台州协和体育俱乐部、临淄实验中学;小学生队伍 4 支,分别是上海市金山区兴塔小学、北京八一学校、泰安体校、临淄体校。

新时期以来,随着我国群众体育的大力发展,古老的蹴鞠文化将与现代足球文化相融合,探索更多样化的渠道以传承、创新、传播蹴鞠文化。

三、齐国体育思想

齐国在多年的战争中积累了重智谋、尚技击战术的兵家思想,建立了以智谋取胜的竞争观,总结了丰富多变的技击战术,是中国传统体育思想的重要内容。《管子》的精气生命观和师法自然、淡泊寡欲的养生观对后世养生思想产生了深远的影响,齐国神仙方术中的养生术则与道教养生有着密切的关系。

(一)兵家体育思想

齐国的兵家思想历史悠久且影响深远,从兵家始祖太公姜尚辅佐周王建立周朝并建立齐国到齐相管仲成就春秋霸业;从田齐未建之前诸位田氏的筹划到田齐代姜后的治国治军策略;从《孙子兵法》到《孙膑兵法》,中国古代的兵家思想代表人及兵书论著大多出于齐地,明朝抗倭名将戚继光亦是齐地人。齐国兵家思想是对齐国及其他诸侯国战争经验的总结,为后世武术文化、棋类活动提供了丰富的战术思想,并为现代竞赛运动战略战术提供一定的借鉴。

1. 以智谋取胜的竞争观

战争能否取胜主要取决于军队的战斗力和将帅调兵遣将的谋略。为了增强军队战斗力,各诸侯国都注重加强士兵身体素质及行军能力、搏斗技能的训练,但在将帅的谋略方面总结较少。在齐国谋略治国的影响下,齐国兵家思想认为"上兵伐谋",形成了以智谋取胜的竞争观。

首先,谋略是双方对抗取胜的关键。台湾曹元中先生对"谋略"一词作出如下解释:"谋为欺骗;略为计划之方案、方策、方法。则予以连贯解释:谋略者,欺敌以方也。"士兵身体强健、搏击技能高超固然重要,但取胜的关键在于谋略是否神妙。《孙子兵法》曰:"兵者,诡道也。""诡道"并非狭义的欺骗之意,而是如何把握全局、知己知彼、随机应变,在合适的时机选择适宜的战术。

"诡道"包括准确的判断力、深入的思考力和针对不断变化的战况作出选择的应变力,因此"诡道"是谋略的竞赛,是关于如何调动自己的智慧以找寻克敌制胜方略的"道"。兵家重谋略思想与中国传统文化中"和"的思想有着内在的一致性。兵家谋略以"和平"思想为出发点,认为最核心的谋略是"不战而胜",并提出了"百战百胜,非善之善者也;不战而屈人之兵,善之善者也""上兵伐谋,其次伐交,其次伐兵,其下攻城"(《孙子兵法·谋攻》)的重要论断。

其次,智慧是谋略形成的基础。兵家谋略以掌握知识并灵活运用知识为前提,《孙子兵法》认为任何一个作战谋略都是知"兵势"通"九变"的结果。一方面,兵家谋略运用整体性、统一性的思维方式,注重作战"兵势"的营造。"兵势"营造需要掌握整个军队的组织、机构、编制等以便于调遣,通过对军队实力的把握,根据作战意图造就险峻态势,如同激流漂动大石、猛禽搏击雀鸟,胜利则尽在把握之中。另一方面,精通战事需要了解各方面知识,以知"九变"之术。兵家所谓通"九变"是指需要根据每次战争的不同情况以及战争中军情的变化,制定实施有效的战术战略。"故将通于九变之利者,知用兵矣;将不通于九变之利者,虽知地形,不能得地之利矣。治兵不知九变之术,虽知五利,不能得人之用矣。"(《孙子兵法·九变》)通"九变之利"、知"九变之术"是用兵、治兵应具备的基本能力。同时,《孙膑兵法》对"王者之将"的知识才能提出了很高的要求,认为"王者之将"掌握了包括天时、地利、民心、士气、敌情、战法、战机等多方面的"道",方能取得战争的胜利:"知道者,上知天之道,下知地之理,内得其民之心,外知敌之情,阵知八阵之经,见胜而战,弗见而诤,此王者之将也。"(《孙膑兵法·八阵》)

由此看来,兵家以谋略取胜,是传统"和争"竞争观的一种体现形式。兵家谋略富有实践理性精神,是人们生产、斗争经验的总结,是以广博的知识为基础的大智慧。

2.基于朴素辩证法的谋略战术

道家"有无相生"的观念发展了中国古代朴素的辩证法,成为兵家谋略的方法论基础。《孙子兵法》通过"奇"与"正"、"虚"与"实"之间对立统一关系的论述,阐明了作战取胜的基本战术思路。"奇正相生,出奇制胜"是兵家对道家"以正治国,以奇用兵"思想的运用。"奇"与"正"是指不同的用兵之术,常法为正,变法为奇,如摆开战场为正,伏兵偷袭为奇。二者相对相合且变化无穷。"凡战者,以正合,以奇胜。故善出奇者,无穷如天地,不竭如江海。终而复始,日月是也。死而更生,四时是也。声不过五,五声之变,不可胜听也;色不过五,五色之变,不可胜观也;味不过五,五味之变,不可胜尝也;战势不过奇正,奇正之变,不可胜穷也。奇正相生,如循环之无端,孰能穷之哉"(《孙子兵法·兵势》)。

"虚"与"实"指交战双方的利与弊。《孙子兵法》认为作战要造成敌虚我实的态势,采用避实击虚的战术方能取胜。而与敌交战的最高境界是通过避实击虚达到主宰敌人的命运于无形无声的神妙状态。"攻而必取者,攻其所不守也;守而必固者,守其所不攻也。故善攻者,敌不知其所守;善守者,敌不知其所攻。微乎微乎,至于无形;神乎神乎,至于无声,故能为敌之司命。进而不可御者,冲其虚也;退而不可追者,速而不可及也。故我欲战,敌虽高垒深沟,不得不与我战者,攻其所必救也;我不欲战,画地而守之,不得与我战者,乖其所之也"(《孙子兵法·虚实》)。同时《孙膑兵法》的《积疏》《奇正》对积疏、盈虚、径行、疾徐、众寡、佚劳、奇正等相对相生的事物间的关系及转换的条件进行了集中描述。

《孙子兵法》《孙膑兵法》等齐国兵家论著总结了多种作战谋略及战术,流传至今已两三千年。在流传的过程中,兵家谋略不仅对军事战争产生了直接的影响,而且广泛应用于社会生活的各个领域。在传统文化中影响最为显著的是武术、棋类活动。武术与兵家二者同源异流,是既有差异又互融互通的两种文化现象。传统武术脱胎于军事武艺,其技击战术以兵家谋略思想为基础。《孙子兵法》认为作战取胜的前提是"知己知彼""因敌制胜",这一思想成为武术各家拳术制胜的先决条件。清李亦畲在《走架打手行工要言》中论述了太极拳技击"知己知彼"的重要性，"欲要引进落空、四两拨千斤，先要知己知彼；欲要知己知彼，先要舍己从人"。技击战术的调整与变化因循了兵家"避实击虚""奇正相生"的谋略，在实战中虚虚实实、奇奇正正，变化无穷。技击对抗过程中战胜对方，要有夺人而不夺于人的气势，这一心理战术是《孙子兵法》"善战者，致人而不致于人"谋略的运用。武术拳术讲求速度，要求身、步、手、眼法迅速敏捷，这一特点与《孙子兵法》中"兵之情主速"的谋略一脉相承。

齐国兵家思想对围棋、象棋等棋类活动的攻防思路提供了借鉴，促进了棋类活动的发展。围棋以黑白两色棋子在方格棋盘对弈，象棋根据军队的编制、布阵遣将的方法创制而成，虽然二者棋制、规则不同，但二者及其他棋类活动皆在棋局上以直观的形式展示了战场上两军对垒的格局，弈棋之道与兵家之道有着内在的联系。一方面，兵家思想为棋类活动提供了最基本的对弈战术和多样化的攻防策略。下棋和作战相同，需要知己知彼、客观理性地面对棋局，采用虚虚实实的战术以巧妙地战胜对方。兵家扬长避短、以攻代守、迂回作战等战略被应用于对弈之中。棋类活动通过对弈在一定程度上促进了兵家思想的传播。另外，棋类活动在一定程度上丰富了兵家谋略。"兵家善弈"，对弈过程有助于培养棋手掌握双方战局的整体视野，训练虚实、正奇等攻防策略、摸索、实践新战术、新谋略。

综上所述，齐国兵家思想树立了以智谋取胜的竞技观，总结了诸多对抗取胜的战术战略，是中国谋略文化的集大成者，兵家谋略思想对于武术技击战术、弈棋之道的发展都产生了深远的影响。时至今日，齐国兵家谋略的价值在现代竞赛活动中得到了进一步挖掘，借鉴、运用兵家谋略提高运动员、教练员的技战术水平成为现代体育文化的一个重要内容。

（二）养生思想

纵观养生术发展的历史，齐地是养生术的发源地。从古代先民对健康、长寿的追求,到方士、道士对养生方式的探索、尝试、传播,齐地先民一直走在前列,为后世养生思想体系的形成奠定了基础。

1.《管子》养生思想

《管子》是记录齐国名相管仲及管仲学派言行的一部书,实存76篇,内容涉及哲学、政治、经济、法制、伦理、军事、教育以及天文、地理等方面。《管子》虽然没有专门论述养生思想,但在讲解牧民、治政、明法时,借助养生来说明道理。《管子》在不同情况下涉及的养生思想,从理论与实践两个层面阐明了养生观点和具体养生方法,具有较强的实效性,是管子经世致用思想的一个组成部分。《管子》明确论及了"养生"的问题。《立政九败解》曰:"滋味也,声色也,然后为养生。"《白心》篇曰:"欲爱吾身,先知吾情,君亲六合,以考内身,以此知象,乃知行情。既知行情,乃知养生。"并在《枢言》《君臣》《心术》《白心》《内业》《九守》《侈靡》《中匡》《水地》《轻重》等篇中论述了"修道""养生"的观点及实践方法。综观《管子》的相关论述,可以概括出《管子》的精气生命观与师法自然、淡泊寡欲的养生思想。首先,《管子》认为"精气"是生命的根本。《内业》篇曰:"凡人之生也,天出其精,地出其形,合此以为人。和乃生,不和不生。""人之所失以死,所得以生也。"人体中充满精气才能身体健康,富有生机就会产生思考,从而就能有智慧,因此保精养气是养生根本之道。其次,《管子》提出了师法自然的养生观。《管子》认为,人是大自然的一部分,养生需要遵循自然的法则;提出养生要合于四时阴阳,"春采生,秋采蔬,夏处阴,冬处阳"(《宙合》)。再次,《管子》提出淡泊寡欲养生观。淡泊寡欲是保精养气的前提,因此"洁其宫,开其门,去私毋言,神明若存"(《心术上》)。要做到淡泊寡欲,需要调理情志,忧、悲、喜、怒影响身体的健康,"忧则失纪,怒则失端,积忧则伤神,愤怒则神散,悲喜过度,适得其反"(《内业》),需要调节控制;要节制饮食、合理起居,"起居时,饮食节,寒暑适,则身利而寿命益;起居不时,饮食不节,寒暑不适,则形累而寿命损"(《形势解》)。并提出了通过诗、乐以调节情志、修养身心的文化处方。

《管子》思想并非专属道家,但其中的养生思想与道家思想有着内在联系。抛开《管子》的成书年代,从管仲、老子、庄子的生活年代分析,管仲比老子早200年,比庄子早400年,是对健身养生的理论和实践进行论述的先人。《管子》养生思想对道家、道教养生及医学养生都有一定的影响。

2. 神仙方术中的养生术

齐地是中国古代盛行神仙方术的地方之一。在先齐时期,齐地流传着擅长养生的彭祖的传说,秦汉时期成为帝王追求长生不老的神仙之地。在追求长寿长生观念的影响下,各种养生术也在齐地不断孕育、发展起来。

首先,彭祖养生术注重养气,以行气术为实践的基础。行气术是指通过呼吸吐纳的调节养气,从而达到养身养心的目的。行气术的形成源于远古先民对自然界运行和人体自身生长发育规律的认识与体悟,体现了先民关注自然自身、追求天人合一的身体观念。被称为"中国古代养生术鼻祖"的彭祖,据考证是先齐时代的东夷人。东晋道教养生家葛洪的《神仙传》中对彭祖的养生法作了如下描述:"(彭祖)常闭气内息,从旦至中,乃危坐拭目,摩搦身体,舐唇咽唾,服气数十,乃起行言笑。其体中或疲倦不安,便导引闭气,以攻所患[1]。心存其体,头面九窍,五脏四肢,至于毛发,皆令俱至。觉其气行体中,起于鼻口中,达十指末,寻即体和也。"由此可见,彭祖的养生术即体内气息运行的控制与调节,其行气术不仅具有养生、治疗之功效,而且通过实践提出了行气养生的最佳状态,即"体和"。随着后人对人体结构的深入了解,行气术逐渐形成了系统的理论和丰富具体的实践方式。

其次,寻找仙山仙药、服食养生等成为齐地养生文化的重要内容。追求健康长寿是世人对养生术的基本要求,齐地蓬莱是中国神仙方术的总源头。传说寿命长达800岁的彭祖系东夷人,彭祖的传说激发了世人追求长寿的动力,秦始皇三次东巡的动因之一,则是对长生不老术的探求。秦汉期间道家思想

---

① 张永军:《管子健身养生观探析》,《管子学刊》2000 年第 4 期。

的传人琅琊安期生重视个人修炼,修仙之处在日照天台山,传说为寻找神山仙药,曾周游四海,采仙药,炼仙丹,创出一条得道成仙的新路,成为方仙道的创始人。方仙道与蓬莱仙境共同增强了世人对服食仙丹寻求长生不老的愿望,同时也推动了服食养生术的发展。

综上所述,《管子》精气生命观与师法自然、淡泊寡欲的养生思想对道家、道教养生产生了深远的影响;为追求长寿、长生而探索、践行的养生术则开启了后世坐忘、服食、行气、导引等多种养生方式。

第三章　汉画像石的产生及其
体育内容研究现状

汉画像石是汉代地下墓室、墓地祠堂、墓阙、庙阙等雕刻有画像的建筑用石,是汉代丧葬文化的重要组成部分。汉画像石的出现与汉代的经济文化与思想观念有着内在的联系,且分布广,历时时间长,内容多样,成为研究汉代历史文化的重要文物。

第一节　汉画像石的产生

汉画像石、画像砖是汉代建筑使用的构件,主要服务于丧葬礼仪,具有建筑构造与装饰的双重功能。汉代人借助于画像石、画像砖表现了异常丰富的思想,造就了前所未有的"气魄深沉雄大"的艺术形式。在我国汉代产生的这种形式来源于审美意识的变化,汉画像石、画像砖艺术有其艺术的渊源。

一、工艺设计文化的影响

汉画像石、画像砖具有厚重的设计传统,表现了艺术的真谛。在史前阶段,艺术几乎与人类的起源同步产生。人类早期的劳动实践,工具制造具有物质与精神的双重含义,可以说是艺术发生的根源。邓福星认为,"在他们幼年的一个相当长的时间里,除了为生存或繁衍所从事的功利活动,几乎不再有其他所谓纯粹的精神活动了。这种功利活动虽主要表现为物质活动,但也包含着精神活动的成分。"人类早期使用的石器,从简陋到精细,造型装饰达到了物质与精神意义的统一。

旧石器晚期,北京周口店山顶洞人制作的石器已有一定的类型与初步的分工(见图3-1),工具的类型有刮削器、尖状器、砍斫器、雕刻器、石锤和石砧。洞穴是山顶洞人的住处,其洞穴遗存有洞口、上室、下室、地窨四部分组成,展现出人类早期简陋的居住与生活环境。在史前时期,人类对客观世界的认识较为模糊,对自身认识也较为含混,朦胧混沌是其审美特点。

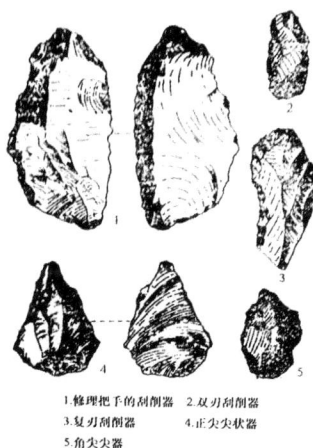

1.修理把手的刮削器　2.双刃刮削器
3.复刃刮削器　4.正尖尖状器
5.角尖尖器

图3-1　北京周口店山顶洞人制作的石器示意图

注:引自黄雅峰《汉画像石画像砖艺术研究》图9,中国社会科学出版社2011年版。

鲁道夫·阿恩海姆指出:"人类意识在其发展的早期阶段上,总爱把心理现象当成真实的物理事物或事件。"[1]山顶洞人遗址的细小石器,均以方便实用的造型呈现。洞穴内的空间划分,反映了山顶洞人丰富的精神世界与朴素

---

① 汪振城:《视觉思维中的意象及其功能——鲁道夫·阿恩海姆视觉思维理论解读》,《学术论坛》2005年第2期。

的审美思维。在史前艺术中,创造主体的物质与精神意义是一致的,既满足了物质的使用目的,又实现了精神上的创造愉悦,这就是工艺设计文化的原始状态。在当时,工艺与设计是不可分割的表现方法,石器、居住洞穴的装饰与建筑空间使用,乃至骨器、陶器等器具制造,岩画岩刻等绘制雕琢,朦朦胧胧都带有工艺与设计的意图。精神与物质、实用与审美内在的有机统一形式所反映的意识形态是工艺设计文化原始状态的成因,是一切艺术产生的根源。

工艺设计文化原始状态的综合性决定了其单纯质朴、率真平淡的和谐特点,它的工艺设计过程与效果是密不可分的。就史前艺术而言,不能按照现在的划分标准把石器、骨器单纯确定为雕刻制品,把岩画岩刻单纯确定为绘画作品,把洞穴建筑单纯确定为空间造型作品,而忽视了它们的实用功能性。恰恰相反,正是在满足实用功能的过程中,产生了具有综合性的和谐工艺设计文化形式,凸显了它们的绘画、雕刻、建筑综合特质,而不是局部的片面的。

随着社会的发展,工艺设计文化的综合性原始状态逐渐发生了变化。由应该是整体综合的,而不是局部片面的,与物质生活与精神生活逐渐分离,工艺设计文化有满足物质生活需要的,有满足精神生活需要的,也有二者兼具的。《考工记》记录了春秋末期工艺设计的用工类别。在这些类别中,也有变化着的情况。青铜器原本是实用的器物,后来注重精神层面的表现,成为审美的观赏器物,如青铜鼎逐渐成为礼乐文化的典型代表。在工艺设计文化满足精神生活需要方面,玉器也成为象征身份与品位的典型装饰器物。这些工艺设计文化形式一旦按照自己的属性逐渐定位后,就形成了自己的传统模式向前发展,显示出工艺设计文化的多元性。但工艺设计文化的原始状态仍有极强的生命力,它保存着物质与精神交融的综合性特点,充满生机地向前发展,在历史的进程中留下了不同形式的亮点。因为审美与实用总是难舍难分的。在探讨史前美术分类时,邓福星(1986年)将其分为四类:石骨系统器物、陶制品、史前岩画、史前建筑。①

---

① 邓福星:《艺术前的艺术:史前艺术研究》,山东文艺出版社1986年版。

在四个类别划分中,石材应用占了三个,即石洞穴是人类早期使用的建筑形式;石块是人类早期使用的工具材料;石器在人类生活中占据着重要的位置。当石器工具逐渐为金属工具所代替时,玉器工艺渐渐成为独立的工艺种类发展起来,而玉器也是石器的派生物。在史前时期,人们生存依赖于自然界,具有了山石崇拜,与自然的山石形成了密切的关系。人类打制石器,把石块加工成工具,利用山洞合理安排居住空间,并在岩壁上绘制生动的岩画,来满足生活或心理的需要。这些构成了远古人石器文化最突出的一个标志,由此看来,石是工艺设计文化创作原始状态形成的最早最具规模的使用材料,工艺设计文化的形成与石器的使用、石洞穴建筑的利用修造是分不开的,石与工艺设计文化关系甚为密切,在工艺设计文化原始状态的发展过程中,石的使用有突出的特点。

位于河南南召县的小空山旧石器晚期遗址,其石器若与周口店山顶洞人遗址相比较,砍砸器、刮削器、雕刻器等石器的种类有相似性,但总的文化面貌与位于湖北的大冶石龙头旧石器中期遗址有较大的一致性,小空山遗址除了和湖北大冶石龙头文化有渊源关系外,还吸收了北方旧石器的因素,形成了一种独特的文化。从地理位置看,南召小空山与大冶石龙头都位于长江水系,小空山遗址文化虽然受北方影响,而渊源是长江水系的文化。张晓凌的研究(1992年)认为"原始宗教、巫术的发生期和人类形象创造活动的频繁和兴盛期大约同时"。[1] 在小空山遗址北邻的鲁山县也已发现多处史前岩画,说明周围山地有岩画表现传统。岩画,也使用雕琢的方法,岩画周围有祭祀场地。连云港锦屏山将军崖岩画是用石器磨刻的,以阴刻线表现了人面像与太阳神形象等岩画(见图3-2),刻制岩画的岩石中央处呈穹隆形,没刻岩画,中间有三个巨石柱,石柱上有圆形四窝,窝径3—7厘米,充满神秘感,可以视为祭坛。由此看来,鲁山岩画与将军崖岩画有相近的工艺设计手法,也有相同的祈求神灵与祖先保佑的实用功能。

---

[1]　张晓凌:《中国原始造型艺术观念及审美特征》,《文艺研究》1992年第1期。

图 3-2　江苏连云港锦屏山将军崖岩画

注:引自孟兰、黄卫霞《将军崖岩画研究》图 2,《美术教育研究》2018 年第 12 期。

良渚文化的祭坛极具代表性。浙江余杭安溪的瑶山祭坛面积约 400 平方米,外围边长 20 米,祭坛下面有 12 座良渚文化大墓。瑶山祭坛在石坎上建三重土台:最外面的一重是黄土台,由黄褐色斑土筑成;第二重是灰色土围沟;第三重是红土台。三重土台构成了祭坛三层层台的空间形态变化。同在余杭安溪,良渚文化墓葬 1990 年出土了一件玉璧刻符,上面刻有三层台,层面呈长方梯形,与瑶山祭坛的三层层台有相似性。玉璧刻符中间图案为展翅的鸟,胸腹部位圆形应象征太阳,日中有火,火为赤色,是图腾符号,三层层台有天的象征意义。从玉璧刻符的象征意义可以认识到瑶山祭坛的建筑空间形态含义。祭坛的第三层土台是红土台,它居于中间最高的位置,离天距离最近,赤是天日的象征,使灵魂能够顺利升天。祭坛是良渚文化的一种建筑,与余杭安溪出土玉刻符(摹本)形式基本相同。祭坛土台下面的石龛是以大小不等的人工开采的石块合筑而成,墓葬的土坑直接打在基岩和红色的基岩风化砂土上。由此可见,祭坛及其墓葬基础是以石为材料而构筑的,通常祭坛与墓葬堆成"山"或"墩"状,实质上它是以石构筑营造、石的磨制雕刻作为内在根本、土为表层装饰而形成的建筑样式。

在新石器时期的辽宁省牛河梁红山文化遗址发现有祭坛与积石冢,在坛周围墓葬的竖穴圹内四壁整齐铺围石板,应为石棺的雏形。河南临汝村出土新石器时期绘有"鹳鱼石斧图"的陶器,它具有棺的功能,瓮棺葬在仰韶文化的墓葬中大量出现。

在史前艺术中,图腾遗迹与岩画、祭坛与墓葬组成了有一定规模的石构建筑形式,内含着丰富的建筑、雕刻、绘画的综合艺术特质。这种具有实用功能的建筑形式,寄托着史前人升天的理想。鲁山岩画、将军崖岩画、瑶山祭坛同是工艺设计文化原始状态在新石器时期长江流域发展阶段的具体形象显示。在工艺设计文化原始状态的发展中,红山文化遗址石棺显现东夷文化中一个区域的特点,瓮棺葬则是黄河文化中的另一材质的墓葬现象。以石为墓、堆土筑墩成祭坛与墓地的模式也在不断发展变化,至商周时期,浙江出现了土墩墓。同时在浙江东南部的沿海山地,出现了众多的石棚与大石盖墓。瑞安岱石山上有30多座石棚和大石盖墓,除3座大石盖墓分布在向北伸展的小山脊上外,其余分布在总长近500米的东西走向的两面山脊与山顶上。石棚用多块石头围立成三面壁体,上置一整块盖石,大石盖向地面下挖浅土坑,上面置放盖石(见图3-3)。

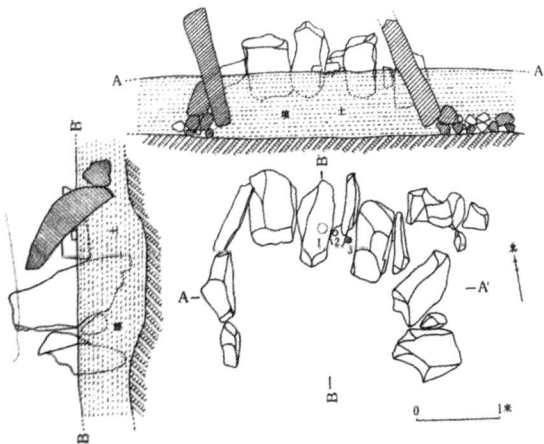

图3-3　浙江瑞安岱石山石棚平、剖面图

注:引自黄雅峰《汉画像石画像砖艺术研究》图12,中国社会科学出版社2011年版。

根据考古分析,石棚与大石盖墓同属于墓葬建筑,出现的时期比较接近。石棚平面大小通常为长度 2 米、宽度 1 米以上,大部分高度不足 1 米,最高在 1.2 米左右。在我国山东、辽宁、吉林等地,也发现了很多石棚。在山东济南淄博之间的长白山区,石棚多见于海拔 200 米以下的小山上或山间台地上,一般是由小山堆起一巨大石块(石板)、其面积 2 平方米,甚至更大些,山东半岛的崮头集出土有许多石棚群。辽宁海城石棚由六块花岗岩组成,一块铺地石,一块盖顶,四块支架,整体高 2.8 米,盖石长 6 米,宽 5.1 米,石板经过了打磨,另外在盖石东西两壁有加工的凹槽,南壁上端有加工的小圆窝。吉林市西郊骚达沟山顶大棺墓,据 1994 年吉林文史出版社出版的《吉林市志·文物志》记载"这座石棺的盖石、四壁和底石都是用整块的花岗岩板石对砌而成,而且体积颇大,盖石(注:发现当时已断为四块)长 270 厘米、中宽 133 厘米、厚 45 厘米,墓室长 202 厘米、宽 119 厘米、深 107 厘米,比一般板石对砌墓大得多"。骚达沟山顶大棺虽然没有下面的铺围石板,但它的功能是一样的,是墓葬变化中呈现的两种形式。红山文化遗址的铺围是石棚与大石盖墓的早期形式,地面石构墓葬既完成物质的空间追求,也满足精神的意识追求,它的建筑尺度与构造、空间造型与转节点处置与把握均恰到好处,以它那神秘完美的空灵形象在与天地对话,成为工艺设计文化原始状态在商周时期的发展亮点。

一般来说,中国墓葬直到战国末期,一直以竖穴土坑墓为主要形式。在发展过程中秦中期有地下和地上洞出现,而且也有用小砖造的方法,长埋于地下,世人是见不到的。石棚则以石为材墓葬于山体之上,供世人敬奉之用,有极强的生命力。有学者考证:"山东半岛的石棚墓上限约在公元前 1200 年,下限约在公元前 500 年,浙江境内则有石棚墓与土墩墓两种,石棚墓与土墩墓是浙江境内商周时期分布于不同地区的两种墓葬。"土墩墓的特点是平地造墓、堆土成坟,有些用石块砌出长条形墓室。吴越伐楚,越伐齐,吴越葬俗可能会对楚、齐等地产生影响,在春秋以前,楚墓地面上均无封土,而到战国时期,墓坑上普遍出现了封土堆,并非偶然。江陵地区八岭山、川店、纪山等楚墓群都有大量的封土堆,这种现象首先是在偏离黄河流域周政权政治中心的长江中游一带发生。既然土墩墓的封土堆能够影响楚墓的形制,那么土墩墓的石砌长条形石室与土墓相同时期的石棚与大石盖墓会不会从海路对齐地产生影响呢? 越曾在齐建都,它们都出现在周政权思想与文化制约相对薄弱的地区,这些问题还需要进一步探讨。从红山文化、良渚文化等新石器时期的墓葬的围合石板、祭坛与石器玉器,到商周出现的石棺墓、土墩墓的石砌长条石室、石棚与大石盖墓,可以梳理出石构墓葬的发展轨迹。

在这个发展过程中,制作墓葬的建筑、雕刻、绘画三种表现形式是相融合的,新石器时期祭坛与墓葬的围合石板把建筑结构放在首位,继之表现雕刻与表层的装饰功能,瓮棺是墓葬艺术的过渡形式,临汝阎村陶器的鹳鱼石斧是早期墓葬绘画的生动图饰。商周至战国土墩墓各种形式的石砌墓室与石棺墓、石棚、大石盖墓,其整体造型与节点细部的样式和工艺,既是墓葬石作建筑的传统表现方法,同时也是工艺设计文化原始状态不断发展变化的一个个显现形式。

在工艺设计文化原始状态向前发展的过程中,石作建筑成为主要表现形式,石器时代不同的区域有不同的文化现象,前文指出的红山文化遗址墓葬的铺围石板、良渚文化的祭坛、连云港将军崖的岩画,均处于我国的东部沿海地带,傅斯年称之为"东夷文化圈"。商周时期这一地区出现了石棺墓、石棚墓、大石盖墓、土墩墓,具有石作建筑的传统。河南南召小空山遗址的石器、湖北大冶的石龙头遗址的石器呈现出长江文化特点。"东夷文化"与长江某些地域重合,文化的交流机会较多,石板建筑的传统得以发展,墓葬建筑成为重要的传播方式,汉画像石、画像砖主要产生于这两个文化地带,是有其历史渊源的。

汉代的画像石最早出现在石棺墓中,画像砖则在西汉早期的空心砖石椁墓中出现。王建中的研究(2001 年)指出:西汉早期,当王朝大部分地区继续流行土坑竖穴木椁的时候,关中、中原和徐州地区的空心砖墓、砖室墓开始兴起或得到进一步发展。① 空心砖墓是以空心砖代替木椁的空心砖椁墓,砖室墓实际是砖椁墓,土洞墓则为洞室,它们的墓制产生可追溯到战国晚期,有以洛阳烧沟为代表的横穴式土洞墓和以郑州杜岗为代表的木盖板空心砖墓,另外还有河北平山出现的中山王石椁墓。信立祥的研究(2000 年)认为:隧道式石室墓是早在汉武帝时期,分封到各地的诸侯王就开始穿山为陵,建造起耗资巨大的隧道式石室墓,与土洞墓基本墓制有相同的地方,而土洞墓与空心砖墓、砖石墓是由战国晚期的横穴或土洞墓、木盖板空心砖墓、石椁墓演变而来,如果再向上溯源,战国晚期的这三种墓制当与前文所指商周的石棺墓、石砌长条石室的土墩墓、石棚与大石盖墓有某种联系。② 商周墓葬石作建筑的传统形式尽管与流行的竖穴土坑墓相比较不占主流,但所呈现的鲜明地域特点使其具有无限的生命力。战国晚期的横穴或土洞墓、木盖板空心砖基、石墓,其实都改变了竖穴土坑墓的纵向深入墓制,呈朝横向空间发展的不同形式,在商周墓葬石作建筑中均有成熟的先例。在西汉时期,江苏徐州的楚王陵、河南芒砀山的梁王陵、河北满城中山靖王刘胜夫妇墓,均为汉代墓葬大型石作建筑的成功尝试。王建中(2001 年)提出:文帝以及分封于楚、梁的诸侯王用洞穴代替传统的木椁,在墓葬发展史上具有划时代的意义,是画像石墓产生之前的一个重要过渡阶段。如果一个刘氏贵族具有开凿一架山的技术和能力,那么一个中小地主建造一个石墓,或者建造一座画像石椁墓就可以成为现实,因而西汉早期画像石椁墓的出现也就很自然了。③ 信立祥(2000 年)得出了进一步分析:为了让这种石墓也具有木椁墓的装饰效果,人们模仿西汉早期木椁墓中流行的漆棺画,特别是帛画的表现形式,将其画像的题材内容转刻到石墓内部。其后不久,作为与地下墓室对应的墓上建筑,画像石祠堂和画像石墓阙也出现了,汉画像石就这样被西汉时期的厚葬狂潮带到了人间。

---

① 王建中:《汉代画像石通论》,紫禁城出版社 2001 年版。
② 信立祥:《汉代画像石综合研究》,文物出版社 2000 年版,第 19 页。
③ 王建中:《汉代画像石通论》,紫禁城出版社 2001 年版。

空心砖墓、砖室墓与石椁墓在西汉早期相继出现,画像空心砖墓,砖室墓分别以空心砖、实心砖砌成,砖面上模印图形,其实质与画像石椁墓相同。画像石椁墓对画像石的产生与发展起着举足轻重的作用,然而画像石椁墓的形成源于大型石室墓的出现。在梁王陵的柿园汉墓盖石板已刻饰画像,狮子山楚王陵封堵耳室的空心砖已模印图案。崖墓、石椁墓与画像石椁墓出现在豫东与苏北、楚王陵与梁王陵周边枣庄、临沂、微山一带,这个区域均属于"东夷文化圈",可以寻找到石棚墓和石椁墓的某种联系。在南方文化的影响区域南阳,西汉早期出现画像砖墓,西汉中期出现画像石墓,除了本身文化传统影响之外,画像石墓的兴盛与发展也是不可忽视的因素。

关于"东夷文化圈"的区域,杨朝明引用(1997 年)傅斯年的"夷夏东西说"认为:"凡在殷商西周以前,或与殷商西周同时,所有今山东全省境中,及河南省之东部,江苏之北部,安徽之东北角,或兼及河北省之渤海岸,并跨海而包括辽东朝鲜的两岸,均在此范围。"[1]南方文化以"长江文化"为代表,"长江文化"的范畴,张正明的研究(1987 年)认为:"是从长江的上游经中游到下游,先秦的蜀文化,巴文化,楚文化,吴文化和越文化,其腹地被北纬 30°线串联无遗。上古原生态文明地带的中轴线,西起埃及吉萨的三大金字塔,东至中国浙江的河姆渡遗址"。[2]"东夷文化"与"长江文化"在某些地域具有融合交流的发展历史,在中华文明进程中,"东夷文化"与"长江文化"作出过突出贡献。汉画像石、画像砖产生于两种文化系统中,并处在工艺设计文化发展的过程中。

汉画像石的工艺设计文化综合性功能运用,米源于人类山石崇拜的传统影响,《淮南子·修务篇》云"禹生于石",民间也有启生于石和启母化石的传说。"东夷文化圈"的红山石文化墓葬的铺围石板,商周时期东北的石棺墓,南方长江文化石器时代河南南召小空山遗石器,湖北大冶石龙头遗址,两个文

---

①　杨朝明:《试谈傅斯年关于中国古代文化起源的假说》,《中国文化研究》1997 年第 2 期。
②　张正明:《楚文化史》,上海人民出版社 1987 年版。

化区域共同出现的良渚文化祭坛,商周时期的石棚墓,大石盖墓、土墩墓,均为人类对石的工艺设计文化艺术实践,为汉画像石的产生起到了重要的作用。

汉画像工艺设计文化综合性的特点,与石器时期有必然的联系,顾森指出:"原始社会的棺墓中,并未出现画刻,但是在瓮棺底部钻小孔,在木棺椁内置朱砂,以及在墓葬中间放置的冥器,这些现象,已经说明现世人对死者的安排,已具有后世汉画像的基本含义。用泥土烧成陶器,制作瓦棺,瓦椁,以及建筑用的砖材,画像砖在此基础上产生。"

在发展过程中,石棺、石椁形成了画像石墓和画像石椁墓,瓦棺、瓦椁形成了画像砖墓,汉画像石墓,画像砖应运而生。墓葬艺术是汉画像石、画像砖的重要表现载体,汉画像石、画像砖的形成与发展,与墓葬建筑紧密相连,显现出工艺设计文化原始状态特点,具有建筑、雕刻、绘画的综合特质。

(一)技法传承

在工艺设计文化的发展过程中,工艺设计制作方法日渐成熟,并在不同的地域,不同的时代得以传承与发展。汉画像石、画像砖的创意与设计,图像与形式、画稿与雕刻、模制与涂彩均受到了前期与同期多种艺术形式的影响,形成了汉画像石、画像砖的综合艺术形式。

1. 建筑

中国建筑以木构为主,砖石居辅材位置。木构为中国建筑独立结构系统,历史悠久,砖石构作相对木构持滞后状态。但墓葬建筑的砖石构作,常仿木构式样,形成了石构建筑的构筑技艺,完善了汉画像石、画像砖的建筑构造与装饰功能。

2. 石刻

新石器时期的明显标志就是石器上已具有雕制意识表现,岩画开始出现创作设计意图。锦屏山将军崖岩画环境的设计,岩画的构成布局与阴线刻制方法均已比较完美。为满足精神需要,玉雕从石雕中分离,从良渚文化的玉琮神人兽面像到江西新干大洋洲出土的晚商玉神人兽面形饰(见图3-4),可以看到雕刻技法逐步成熟的过程。西汉中期的霍去病墓石雕有马踏匈奴、石人、卧马、跃马、卧牛等,已具有意到笔不到的创意造型,这些石刻的简约形式和制作技法往往被汉画像石、画像砖直接运用。

图3-4 江西新干大洋洲出土的玉神人兽面形饰

注:引自黄雅峰《汉画像石画像砖艺术研究》图14,中国社会科学出版社2011年版。

3. 砖刻

汉代是个承前启后蓬勃向上的时代,其艺术作品在粗犷和质朴中洋溢着勃勃的生机,如陕西咸阳窑店秦宫殿遗址出土的空心画像砖已出现生动的画像。汉代画像砖表现的内容以日常生活为主,如内容有割禾、制盐、采莲、弋射,以及饮宴、歌舞、百戏、车马出巡等,也有少量神仙故事。构图富于变化,造型简练生动,动态感很强。如《弋射·收获》(东汉画像,砖高39.6厘米,宽46.6厘米。1972年四川大邑安仁乡出土,四川省博物馆藏)砖中那惊飞的大雁,奔跑的小鹿;岸上射手用力满弓的姿态、稻农持镰刈谷弯腰割穗,高低起伏的韵律;岸边的大树,水中的游鱼,随风摇曳的荷花,皆动感十足。

4. 青铜器

青铜时代成就了青铜器循物造型、工整装饰的特殊技法,同时青铜器的祭祀与实用功能给汉代人的政治与生活留下深刻的记忆。河南安阳殷墟出土的后母戊大方鼎规整威严、做工细繁;河南淅川下寺楚墓的铜怪兽神采飞扬、工巧灵动。汉代是中国历史上第一个长期统一的封建王朝,南北文化的交流,中原华夏族与周边各少数民族的交流,其力度与深度均前所未有。北方青铜器艺术的凝重与威严,南方青铜器艺术的灵动与飞扬,均使其区域范围内的汉画像石、画像砖受到影响,由此出现不同的雕刻技法,形成汉画像石、画像砖的不同风格。

5.漆器

先秦漆器工艺中,楚地的漆器工艺尤为发达,秦汉漆器工艺普遍比较成熟。战国曾侯乙墓漆棺、漆箱图案有序变化,图形连接有致(见图3-5)。西汉早期的马王堆汉墓一号漆棺用了四个棺套置,每个棺的漆画工艺与表现方法均不相同。

图3-5　湖北随州曾侯乙墓内棺漆画图片

注:引自曾侯乙墓内棺漆画,王朝网络,见 tc.wangchao.net.cn。

汉画像石、画像砖最早出现在石椁墓与砖椁墓中,漆棺的装饰部位与形式对其产生了重要的影响。众多漆器的装饰图形与色彩也被汉画像石、画像砖所充分借鉴。

6. 帛画

先秦与秦汉出土的帛画多数是盖在棺椁上的非衣,它以平面的形式进行装饰,在非衣上用笔和墨勾线,然后着色。长沙陈家大山楚墓做非衣使用的人物龙凤帛画(见图3-6)用线简洁流畅,画面构成疏朗。楚地的绘画传统与技法对长江流域的汉画像石、画像砖以极大的影响。淮海地区的临沂金雀山汉墓发掘的非衣帛画,显示出与楚文化的深层联系,并影响该区域的汉画像石艺术表现。

图3-6 湖南长沙陈家大山楚墓人物龙凤帛画图片

注:引自湖南省博物馆,见 http://www.hnmuseum.com。

7. 壁画

汉墓壁画出土量较多,西汉早期的洛阳卜千秋墓壁画生动,其骨法用笔、五彩设色视为同时期汉墓壁画的代表作品,有学者认为,汉画像石晚于汉墓壁画,汉画像石、画像砖和汉墓壁画的关系密切[1]。西汉地面建筑的壁画十分丰富,虽现已荡然无存,但从当时的赋章中可以领悟其要。《鲁灵光殿赋》云,

---

① 吴曾德:《汉代画像石艺术探源》,《汉画研究》创刊号。

"忽缥缈以响像,若鬼神之仿佛。图画天地,品类群生。杂物奇怪,山神海灵。写载其状,托之丹青",形象地记录了鲁灵光殿壁丰富的画面。鲁灵光殿壁画的教育功能在该赋最后也有记叙,"贤愚成败,靡不载叙。恶以诫世,善以示后"。壁画装饰于殿中,具有开放性,在起到教化作用的同时,其表现形式与方法也会被同期艺术汉画像石、画像砖所使用。

8.铁工具制作技艺

1972 年在河北藁城台西村商代遗址出土的嵌铸铁刃的铜钺,说明中国用铁的历史在商代已经开始。西汉初年,铁器在生产和生活领域中被广泛应用,画像石墓的制作与雕刻自然也不例外。在全国设置的铁官 49 处中,画像石的主要产地山东 12 处、河南 6 处、江苏 7 处、四川 3 处,有些铁官所在地就是画像石墓流行区域。这时的冶铁经过渗碳后可以打制成钢质手工工具,根据墓葬凿造特点,有学者分析当时的铁工具有錾、镂、直銎斧、凿、锸、锛、锯等类。优等质量与形状各异的铁工具使用保证了画像石墓的筑造与雕琢顺利进行,汉代的铁工具制作技术是画像石艺术表现的成功标志。

二、雕刻技法与年代分期

汉代画像石的雕刻技法大致可分为九种。它们有阴线刻、平面浅浮雕、多层斜面浮雕、弧面浅浮雕、凹入平面浮雕、高浮雕、透雕、阳线雕。汉代画像石的雕刻技法是经历了一个由简单雕刻技法到复杂雕刻技法的发展过程。汉画像石大约开始使用于西汉中期昭帝时,(公元前 80 年—公元前 75 年),从这个时期到东汉前期(约章帝时,公元 75 年),汉画像石雕刻以阴线的简单技法为主,这一时期汉画像石所反映的内容也较简单,大都是祥瑞图之类,我们把这一时期的汉画像石定为前期。

从东汉初年(公元 75 年)至东汉末年(公元 203 年),这一时期的汉画像石雕刻技法较为复杂和多样,制工精细。画像石所反映的内容也较齐全。如山东肥城栾镇村章帝建初八年(公元 83 年)墓,其规模为中等,有前、后两室。

在其前室墓顶和东、西两壁上分层刻有攻战、建筑、人物、舞乐、狩猎、车骑出行、伏羲、女娲等画像,画面内容比西汉晚期丰富得多,许多学者把从这期间以后至东汉末年(公元 203 年)的画像石定为后期画像石。后期的画像石除极少数使用阴线雕刻和四面线刻外,大量应用的凸面线刻和剔地浅浮雕法。以上两时期的雕刻方法和同时期刻有年代的画像石基本相同。

汉代画像石在不同时期所表现的内容习惯也不一样,在各时期内,汉画像石所表现的内容和同时期壁画所表现的内容习惯基本相同。在洛阳地区发现西汉晚期的壁画墓,其所表现的内容题材和同时期的画像石所反映的内容基本相同——主要是祥瑞、升天的内容,同样内容的壁画墓还见于同时期的长沙马王堆汉墓和卜千秋墓(洛阳烧沟)。王莽时期的墓葬壁画除绘有表示祥瑞和墓主人升天的内容外,开始有反映现实生活的内容,1959 年在山西平陆园村发现的壁画墓是王莽时期的墓葬,其内容有山林、房屋、人物、农耕等图。

第二节　汉画像石中体育内容的研究现状

一、我国汉画像石概况

汉画像石这一独特历史文化现象的形成具有多方面的原因。其一,汉代经济的发展为汉画像石的产生提供了经济条件。汉画像石用料讲究,雕刻精细,集高超的技术与丰富的艺术构思于一体,对墓主家庭的经济实力具有较高的要求。汉初国力尚弱,汉画像石的出现是在汉文帝、汉景帝时期。汉初施行休养生息的治国策略,国家的经济状况得到恢复,造就了"文景之治"的盛世局面,汉画像石开始出现。汉武帝时期国力强盛,厚葬之风盛行,直至东汉末年,为后世留下了大量的汉画像石。其二,汉代推崇"孝道",汉画像石成为体现孝道、厚葬先人的重要体现。汉代皇帝将孝道作为衡量一个人道德修养的重要标准,除汉高帝和汉光武帝外,其他皇帝的谥号前都有一个"孝"字。对于选官制度,汉代实行"举孝廉"的方式,遵守孝道、清正廉明方能被推举为官。为争得孝廉之名,世人攀比厚葬,汉画像石的规模越来越大,制作也越来越精美。其三,汉人的生死观造就了汉代"事死如生"的丧葬方式。汉人在现实生活中期望长生不老,面对人的死亡,形成了人之"神"可以脱离"形"的形神观念,通过墓葬构建了可以永久延续人之"神"的"死后世界"。汉画像石不易腐朽且画面内容丰富、表现力强,"相比墓葬建筑和随葬器物对于死后世界的建构更完满、更丰富、更具表现力和生命力"。① 汉画像石刻画了人们理想化的衣、食、住、行及各种娱乐,营造了人们在人世间享受的幸福家园:描绘西王母、东王公以及富有仙气的龙、鹿、鸟,渲染了人们所向往的神仙境界。通过"神仙境界""幸福家园",汉画像石虚拟了人们需要的死后永生不朽的乐园。在此生死观的影响下,汉画像石得以盛行。汉画像石始于汉文帝、汉景帝时期,于东汉末年逐渐消失,历时 300 年左右。汉画像石主要分布在黄河流域和长江流域,以黄河流域中下游为中心,东起胶东半岛,西到甘肃、四川一线,北自陕西的榆林、北京、辽宁的辽阳,南至浙江的海宁,云南的昭通一线,学者大多将汉画像石分布划分为五大区域:

第一分布区是由山东省全境、江苏省中北部、安徽省北部、河南省东部和河北省东南部组成的广大区域,其范围以山东省西南部和江苏省西北部的徐州市为中心,东起海滨、西至河南省的安阳和永城一线,北自山东半岛的北端、南达江苏省的扬州,汉画像石的发现地点已达 200 余处……这个地域所发现的汉画像石数量占全国汉画像石总数的 60% 以上。第二分布区是以南阳市为中心的河南省西南部和湖北省北部地区。其范围北起河南省的叶县、襄城,南至湖北省的当阳、随县。这里汉画像石的出现时间可以早到西汉中晚期之交,是汉画像石最重要的发祥地。第三分布区是陕西省北部和山西省西部地区。第四分布区是四川省和云南省北部地区。汉画像石集中分布在长江支流

---

① 袁野:《汉画像石造型研究——从汉代"气"论探讨汉画像石造型》,博士学位论文,中央美术学院,2011 年。

的嘉陵江和岷江流域。第五分布区是河南省洛阳市周围地区。由此看来,汉画像石分布较为密集的中心地区是鲁中、鲁南、徐州、南阳,其次在陕西、山西、四川等地的部分区域。

汉画像石的内容主要包括三个方面:神仙境界、人间乐园、历史故事。根据《山海经》以及诗赋典籍记载、民间流传的神话传说,汉画像石刻画了西王母、羽人、各种神灵异兽以及奇树异草的神仙境界,表达了汉人对神仙世界的向往。汉画像石记载的历史故事主要包括以下几种类型:一是宣扬"孝道",如"孝哉闵子骞""董永卖身葬父"等;二是富有积极进取精神的历史事件,如"高祖斩蛇""鸿门宴""完璧归赵"等;三是重信义的社会风尚,如"荆轲刺秦""聂政刺侠累"等;四是重谦让、敬贤士的社会风尚,如"孔子见老子""周公辅政""秋胡戏妻"等。汉画像石中的历史故事表现了汉代人们重孝道,尚武任侠、重信义,重礼让,重敬贤,报恩复仇等社会风尚。[1] 汉画像石描绘的人间乐园是对汉代社会生活风貌的真实再现,其内容主要涉及以下几个方面:一是讲经、授业、战斗、射猎场景;二是出行拜谒、宴饮、庖厨等仕宦家居情景;三是乐舞、百戏、礼射、投壶、六博等娱乐休闲场景;四是渔猎、耕织、开采、酿造、市井等底层百姓生产生活场景。[2]

汉画像石是了解汉代社会历史的重要途径,具有极高的历史价值。考古学界通过对不断发现的汉画像石的考证、整理、研究,对汉画像石的认识越来越深入,不同领域也相继阐发了汉画像石多方面的价值。20 世纪初人们就发现了汉画像石的史料价值,通过对其图像、榜题的梳理、分类及分析,透视汉代的社会思想、经济生活以及典章制度、风俗习惯。近年来,汉画像石成为研究汉代不同文化现象的百科全书,不同门类的历史研究都要从汉画像石中找寻各自在汉代走过的历程,如农耕、祭祀、医学、军事、手工业以及美术、音乐、舞蹈、服饰、饮食、体育等,汉画像石因其直观的形式、记述的客观性等特点成为

---

① 赵耀双:《从汉画像石上所刻历史故事看汉代社会风尚》,《文物世界》2003 年第 3 期。
② 顾森:《秦汉绘画史》,人民美术出版社 2000 年版,第 209 页。

历史研究中不可多得的图像资料。

二、汉画像石中体育内容研究现状

有关汉画像石的研究从北宋(960年)时期就已经开始了,信立祥经过研究和整理,把汉画像石的发现研究史定为三个时期。第一个时期是金石学的研究时期,从北宋到清末(960—1911年);第二个时期从20世纪初到60年代,是根据考古学的调查方法收集画像石资料的时期;第三个时期则是画像石的分布、年代、图像的解释、建筑复原等综合研究的时期。

20世纪初,汉画像石的考古研究在世界许多国家开展起来,如日本学者长广敏堆的《汉代画像的研究》一书的出版,可以说是预知第三时期到来的先驱性研究成果;土居淑子在《古代中国的画像石》一书中鲜明地指出了五行思想给汉画像石带来的巨大影响;曾布川宽的《汉代画像石升仙图的系谱》是关于汉代画像石中升仙图的由来、发生和发展的研究成果。

体育是人们社会生活的重要组成部分,历史久远,产生于远古时代的生产劳动、舞蹈、军事训练等社会活动。据史料记载,4500年前的黄帝时代就已有"云门"这一舞蹈和徒手及各种兵器使用的武术练习。因此,中国的体育活动至少可以追溯到原始社会末期。此后体育经历了漫长的发展,特别是科学技术、战争及人们文化生活的需要,导致体育的内容及其技术更加丰富和提高。到了春秋战国时代,各种哲学理论开始融入体育理论,丰富了体育的指导思想。在汉代,体育有了进一步的发展,许多学者通过对汉代画像石的探讨,在历史、天文、建筑、美术等研究领域取得了很多重要的成果。汉画像石中有很多与体育有关的内容,这些内容在体育方面的某些教材、论文中也多被当作资料采用,但是其研究深度还处于浅显阶段。1988年,刘朴的硕士论文《汉画像石中体操活动考》,开拓出用现代考古学和体育学相结合的方法研究汉画像石中体育活动的一个新领域,后在《山东体育科技》杂志上发表,迈出了汉画像石中的体育活动研究的重要一步。

　　据汉代文献记载及出土文物的证实,汉代已有多种多样的体育内容,诸如射艺、武术、体操、蹴鞠等一些身体活动,在汉画像石中已颇为多见。刘朴先生在对汉画像石中体操活动的研究之后,又对汉画像石中的射艺和蹴鞠进行了研究,并成为其在日本中京大学的博士论文的一部分,2007 年回国后,即展开对汉画像石中的武术活动研究并获山东省教育厅人文社会科学课题研究立项,相关成果发表在《体育科学》《北京体育大学学报》《体育文化导刊》《体育史研究》(日本期刊)等核心期刊上,展现了汉代体育的较深层面,为体育史学研究提供了重要借鉴。

第四章 齐鲁汉画像石中的
古代体育文化

汉画像石记录了汉代社会生活的方方面面,必然包含了汉人对自身身体以及身体活动的理解与展示。齐鲁汉画像石起源早,数量多,目前齐鲁地域有半数以上的县市出土有画像石,为数达二三千石之多,在全国汉画像石中具有极强的代表性。①

第一节 齐鲁汉画像石概况

齐鲁地区因为气候条件得天独厚,所以盛产画像石的原料——石灰石;加上汉朝时期,这一带人们生活十分富裕,丧葬文化发达;于是民间出现了一种为葬丧服务的艺术形式,人们把死者生前的日常生活情景、看到的景象、希望他来世过上的日子等等,都以图画形式雕刻在石灰石上,让后人能有幸真切感悟汉代时期人们的精彩生活和高超技艺。

齐鲁区域是汉代画像石遗存最多的地区,有60多个县市发现了近3000块汉代画像石,其中又以鲁中、鲁南地区最多,也最具代表性。绝大多数作品

① 瓯燕:《评介"山东汉画像石研究"》,《考古》1984年第9期。

都属于东汉时期,属于东汉早期的作品。以肥城栾镇村张氏墓画像石和长清孝山堂郭氏祠为代表,前者是东汉章帝建初八年(公元 83 年)由石工王次所作,刻有攻战、渔猎、乐舞、宴飨以及女娲、伏羲等画像,单线阴刻,部分画面稍向下凹,线条流畅,画面工整;后者大致是东汉章帝、和帝时期(公元 76—105年)作品,与前者在刻石内容、构图技巧、雕刻手法和边框图案等方面大体相似。这些作品阴线勾勒,铲线粗,精练质朴,粗壮古拙。东汉中晚期重要的作品有济宁两城山《永建食堂画像石》、嘉祥建和元年(公元 147 年)武氏石阙画像石、安丘画像石、沂南画像石、诸城汉墓画像石、临淄熹平五年(公元 176年)《梧山里石社碑画像》和滕县初平元年(公元 190 年)石碑画像等,这一时期画像石刻法发展到以减地阳平面兼阴线勾勒为主,兼及肉雕、薄肉雕和线刻的多种方式的运用,尤其是阴线刻,线条流畅、整个风格工整细润,与东汉早期的那种粗壮古拙的风格有显著的不同。大致到了献帝兴平元年(公元 194年)由于区域内处于战乱局面,画像石墓不再修造,画像石艺术也就告一段落。

　　齐鲁汉画像石以济宁地区最多,临沂地区次之。这一现象的出现一方面由于济宁、临沂地域多豪门望族的缘故。汉高祖刘邦故里沛县,春秋战国时期属宋国,宋国被齐国灭掉,沛地归属于齐国,后楚国打败齐国,沛地又归于楚国。汉武帝时期设徐州刺史部,巡视掌管琅琊郡、东海郡、临淮郡、泗水国、广陵国、楚国的吏治,今济宁、临沂地区及沛县、丰县、徐州同归属于徐州刺史部。作为高祖故里,此地是汉室宗亲的封地。汉高祖十一年立刘濞为沛侯,吕后元年封吕种为沛侯,汉景帝三年从楚国辖县中分出个新郡即沛郡。古代琅琊历史悠久,西汉初年归属于封国齐国,之后吕后将其从齐国中分离出来,并封刘泽为琅琊王;光武帝十五年再立琅琊国,封刘京为琅琊王。琅琊王刘京建都临沂,皇亲国戚、达官贵人云集此,据史书记载,被封侯的就有 30 多人。汉王朝对沛地、琅琊的分封,鲁地深厚的文化渊源以及齐地经济的富庶使鲁中、鲁南及徐州地区出现了众多的豪门望族,如鲁国孔氏、泰山羊氏、东武伏氏、琅琊王氏等。同时,济宁、临沂等鲁中南地区自古以来是南北文化交汇之地,进一步促进了此地区经济、文化的发展。另一方面,齐鲁是儒家思想的发源地,齐鲁汉画像石具有鲜明的儒家思想的印迹,在题材内容及构图方式等方面都体现了儒家思想的渗透与影响,由于儒家仁孝思想的影响以及豪门望族强大的经济实力,此地厚葬之风兴盛,造就了齐鲁地域汉画像石数量多、内容丰富、做工精美的特点。

首先,"孔子见老子"是齐鲁汉画像石的重要题材之一。"孔子问道于老子"汉画像石 30 幅左右,以齐鲁地域最多,大约占总数的 80%。嘉祥县武宅山村北出土的"武氏西阙正阙身南面画像"中《孔子见老子图》,孔子与其 4 名弟子捧简恭立,向持曲杖而立的老子请教。1977 年在山东省嘉祥县齐山村出土的《孔子见老子图》,孔子带领 19 名弟子与老子相向,躬身施礼,谦虚请教。画像石上有孔子三位得意弟子的榜题:"颜回""子路"和"子张"。1959 年山东安丘董家庄出土的《孔子见老子图》中,则是孔子拜谒老子,中间是睿智的神童项橐,孔子的谦逊、老子的深奥、项橐的天真聪慧,画面构图生动。无论是孔子率众弟子拜谒老子,还是与项橐一起请教老子,都印证了文献典籍记载的"孔子问道于老子"的真实性,反映了汉代儒家思想对道家思想的借鉴与融合,也反映了中国传统文化儒道互补的特征。

其次,"忠孝节义"是齐鲁汉画像石价值观念体系中的重要内容。画像石中描绘了诸多以孝道、忠信、仁义为核心的历史故事,成为传承儒家价值观念的重要载体。臣子忠于君王、鞠躬尽瘁甚至献出生命的故事是汉画像石的重要内容之一。嘉祥武氏祠、长清孝堂山的画像石描绘了周公跪向年少成王的情景。沂南县北寨村墓地中室北壁东段的画像"蔺相如完璧归赵",再现了这一故事的关键场景,并在人物旁分别刻有榜题"令相如"(即蔺相如)、"孟贲",塑造了蔺相如冒着生命危险以维护国家利益的忠臣形象。嘉祥武宅山画像石"赵氏孤儿"呈现了程婴一家与公孙杵臼冒死救下赵氏孤儿的情景,并于画像右侧以简单文字记述了这一过程。"孝道"是齐鲁汉画像石表现的重要内容,在嘉祥武氏祠更是得到了集中的表现。闵子骞,春秋时期鲁国人,孔子弟子,武氏祠西壁画像"闵子骞失棰"表现闵子骞虽然遭受后母虐待受冻而御车失棰,但仍然宽厚仁孝的典型情节。曾子是春秋末期、战国初期鲁国人,孔子弟子,一生实践并推行以仁孝为核心的儒家思想,是著名的孝子。武氏祠西壁画像"曾母投杼"刻画了曾子仁孝的画面。武氏祠左石室的"邢渠哺父图"描绘了邢渠跪着为年迈的父亲喂食的动人场景。武氏祠后壁画像"柏榆伤亲"与"董永侍父图"、西壁画像"丁兰刻木"、后壁画像"金日磾拜母像"等都以生动的画面展现了"仁孝"的思想。儒家思想忠信重义在齐鲁汉画像石中也得到了集中的体现。武氏祠有三块画像惟妙惟肖地刻画了荆轲刺秦的过程,分别是西壁画像、前石室后壁小龛画像、左石室后壁西侧画像,三幅画面各有侧重,对荆轲刺秦的动作、神情及周围人物、氛围的刻画栩栩如生,营造了惊心动魄的场面。聂政是战国时期广为赞颂的刺客,嘉祥武氏祠东壁画像与沂南汉墓中室西壁北侧画像"聂政刺韩相",以不同的雕刻手法展现了这一激烈的场面,共同表现了聂政的勇武精神。此外,嘉祥武氏祠尚有"曹沫劫桓公""专诸刺王僚""豫让刺赵襄子"等刺客画像,成为儒家信诺、勇敢形象的代表。信立祥先生指出,武氏祠中的历史故事画像几乎完整地表现了儒家以仁为核心,以忠、孝、节、义为主要内涵的道德准则。齐鲁汉画像石以嘉祥武氏祠为代表,成为儒家思想宣传的重要载体。

再次,齐鲁汉画像石的构图方式体现了与儒家思想相同的审美特征。一是追求整体感。儒家思想追求人与社会的和谐,注重社会的整体性建设,主张通过人的礼仪教化而建立一个和谐的社会秩序。齐鲁汉画像石的构图将整体有序作为最基本的原则。每一幅画像不论尺寸大小有怎样的差异,都采用了矩形形状。矩形形状的画像石画面的周边是规则整饬的装饰条带,画面丰富的内容纳入装饰条带之内,带来整体感、稳定感。二是层次秩序之美。儒家思想的核心是建立一个尊卑有别、长幼有序的社会,社会整体性建设的前提是秩序的建立,要求每个人各得其所、各得其位,社会秩序层次井然。齐鲁汉画像石画面的设计一般采用上下分层或左右对称的构图方式。上下分层不仅可以容纳丰富的内容,而且体现了画像内容在人们生活中的地位与功能,左右对称则使画面内容具有整齐的美感。上下分层与左右对称等构图方式是儒家思想蕴含的整体有序美学思想的体现。三是充实之美。孟子在人格培养方面提出"养气"观,通过养"浩然之气"追求充满善与诚的光辉人格。孟子提出的"充实之谓美"到汉代衍化为磅礴阳刚之美。齐鲁汉画像石大多采用物象密集、无留白的构图方式,蕴含的审美品位与孟子美学思想一脉相承。汉代艺术还不懂得后代讲求的以虚当实、计白当黑之类的规律,它铺天盖地,满幅而来,画面塞得满满的,几乎不留空白,这也似乎"拙",然而,它却给予人们以后代空灵精致的艺术所不能替代的丰满朴实的意境。嘉祥宋山村出土的画像石《楼阁、人物、车骑出行》(见图 4-1)表现了祠主人居室生活,图周边是装饰性条带,画面分上、下两层:下层为车骑出行,马儿扬蹄疾驰,画面动感十足;上层左为射鸟图,由人、树、鸟、马组成,给人以悠闲之感;右为楼阁内会宾客的情景,主客谦逊有礼,给人以典雅和谐之感。整幅画面内容丰富但不杂乱。在大树及楼阁之上并未留白,而是雕刻了不同情态的鸟及人的造型,生动有趣。

图 4-1 嘉祥宋山汉画像第十四石《楼阁、人物、车骑出行》拓本

注:课题组采集于嘉祥县汉画像石博物馆,2017 年 8 月。

第二节　齐鲁汉画像石呈现的古代体育文化变迁

汉画像石记录了汉代社会生活的方方面面,必然包含了汉人对自身身体以及身体活动的理解与展示。透视齐鲁汉画像石蕴含的身体观念和运动技术特点,梳理齐鲁汉画像石的基本内容,可以看到汉代身体活动以乐舞百戏为代表,身体活动丰富多样,蔚为大观。一方面,身体活动的礼教色彩有所淡化,其娱人或自娱的功能得以彰显,朝娱乐化方向发展;另一方面,随着武艺的演进与发展,一是出现为适应技击技术发展而产生的为掌握器械技术服务的专项身体素质训练,二是受休闲娱乐影响,对兵械练习提出了审美要求,出现了专门的表演。

一、娱乐活动的多样化变迁

齐鲁汉画像石中的现实生活内容是以人的活动为中心加以展现的,通过人的衣、食、住、行及交往、娱乐、战争等方面再现了汉代的社会面貌。汉画像石作为墓葬文化的组成部分,在一定程度上摆脱了现实生活中种种的束缚与限制,汉人所喜爱的娱乐生活得到了集中、反复的表现。与先秦时期的娱乐活动相比,汉代的娱乐活动种类繁多,达官贵人、下层百姓都热衷于此,并出现了以此为职业的群体。

首先,汉代娱乐活动因类别多样,又称"百戏"。汉代百戏包括步射、骑射等各种射艺,角力、器械技击、斗兽、兽斗等各种角抵,盘鼓舞、长袖舞等各种乐舞,寻撞、跳丸、飞剑、走索等各种杂技,通过角色扮演演绎的故事等等。汉代百戏的繁荣与社会稳定、经济繁荣有着直接的关系。先秦时期经济富庶、思想开放的齐国都城临淄盛行着各种娱乐活动,秦朝的暴政及秦汉交替时期的战争带来的贫困致使娱乐活动逐渐衰微。汉初治国思想黄老思想首先由曹参在封国齐国推行,后又推行天下,加快了当地经济的复苏与文化的发展,齐国很快发展为最大的封国。由于齐国强大对汉王朝带来极大威胁,齐国被分割成不同的郡,之后,琅琊国的崛起,延续了当地的繁荣,娱乐活动也得到了广泛的开展。

其次,汉代娱乐活动受到了社会不同阶层的喜爱。汉代皇帝喜爱乐舞,汉高祖刘邦荣归故里醉唱《大风歌》;汉武帝时期李夫人因擅长乐舞而得到皇帝的喜爱。汉朝专门设立了音乐机构"乐府",到民间搜集、整理各地民歌以供传唱。"乐府"的设立不仅为宫廷乐舞带来了丰富的民间俗乐,推动宫廷乐舞的发展,而且促进了民间俗乐的发展,民间娱乐活动也得以推广。同时,汉代统治者"与民同乐",经常在露天举办大型的乐舞表演活动,吸引当地百姓参与、欣赏,汉代乐舞也呈现宫廷与民间相融合、雅俗共赏的特点。

再次,汉代乐舞百戏的表演者逐渐走向职业化、专业化。乐舞百戏主要是一种表演性娱乐活动,需要极高的技艺方能进行表演。汉代人对乐舞百戏的喜爱催生了这一职业群体的产生:一方面,齐鲁地域豪门望族为了满足自己休闲娱乐的需要,家养了众多专门从事乐舞百戏的艺人;另一方面,来自民间的乐舞百戏的表演者,在技艺方面达到了极高的水平,打破了官伎独霸一方的格局。乐舞百戏表演者队伍的壮大及其技艺的高超成为举办盛大娱乐活动的重要前提。1954 年出土于山东沂南北寨村"将军冢"的乐舞百戏画像石,画像上的人物达 50 人之多,该石集歌、乐、舞、百戏等多种艺术形式为一体,是截至目前发掘出土规模最为宏大、气势最为壮观、内容最为丰富的乐舞画像石。

总而言之,没有哪个时代会像汉代那样,无论尊卑上下,不管四夷八方,几乎都在歌舞伎乐面前表现得如痴如醉,趋之若鹜。正是由于汉人对乐舞百戏的热爱,"百戏"成为汉代娱乐活动的专有名词,齐鲁汉画像石也大多集中展示了"百戏"的盛况。

二、身体活动回归娱乐、休闲本质

齐鲁汉画像石如果褪去羽化升仙的梦幻色彩,其内容的核心则是汉人丰富的身体活动。从步行、骑马、乘车到烹饪、会客宴饮,从射箭、打猎到交战、厮杀,从蹴鞠、嬉戏到乐舞百戏的表演与欣赏等等,汉人生活得到了全面展示,汉人的身体活动多样而富有生活气息。由于齐鲁文化渊源的深厚、经济的富庶、豪门望族众多,齐鲁地域的娱乐生活多样丰富,1000 多块齐鲁汉画像石中刻画较多的身体活动亦与娱乐休闲活动有关。

其一,齐鲁汉画像石刻画了汉人乘车骑马出行、参与射箭的身体姿态,这类活动与先秦时期相比,礼教色彩淡薄,娱乐性增强,折射出汉代现实生活中乘车、骑马、射箭已逐渐成为人们日常的娱乐方式。车马出行是出现频率相当高的题材。汉代根据乘坐人官位的高低对车马的规格进行了具体的规定,因此,乘车骑马出行是身份地位的象征。东汉时期在墓室画像石上雕刻超越规制的车马出行图,成为部分地位不高而又贪慕虚荣的人常采用的方式。在汉画像石中射箭姿态已与礼射不同,出现了多种射箭姿态:徒步弓射动作方式有立射、蹲射、单腿跪射、折腰射、弓步射、转身背射、坐射、步行射、跑步射 9 种;骑射技艺有静止的骑射和行进中的骑射两种方式。① 由此看来,汉人骑马乘车用以自娱,与孔子倡导的六艺之"御""射"的功能,志趣已有很大的差距。

其二,齐鲁汉画像石刻画了众多乐舞百戏图景,真实呈现了汉人追求享受娱乐的社会风气。汉代乐舞百戏在商周时期已有萌芽,是供王侯将相,达官贵人娱乐的方式之一。汉代社会的稳定、经济的繁荣以及人们享乐思想的蔓延,乐舞百戏受到不同阶层人们的喜爱,不断发展起来。汉朝南北方文化、东西方文化的交流与融合,进一步丰富了乐舞百戏的表演技巧及内容。在齐鲁乐舞百戏画中,盘鼓舞动作敏捷灵动,节奏感强;长袖舞姿态优美飘逸;走索,惊险刺激;飞剑跳丸灵活巧妙;倒立、滚翻、空翻等高难度动作舒展流畅;马上站立、倒立、翻腾等骑技迅捷惊险,以及人兽搏斗的勇猛激烈等等,成为汉人宴饮享乐,节日庆典时娱人、娱神的重要方式。由于乐舞百戏具有强大的娱乐功能,

---

① 刘朴:《对汉代弓射技艺的研究——从汉画像石资料看汉代弓箭练习的各种动作》,《山东体育学院学报》2008 年第 10 期。

乐舞百戏在汉代盛行的同时也交织着被禁毁的浪潮。汉武帝之后，汉朝国势衰微但仍盛行，皇亲国戚、达官贵人无不醉心于乐舞百戏，汉帝多次禁令角抵，减乐以遏制社会的享乐风气，但乐舞百戏屡禁不止，其娱乐休闲的特征与人的自由本性相一致，在后世以不同的方式得以传承发展。

三、身体活动趋向融合性、综合性

齐鲁汉画像石对于乐舞百戏的刻画，大多以巨幅画面的形式将各种活动容纳于一体，形成颇为壮观的《乐舞百戏图》。画面中刻画人物众多，不同的人展示不同的项目活动，通过分层、分列的方式井然有序地组织在一起。《乐舞百戏图》的构图方式，一方面表明汉代乐舞百戏因其娱乐功能而被归为一类文化现象；另一方面，齐鲁汉画像石中的杂技表演图像表明，汉代的杂技还没有成为一门独立的艺术形式，而是与音乐、舞蹈、武艺、杂耍、戏车表演等乐舞百戏融合在一起，是增加乐舞百戏欣赏性的重要方式，也正是由于融合性特征，使汉代杂技对后世的杂技、戏曲、马戏、舞蹈、武术、体操等表演艺术都有着不同程度的影响，同时，也进一步说明了乐舞百戏之间互融相通的特性，为古代体育的发展奠定了基础。

（一）呈现出集舞蹈、竞技、杂技于一体的综合性表演

齐鲁汉画像石对盛行的乐舞表现颇多，绝大多数属于表演性舞蹈，即由舞技高超的艺人表演以供欣赏的舞蹈。齐鲁汉画像石舞蹈形象根据舞蹈风格的不同，主要分为两类：一类是优雅柔美的舞姿，舞者多为女子，女子在奔跃跳动时多挥舞长袖或巾袖，动作既轻盈潇洒又婉转轻盈，画面姿态具有强烈的动感韵味，这一类舞蹈又叫"长袖舞"，是汉代富有特色的舞蹈之一，也是齐鲁汉画像石中出现最多的舞种。据统计，齐鲁乐舞画像石中的《长袖舞》有58幅，主要分布在济宁、枣庄、临沂地区。另一类是踏盘或鼓的豪放刚健的舞姿，舞者多为男子，这一类舞蹈或踏盘而舞，或踏鼓而舞，或踏盘鼓而舞。踏盘为"盘

舞"，踏鼓为"鼓舞"，盘鼓皆有则称为"盘鼓舞"。盘鼓的数量比较灵活，根据舞者的技能与表演的场合确定，有三、四、五、七盘的，也有四盘二鼓、六盘二鼓、七盘三鼓，最多的到八盘一鼓，七盘二鼓，少的仅一盘一鼓，甚至有仅一鼓的。齐鲁汉画像石中"盘鼓舞"画像数量约占全国的大半，盘鼓舞的动作有"跗蹋摩跌式""纵横腾踏式""顿身倾折式""长袖踏鼓式""倒立式""跳丸式"。舞者集舞蹈、竞技、杂技于一体，舞姿刚健流畅，画面生动逼真，在"盘鼓舞"中具有代表性。此外，还有粗犷豪放、具有祭祀功能的建鼓舞，在齐鲁汉画像石中数量颇多。

齐鲁汉画像石众多长袖舞、盘鼓舞形象各具情态，不一而足，以静态的方式记录了汉代人对舞蹈的热爱与创造。东汉边让《章华台赋》描绘不同的舞姿，可作为汉画像石中舞蹈形象的注释："舞无常态，鼓无定节，寻声响应，修短靡跌。长袖奋而出风，清气激而绕结。尔乃妍媚递进，巧弄相加，俯仰异容，忽兮神化。体迅轻鸿，荣曜春华。进如浮云，退如激波。虽复柳惠，能不咨嗟！"齐鲁汉画像石中舞蹈的表现形式、动作姿态以及蕴含的审美品位对后世舞蹈表演艺术都产生了深远的影响，现在舞台上的舞蹈表演依稀可见汉代舞蹈的影子。

（二）展示出技击对抗活动的综合性表演

技击是指对抗双方进行搏杀的技能与方法，齐鲁汉画像石中一个重要的题材就是以对抗、较量为核心的技击活动，如角抵、对搏、斗兽以及兽斗等。

其一，力量展示画面。汉人对"力"的崇尚在画像石的角力画面中有着集中的体现。枣庄、滕州、济宁等地出土的画像石中展示了大力士掰手腕、单手举物体、拔树、蹶张等角力情景。古代的弓弩因需要力量及拉开方式不同分三种：臂力拉开的称为"臂张"，用脚蹬张开的称为"蹶张"，需要运用腰部力量张开的称为"腰张"。蹶张，是古代练力项目之一，张弓表演至今仍然是力量展示的重要方式。

其二,对搏画面。双方对搏分为手搏与持械相搏两种。手搏,秦汉时又称"角力""角抵"(见图4-2),即徒手搏斗,通过角力以击倒对方,是中国摔跤的早期形态。枣庄市薛城区大间巷出土的画像石中刻画了手搏一方将对手掼翻在地的情景;临沂市沂南县延宾镇兰村出土的画像石中描绘了手搏双方对峙的画面。手搏由先秦时期军事训练的方式演化为汉代不同阶层观赏的娱乐活动。持械相搏在齐鲁汉画像石中表现为双方持剑、戟、刀等器械对练格斗。古人佩剑、击剑历史悠久,画像石中击剑表演是持械相搏中出现频率较高的画面,济宁、枣庄等地均有大量的击剑相搏的画像石出土。

图4-2 《角抵图》画像石拓本

注:引自杨爱国主编《中国画像石集萃-4》图33,山东美术出版社2019年版。

其三,斗兽画面。古人在生产生活实践中从与野兽搏斗到驯养兽类为人类娱乐,经历了漫长的过程,也积累了丰富的经验,斗兽(见图4-3)、驯兽成为汉画像石表现的内容之一。齐鲁汉画像石中斗兽图像主要有搏虎、刺虎、戏虎、驯象、斗牛等。古代虎是人类的威胁,杀掉、制服虎是勇敢威武的体现。画像石中有的刻画了人徒手与虎搏斗的情景,其凶险令人不寒而栗;有的刻画了人持武器与虎相搏的画面,搏斗者沉着勇猛,毫无畏惧之色;有的则刻画了驯虎人徒手戏虎的情景。斗兽是汉朝上层社会欣赏的娱乐节目,斗兽者的身份多为罪囚、战俘和身份低微的奴隶,在表演过程中有一定的危险性,随着历史的发展,斗兽逐渐被兽斗所取代。

其四是兽斗画面。汉代人征服、驯养了动物之后,发展了各种斗戏以供自己娱乐。战国时期齐国盛行斗鸡、走狗等斗戏,而有关大型动物的斗戏在汉代

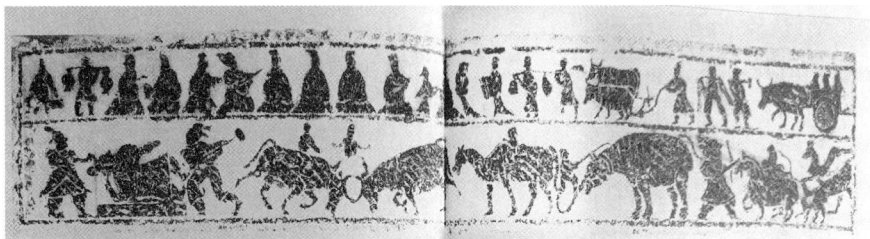

图 4-3　宴乐、农作、斗兽画像石拓本

注:引自杨爱国主编《中国画像石集萃-3》图 66,山东美术出版社 2019 年版。

才有了较多的记载。齐鲁汉画像石中再现了虎斗、牛虎斗、牛斗、熊斗等情景(见图 4-4)。画面中虎、牛等搏斗激烈,动作刻画细致微妙,颇为传神。画像石中人与人、人与兽、兽与兽的对抗不仅体现了汉人对力量、勇武的推崇,也积累了技击对抗的技术与战术,为武术套路的形成奠定了基础,为武艺表演与驯兽表演积累了丰富的经验。

图 4-4　《狩猎、公牛抵斗图》画像石拓本

注:课题组采集于邹城孟庙,2017 年 8 月。

(三)刻画出杂技动作的专训化表演

杂技是汉代百戏中的重要内容,齐鲁区域出土的画像石表现杂技动作的数量颇多,沂南北寨村、安丘董家庄、微山县、苍山县、临沂市盛庄镇、滕州市龙阳镇与岗头镇等地均有出土。画像石多将各种杂技动作融为一个大的画面,在构图上,有的采用左右分列、上下分层相结合的方式,内容繁多而不乱,如沂南北寨村、安丘董家庄的《乐舞百戏图》;有的采用由中间到两侧的方式,中间多为具有祭祀意义的大型建鼓,通过敲击建鼓对现场中的各类表演进行统一安排掌控,画面中的建鼓在整个布局中具有统领作用,在建鼓的两侧各种杂技乐舞表演分层或交叉分布。滕州市滨湖镇西古村出土的《乐舞百戏图》(图4-5)画像石,不仅保存完整,而且画面雕刻得非常精美,是滕州汉画像石馆的镇馆之宝。画面正中是汉代著名的建鼓舞,两边分别有两名男子站在鼓的两侧边擂边舞,两名男子头戴冠帽,手拿鼓槌,宽广的袖袍和上方长长的羽葆相呼应,给人一种律动感和节奏感。建鼓舞是祭祀升仙为主题的舞蹈形式,经常和杂技一起表演,画面上方有一人正在表演抛丸,一人双手能抛七枚弹丸,在汉代称作"弄丸",可见汉代杂耍技艺的高超,旁边有一人双手扶案倒立,两臂挺直,腰身以下反屈为180度,可谓刚中见柔,精美绝伦。

图4-5 枣庄滕州市湖镇西古村出土的《乐舞百戏图》画像石

注:课题组拍摄于滕州市博物馆,2018年8月。

杂技是一门通过一系列难、险、奇、美的舞台动作展示为主要内容的造型艺术,齐鲁汉画像石中刻画的杂技动作可以与现代杂技相媲美。画像石中刻画的杂技种类主要有:跳丸、跳剑等手技,都卢寻橦、戴竿等竿戏,高絙走索等绳戏;托举、叠罗汉等擎戴技;顶碗、瓶、壶、罐等碗瓶技,以及马术、柔术、幻术等。跳丸、跳剑是将多枚丸、多把剑抛起交接、连续流转的技能,技能要求极高。枣庄市山亭区大岩头画像石中有七丸表演,微山县两城乡画像石中有八丸抛接表演。都卢寻橦是爬上高高的长竿,并在竿上做倒立、舞动等动作,身体需要掌握好平衡,动作要求轻盈敏捷。戴竿则是由一人顶竿,并有一人或几人在竿上做各种动作,顶竿之人不仅需要力量,也需要把握平衡的技巧,微山县微山岛沟南村画像石中有七人表演的竿戏,沂南北寨村画像石中有一人额上顶十字长竿的表演。高絙,即走索,后人走钢丝即源于此。走索表演不仅需要在绳索上保持平衡,而且需要做各种动作以提高观赏性。沂南画像石上的走索表演中,在绳索之下立有四把刀尖朝上的大刀,加大了难度,也增强了观赏性。滕州市龙阳镇画像石中的擎戴技是由二人表演,下面一人将上面一人托举过头顶。临沂市盛庄镇吴白庄苍山县城前村石墓画像石中的碗瓶技画面是艺人在做倒立动作时用头、口等身体的不同部位抛接壶、罐等器物,难度极高,表演者旁有保护者。马术类画像石的画面选取了表演难度最高的动作瞬间,在马疾驰中艺人做倒立、下马、上马等惊险动作,滕州、沂南出土的多幅画像石中展示了奔马上站立、倒立、翻腾的动作。柔术表演一般与其他杂技表演相融合,展示身体的柔性,如苍山画像石中的倒立衔壶、反弓衔壶等都是难度系数较高的柔术动作。

幻术是西域文化传入之后汉代兴起的幻化表演,即后世所说的魔术。《汉书·张骞传》记载:"大宛诸国发使随汉使来,观汉广大,以大鸟卵及犛轩眩人献于汉,天子大悦。"颜师古《汉书注》释曰:"眩,读与幻同。即今吞刀、吐火、植瓜、种树、屠人、截马之术皆是也,本从西域来。""眩人",类似于现在的魔术师或杂技演员。在迄今发现的近十幅汉画像石中,均有"吐火"表演的图像。齐鲁汉画像石中的杂技表演在动作技术上具有很高的难度,最大限度地展现了汉人在身体动作姿态上唯美的一面。汉代艺人能够运用不同的方式娴熟地完成各自倒立、翻腾等动作,倒立动作有单臂、双臂、身体伸直、弯腰、分腿等姿势;翻腾动作有滚翻、前手翻、后手翻、空翻。画像石的图像刻画将各种技巧动作与不同的百戏项目结合起来,融汇于各种项目表演中,比如寻橦、戴竿、马术、乐舞、幻术、鱼龙曼延等。

齐鲁汉画像石中的杂技表演图像表明,汉代的杂技还没有成为一门独立的艺术形式,而是与音乐、舞蹈、武艺、杂耍、扮戏表演等乐舞百戏融合在一起,是增加乐舞百戏观赏性的重要方式。正是由于融合性特征,使汉代杂技对后世的杂技、戏曲、马戏、舞蹈、武术、体操等表演艺术都有着不同程度的影响。

（四）显示出"戏象""舞象"的融合性表演

汉代乐舞百戏艺人的名称主要有"倡""优""俳""象人"。"倡"是音乐歌舞表演艺人;"优"主要是通过言语机锋以调笑的艺人;"俳"则是表演各种小型的有一定故事性、情节性的滑稽杂戏的艺人;"象人"是以化装艺术为基础,装扮成动物、人物进行表演的艺人,这四种名称的分界是相对的,在汉代文献中多为连称或统称。① 由"倡""优""俳""象人"通过化装扮戏表演的小故事,即"戏象""舞象",是乐舞百戏中的重要内容之一,在齐鲁汉画像石中多有表现。

"戏象"是装扮成人的表演,通过发型、衣饰等装束装扮成特定的角色,根据身份的内容与程式进行表演。"戏象"流传下来的最典型的故事是"东海黄公",根据历史记载,象人分别装扮成主角黄公和配角猛虎,表演了东海黄公由制龙虎、兴云雾、成山河到衰老、饮酒过度、其术不行,直至被东海猛虎所杀的过程。临沂出土的汉画像石中《东海黄公图》选取了故事中东海黄公与猛虎激烈搏斗的情景。"舞象"是装扮成神仙或动物的表演。在祭祀或节日庆典上,象人装扮成仙人或戴上龙、虎、熊、鱼、凤、鸟等的面具,模仿仙人升天或动物争斗的游戏,同时将杂技动作、幻术表演相结合,增强了舞象的表演力和观赏性。汉代最有代表性的"舞象"表演是"鱼龙曼延","鱼龙"是瑞兽猞猁

---

① 雒启坤:《两汉民间乐舞百戏》,《四川大学学报(哲学社会科学版)》1988 年第 2 期。

变成鱼、龙的戏法;"曼延"是彩扎巨兽,如熊、虎、怪、大雀、白象等,象人模仿巨兽样子舞动彩扎巨兽。"鱼龙曼延"因具有代表性而成为"凤凰来仪""仙人戏龙"等这一类扮戏的代称,沂南汉墓画像石出土的《乐舞百戏图》中刻画了"鱼龙曼延"戏的画面。

汉画像石中的"戏象""舞象"等扮戏表演娱乐性强,是中国古代戏曲的萌芽,同时对民间民俗的秧歌戏、跑旱船、踩高跷装扮表演都有着直接的影响。由此,汉代乐舞百戏与表演有着很深的历史渊源,齐鲁汉画像石展现的丰富的身体姿态是汉代齐鲁民众乐舞百戏的经典动作,探究齐鲁汉画像石上的身体姿态,对认知各类表演艺术的形成与发展历程具有重要的考古学意义。

第三节　齐鲁汉画像石呈现的体育活动举隅

据史料记载,汉代时期齐鲁地域的身体活动丰富多样,蔚为大观,是我国古代体育活动内容发展的重要时期,且我国古代主要的体育活动,大多能在这一时期找到自己的初始形态。如沂南北寨村《乐舞百戏图》、安丘董家庄石墓的《乐舞百戏图》、嘉祥五老洼出土《风伯、胡汉交战图》、邹城郭里乡高李村出土《胡汉交战图》、嘉祥武氏祠《水陆交战图》等画像石中展现的身体活动都是我国传统体育的重要内容,分析其图画面内容可对汉代画像石中展示的古代传统体育文化形成感性认识。

一、《乐舞百戏图》中的娱乐体育

乐舞百戏是汉代文化活动的重要内容,汉武帝曾以规模宏大的乐舞百戏表演向域外宾客展示汉代盛大国势。内容包括摔跤、扛鼎等各种角力竞赛,跳丸、走索等杂技艺术,吞刀、吐火、分身易形等幻术,以及驯兽表演和各种化装歌舞,是民间祭祀活动及节日庆典中不可或缺的表演内容,从汉代杂技俑及汉墓壁画、画像石有关"百戏"的图像中,也可见一斑。齐鲁汉画像石以图像的形式对之加以记载,其中沂南北寨村和安丘董家庄石墓的《乐舞百戏图》规模宏大,内容丰富,堪称汉画像石中集中展示百戏场面的双璧。[1]

(一)沂南北寨村墓《乐舞百戏图》

沂南县画像石的突出特点是风格多样、场面宏大。1954 年 3 月在沂南县西八里的北寨村发掘出土了一座东汉后期石墓,该古墓规模宏大,结构复杂,画面内容极为丰富,尤其是表现当时的乐舞百戏,场面热烈,表演生动险绝,内容包括跳丸、跳剑、都卢寻橦、七盘舞、龙马负图、走索、戏豹、鱼龙曼延、凤凰来仪、马术、戏车等,简直就是一幅展示汉代百戏的全景画卷(见图 4-6)。

图 4-6　沂南县北寨村东汉墓《乐舞百戏》汉画像石拓片

注:课题组采集于沂南北寨汉画像石墓博物馆,2018 年 8 月。

该幅巨型石刻"百戏图",从左到右可分为四个部分:第一部分是"跳丸、跳剑"和"戴竿"表演的画面(见图 4-7、图 4-8)。左上角有一留长须的人在抛扔四把剑,其中三把悬在空中;下面一人双手舞着两根长带,上面有五个球,类似的表演节目在山东已发现的汉画像石中可谓比比皆是,它即是后世杂技中的手技表演。接下来,画面稍右有一人额上顶着一根十字形的长竿,竿上横木两端,有两个全身倒悬,正在做翻转表演的小孩,竿的顶端有一圆盘,有一小孩用腹部撑在圆盘上做旋转表演。而且顶长竿的人,足下还有七个圆形复盘,表现了顶竿者不仅头顶戴有三人的长竿,足下还要留意踏着七个复盘,以增加表

---

① 杨宇全:《以山东出土的汉画像石为例谈汉画像石上的杂技"绝活"》,《杂技与魔术》2012 年第 1 期。

演的节奏感和惊险性,史书还将此种古老而独特的舞蹈形式称之为"七盘舞"。

图 4-7　沂南县北寨村东汉墓《乐舞百戏》画像石跳丸、跳剑画面

注:课题组采集于沂南北寨汉画像石墓博物馆,2018 年 8 月。

图 4-8　沂南县北寨村东汉墓《乐舞百戏》画像石戴竿画面

注:课题组采集于沂南北寨汉画像石墓博物馆,2018 年 8 月。

画像石中的第二部分为乐队,说明当时的杂技表演已有较为完整的乐队演奏形式,已脱离了单调的技巧展示而步入了相对成熟的表演阶段。乐队中第一人击磬、一人撞钟、一人舞动双锤在击带羽葆的建鼓;下面有三排坐在长席上奏乐的人,后排四人,最后一个在弹琴,另两人,一人吹埙,一人端坐,最左一人在吹笙;中排五人,最右一人在打一个小鼓,中间三人吹排箫,最左一人也在吹埙;前排五人,均为女乐,最右一人手拿短棍在作指挥,其余四人前面均放置着四个鼓,中间三人以右手指按鼓,作敲打状。

画像石的第三部分是走索表演(见图4-9)。画面中有三个女子行走在绳索上,中间的一个两手据绳上,两足朝天,正在做拿顶动作。绳下面还插有四把刀尖在上的尖刀,更增加了表演的高难度和惊险性。"走索"即"走绳",后来随着发展,又分为软绳和硬绳两种,这即是后世我们常见的走钢丝绳表演的前身。走索表演的下面是"鱼龙曼延"之戏(见图4-10),即由艺人饰为鱼、龙、象等,来表演节目,供人们娱乐。《汉书·西域传赞》作"鱼龙曼衍"。颜师古注:"曼衍者,即张衡《西京杂记》所云:'巨兽百寻,是为曼延者也。'鱼龙者,为舍利之兽。"虽然此时的鱼只是由人扮演的道具,然而可以看出鱼在人们心目中的地位。画面上显示的是三人出场,坐在长席上,右一人吹笛,中一人打拍,左一人端坐。下面一人装扮成一只凤凰,前有一人手持一株枝叶扶疏的树在向"凤凰"舞弄着,此种表演即古文献中常提到的"凤凰来仪"。画面左上一人戴着假面,前面一人对着他,双手据地,双足朝上在表演拿顶翻筋斗。下面有一条大鱼,其右傍立有两人,左傍有一人半跪,并用右肩扛着鱼,三人右手均举着小摇鼓在摇。鱼的前面有一背上驮着瓶子的"龙",一个女子站在瓶口之上,手持带流苏的长竿在舞弄。"龙"的前后各有一人,左手拿着短槌,右手举着摇鼓在摇,这是一种规模和场面都很盛大的表演。

图4-9 沂南县北寨村东汉墓《乐舞百戏》画像石走绳技巧画面

注:课题组采集于沂南北寨汉画像石墓博物馆,2018年8月。

图 4-10　沂南县北寨村东汉墓《乐舞百戏》画像石鱼龙曼延画面

注:课题组采集于沂南北寨汉画像石墓博物馆,2018 年 8 月。

画面的第四部分则是马戏和鼓车表演。表演马戏的为一女子,双手据在正在奔腾、带鞍的马背上,两足腾空,右手还持一戟(见图 4-11),其对面另有一女子,站立在奔腾的马背上,玩弄着一根带流苏的长绳(类似现代的水火流星)。下面有一架三匹马拉着的大鼓车,马正在奔驰,御车的人坐在车厢前面,左手握着六辔,右手持着一条鞭,车厢内立有一高杆,杆中段贯穿一横置的大鼓,厢内坐着有四人,前两人吹排箫,后面右一人举着双槌在敲打横在他前面的小鼓,左一人在吹笛,大鼓上面有带许多结的流苏披拂下来,可能为羽葆,再上面有一平板方架,架左右各垂流苏,板上有一小女孩,双手据板上,两足朝天拿顶翻腾,车厢内前部分竖一根带流苏的橦,上有方板,比中间的方板更高,大约那小女孩可以从此板跳到彼板上去,鼓车的后面有三人立着,前面放置三个鼓,三人左手各持长梃,极可能是用来打鼓用的(见图 4-12)。

从画面分析考释可见,沂南县北寨村汉画像石中的乐舞百戏图上,不但有手技——"跳丸、跳剑";竿技——"戴竿";绳技——"走索";大型的兽舞——"鱼龙曼延";惊险马戏——"戏车高橦";还有迄今已失传的独特而又难度极

图 4-11　沂南县北寨村东汉墓《乐舞百戏》画像石马戏画面

注:课题组采集于沂南北寨汉画像石墓博物馆,2018 年 8 月。

图 4-12　沂南县北寨村东汉墓《乐舞百戏》画像石鼓车技巧画面

注:课题组采集于沂南北寨汉画像石墓博物馆,2018 年 8 月。

高的"七盘舞",堪称一幅奇险绝伦的"百戏角抵图"。今天活跃在舞台上的许多杂技节目都能从中追寻到其过去发展演变的影子,而且整幅画像雕工之精美、线条之流畅、内容之丰富、场面之生动,不仅在齐鲁,就是在全国所发现的现有的石刻"百戏图"中也颇具代表性。

(二)安丘董家庄墓《乐舞百戏图》

在安丘市博物馆院内,有一座著名的汉画像石墓,这是我国迄今发现的规模最大的汉画像石墓之一。墓内画像构图复杂,内容丰富,形象生动,显示了汉代高超的绘画水平和雕刻技艺,具有较高的艺术价值和史料价值。2013 年

5月,被国务院公布为第七批全国重点文物保护单位。该墓于1959年在安丘凌河镇董家庄村北发掘,故称"安丘董家庄汉画像石墓"(见图4-13)。

图4-13 安丘董家庄汉画像石墓局部画面

注:课题组拍摄于安丘市博物馆,2018年8月。

　　石墓中室顶北坡的《乐舞百戏图》场面宏大,描绘了一幅欢腾的动态景观,画面布局合理,博而不乱,由乐舞、六博、仙人戏龙、骑马出行、都卢寻橦、跳剑、飞丸等内容构成,构图采用了上下分层、左右分列、交叉布局的方式,从左向右大体可以分为两部分,在百戏画像石中具有极强的代表性(见图4-14)。

　　画面左边部分包括乐舞表演、仙人六博、仙人戏龙、骑马出行。画面左上角为乐舞表演,中间二人对舞,其中一人敲鼓,一人舞长巾,刚健与柔美融于一体,二人左侧为两位观众,右侧为二人奏乐。乐舞表演的下方是仙人六博,中置一套博局,环绕六人,俱为羽衣装束,分为三组,两两相对,直观地表现了六博游戏的玩法,其中两人离局跽坐,曲臂俯身对玩;两人长跽,一人曲臂,另一人伸臂,隔局而博;另两人近局,对膝踞坐博弈。仙人六博的右侧是一人骑马出行,左右各有一人跟随。仙人六博与骑马出行的下方是"鱼龙曼延"戏"仙人戏龙",龙衔鱼由右向左前行,刻画生动形象。

　　画面右边部分包括都卢寻橦、跳剑、飞丸。都卢寻橦是由一人双手托举一个高竿,竿上有一横木,与竿成十字形,竿的顶部有 1 圆盘,上面有 1 人在做下腰动作,横木上左右两侧各有 3 人,在横木下腰以倒立或空翻者 2 人,或足或膝钩住横杆做悬空舞动动作者 4 人,另有 2 人缘竿而上,所顶之竿上共 9 人,各人动作姿态不同且灵活,顶竿之人弯腰曲脚仰首是轻松自如。戏的右侧是跳剑、飞丸,表演者舞弄 11 丸和 3 把剑,共计 14 个,是同类表演中的最高纪录。在跳剑飞丸的下方是瑞兽,右侧有欣赏的观众。

图 4-14 安丘董家庄汉画像石《乐舞百戏图》局部画面

注:课题组采集于安丘市博物馆,2018 年 8 月。

董家庄《乐舞百戏图》内容博而不乱,整个画面留白处刻画了仙人、珍禽、瑞兽,有人物 42 个,动物 12 个,不仅场面恢宏,人物众多,而且充满仙气。画面中"都卢寻橦""跳剑和飞丸"刻画生动细致,再现了汉代竿戏、手技的最高水平。另外,画面中还有双手撑地拿顶倒立表演,似乎还有比较完整的乐队演奏,这更说明汉代的乐舞百戏表演确是一种场面热烈火爆、表演形式多样的"综合性"艺术,给后人带来深思和启发。

(三)其他娱乐体育画面

1969 年 4 月,济南市无影山出土了表现百戏者、舞蹈者、奏乐者和旁观者的陶俑群,这在我国是首次发现,引起了极大的轰动,已成为济南市博物馆的镇馆之宝。该陶俑群可以说是一个迷你版西汉欢歌宴饮场景的再现,所有的歌、舞、杂技、乐、观赏俑和各类乐器,各就各位地安置在一个长 67 厘米、宽

47.5厘米的长方形陶盘上,展示了内容丰富、场面完整的西汉乐舞杂技艺术立体形象,是迄今我国汉墓出土文物中仅有的、凝结着极高的文物价值、艺术价值与历史价值的珍品,显示出我国西汉早期百戏表演的高度水平(见图4-15)。

图4-15 济南市无影山乐舞百戏陶俑群画面

注:课题组拍摄于济南市博物馆,2017年8月。

1976年出土于滕州市城郊马王村的建鼓楼阁垂钓汉画像石,画面颇具生活气息。石面横258厘米、高72厘米,画面3格:左格,二人击建鼓,二人吹排箫;中格,楼阙、人物,楼上女主人端坐,旁有二侍者,楼下为乐舞场面;右格,水上一亭,亭上二人钓鱼,亭下一人划船(见图4-16)。

图4-16 滕州市城郊马王村出土的《建鼓楼阁垂钓》汉画像石

注:课题组拍摄于滕州市博物馆,2018年8月。

"拿顶"应做"拿鼎",汉代称为"倒植",属于形体技巧范畴,它包括下腰、倒立、踢腿、跟斗、后空翻等基本功,从齐鲁地区已发现的汉画像石来看,有许多汉画像石"百戏"表演场面中均有倒立表演的形体造型,说明下腰、倒立、踢腿、跟斗这四项技巧在汉代已较为普遍且成熟,如曲阜汉画像石中有"倒植伎"在庭院表演训练的场景刻画(见图4-17);临沂市沂水县韩家曲村出土的汉画像石刻有翻跟斗、倒立弄球(长袖乐舞)等表演画面(见图4-18);微山县北部两城乡汉墓画像石有反躬下腰,两手支于三足樽上动作等(见图4-19),表演技巧越来越高超,难度也越来越大,由双手倒立发展到单手倒立,并加强了道具和节奏感,这一切都表明汉时的"倒植"技巧已具备较高水平。

图4-17 刻有"倒植伎"后空翻动作的汉画像石拓片

注:课题组采集于曲阜孔庙,2018年8月。

图4-18 刻有翻跟斗、倒立弄球动作汉画像石拓片

注:引自杨爱国主编《中国画像石集萃-5》图76,山东美术出版社2019年版。

图 4-19　刻有反躬下腰,两手支于三足樽上动作的汉画像石拓片

注:引自杨爱国主编《中国画像石集萃-3》图 48,山东美术出版社 2019 年版。

二、《战争图》中的技击武艺

《战争图》主要包括两类:一类是《胡汉交战图》画像石,最早发现于齐鲁地域,且分布广,肥城、费县、枣庄、微山、邹城、济宁、滕州、临沂、苍山、沂南、嘉祥、平阴等地均有出土。另一类是反映官民战争情景的《水陆攻战图》画像石,以济宁、枣庄出土的居多。

(一)《胡汉交战图》

1.嘉祥县五老洼出土的《风伯、胡汉交战图》画像石

《左传》有鲁哀公西狩获麒麟的记载,麒麟是祥瑞之物,后人为了纪念捕获麒麟的地方,取其嘉美祥瑞之意,此地故得名"嘉祥"。1981 年,嘉祥县城东北五老注出土的东汉早期《风伯、胡汉交战图》画像石(见图 4-20),纵 123 厘米、横 82 厘米,采用了凹面线刻的雕刻技法,生动地再现了胡汉交战以及献俘的情景,现藏于山东省石刻艺术博物馆。《周礼》的《大宗伯》篇有风伯、雨师的记载,风伯掌八风消息,通五运气候,而风是气候的主要因素,事关济时育物,因而中国古代的风神崇拜起源较早。汉代人对风伯依然崇拜,《风伯、胡汉交战图》画像石第一层风伯的形象也较常见,第二层胡汉手持长矛对刺和持弓对射,

第三层为献俘,两汉人绑来一胡人,第四层为胡人败归,汇报军情,画面反映了汉与匈奴长久战争,最后大胜的历史场景,显示出汉人较高的武艺水平。

图 4-20 嘉祥县五老洼《风伯、胡汉交战图》画像石

注:课题组拍摄于山东石刻艺术博物馆,2017 年 8 月。

2. 嘉祥县满铜乡宋山出土的《胡汉交战、蛇戏图》画像石

嘉祥县满铜乡宋山出土的东汉早期《胡汉交战、戏蛇图》画像石(见图 4-21),纵 115 厘米,横 65 厘米,画面二层,上层为胡汉交战,一汉人骑兵正搭弓欲射杀逃亡的胡人,另一汉骑刺得胡人人仰马翻,下方山峦中隐藏着胡人骑兵,一胡兵正向其首领汇报战况;汉官面前,一卒绑来两名胡人俘虏,下层为蛇戏。

3. 邹城郭里乡高李村出土的《胡汉交战图》

1990 年,邹城郭里乡高李村出土《胡汉交战图》画像石(见图 4-22),纵 82 厘米,横 279 厘米,采用了浅浮雕阴线刻的雕刻技法,刻画了胡汉两军对垒激战的情景,现藏于邹城孟庙汉画馆。整幅画面分上、下两层,再现了汉兵战胜胡兵的场面。在画面的左侧是山的形象,有层层圆弧状图案堆叠起来,从底部堆到顶端,成为右侧胡汉交战的背景。在山中隐藏着尖角帽胡人和即将奔

图 4-21 嘉祥县满铜乡宋山出土的《胡汉交战、戏蛇图》画像石

注:课题组拍摄于山东石刻艺术博物馆,2017 年 8 月。

出的马,胡人的帽子和马头从山间露出,同时亦有战败的胡人逃入山中。

画面上层数名胡兵已束手就擒,跪在地上,四匹胡马向山的方向狂奔,其中三匹马上已无胡兵,另一匹马上的胡兵在逃跑中坠马。胡兵溃不成军时,右侧汉军步兵、骑兵、弩兵队列顺利地结束战斗。下层亦是汉军占据了画面的 2/3,骑兵与两辆战车继续前进追击,胡兵已是强弩之末,地上一胡兵被俘,另有两具胡人无首尸体,只有一名骑兵与汉兵对战。

整幅画面以汉军大获全胜为主题,刻画了汉军的强大与镇定,也反衬了胡兵战败的狼狈。左侧胡军大本营里即将出战的胡兵胡马,预示了战斗并没有完全结束,大队汉军人马已严阵以待,胜券在握,画面叙事色彩浓厚,给人以丰富的遐想。

4. 济宁市"允父故城"出土的《胡汉战争、凯旋百戏图》画像石

1973 年 5 月,出土于距济宁市城南约 25 公里处的"允父故城"附近的墓群,画像石高 59 厘米,长 240 厘米,厚 26 厘米,一面刻画,分上下两层(见图 4-23)。上层:车马出行狩猎图,左起,两个带鹰骑马者,两吏徒步随后;一骑

图 4-22　邹城郭里乡高李村《胡汉交战图》拓片

注:引自杨爱国主编《中国画像石集萃-3》图 64,山东美术出版社 2019 年版。

羊者后随两吏;两鹿车、两羊车间隔成行,每辆车一驾驭者、一乘者、两随从小吏(最后一辆羊车因为石头残缺仅见一驾驭者)。下层:可分三部分。中间一华盖伞下,两人座谈。左边左起第一组一武士持钩、剑,二人卧地倒剪双手,下有三无头尸,一案上有三颗人头,三人头皆戴尖顶帽,面部深眼窝,高鼻子,应是胡人俘虏;第二组八人,四人一行,人手一兵器;第三组两持兵器武士;前跪伏倒剪双手的四人,倒剪双手的四人与前三人头的面相及所戴的帽子相同,应该也是被俘的胡人。右边第一段六人,三人一行,均躬身持兵器。第二组为杂技歌舞场面,又分上下两层。上层为演奏者十一人,一人站立,十人端坐奏乐,乐器有管、箫、笛、排箫、拨鼓,等等。下层表演者十人。左起第一人双手扶圆鼓状器物做蛙式倒立;第二人足踏双鼓起舞;第三人双手支鼓倒立;第四人作舞;第五人左腿弯曲,右手高举,左臂滚一车轮;第六人手足并用玩五球;第七人也似在舞蹈;第八人表演出手飞剑;第九、第十人皆空手倒立。

图 4-23　《胡汉战争、凯旋百戏图》汉画像石拓片

注:课题组采集于济宁博物馆,2017 年 8 月。

（二）《水陆攻战图》

齐鲁地区出土的《水陆攻战图》以嘉祥县武氏祠画像石最具代表性（见图4-24）。历史悠久的嘉祥不仅有关于麒麟的文字记载，还有不得不提的两千年传世瑰宝——武氏祠石刻。1961年，武氏祠被列为第一批全国重点文物保护单位。1981年，我国学者对这里进行了全面的考察。《水陆攻战图》中以一个桥为分隔的形式，体现了在陆地和在水里乘船作战的场景，还出现了汉代的经典兵器，有戈、剑、盾等。同时，通过这幅石刻可以看出汉代作战中已经出现了后勤、作战、押送战俘以及战事记录等不同的分工。更值得注意的是，这幅作战图中还出现了七位女性战士形象，她们的发型更复杂，衣服纹饰更精致，身段也更婀娜。东汉的工匠们以绚烂的想象和高超的技法，使相隔数千年中国女性的卓越风姿跃然石上。

图4-24 嘉祥县武氏祠出土的《水陆攻战图》汉画像石拓片

注：课题组采集于嘉祥县武氏祠，2017年8月。

第五章 齐鲁汉画像石中的射艺活动

在中国全境所发现的汉画像石约 10000 块,这些汉画像石分布非常广,从中国的东海岸到西部的甘肃和四川,北部从陕西的榆林和北京到南部的浙江和云南,但是,由于地区的不同,其画像石分布数量的密度也不同。有关射艺的汉画像石选定收录的标准是以刻有弓和弩的画像石为准,即人持弓或弩的图及弓弩收藏图(武器库等)。但是,神话中的避邪动物"方相氏"头上虽然也饰有弩,但不是射艺图,故本章不予选定收录。

第一节 我国射艺画像石的数量与分类

一、射艺画像石的数量

由调查可知,在我国射艺画像石的分布区域与其所拥有的汉画像石总量成正比,有关出典处记载分布数量如下(见表 5-1 至表 5-3)。

第一位是山东省、江苏省北部、安徽省北部地区的区域,记载共有 87 图。

第二位是从陕西省北部到山西省西部的区域,有关弓弩的汉画像石记载共有 46 图。

第三位是以南阳市为中心的河南省西部到湖北省以北的区域,有关弓弩的汉画像石记载共有 15 图。

第四位是四川省和云南省北部区域,其汉画像石主要在嘉陵江和岷江流域分布,有关弓、弩的画像石记载共有 10 图。

射艺汉画像石的制作年代则依据其出典处的记载而断定。158 块射艺汉画像石中年号最古老的是山东省微山县夏镇和济宁师范专科学校出土的画像石(见表 5-1《中国画像石全集》I-14、I-75、II-2、II-99),即在公元前 48 年至公元 5 年的画像石,其他的射艺汉画像石大多是东汉(公元 25 年—220 年)的产物。由此,本书考察的汉代画像石内容是公元前 48 年到公元 220 年间的事情。

表 5-1　我国射艺汉画像石分布数量列第一位区域出典统计表

出典处		山东省	江苏省北部	安徽省北部
《中国画像石全集》	狩猎图	27 图: 平邑县 I-14、长清县 I-42、I-43、嘉祥县 I-51、I-66、I-84、I-92、I-95、安丘县 I-160、济宁县 II-2、II-9、曲阜县 II-11、II-22、微山县 II-II-44、邹城市 II-67、II-79、II-89、II-91、滕州市 II-174、II-222、嘉祥县 I-104、费县 III-93、III-95、莒县 III-130、III-137、III-139、肥城县 IV-10	1 图: 睢宁市 I-120	—
	战争图	20 图: 嘉祥县 I-56、I-75、I-86、沂南县 I-181、汶上 I-16、邹城市 I-64、嘉祥县 I-94、I-102、I-138、I-140、枣庄市 I-141、滕州市 I-183、I-219、临沂市 III-68、苍山县 III-103、III-113、莒县 III-138、平阴县 IV-203、IV-204、肥城县 IV-214	—	—
	蹶张图	2 图: 沂南县 I-183、邹城市 II-75	1 图: 邳州县 IV-148	1 图: 淮北市 IV-184
	出行图	7 图: 安丘县 I-132、I-49、I-143、金乡县 II-27、微山县 I-49、临沂市 III-7、III-8、III-14	1 图: 睢宁市 IV-112	1 图: 宿县 IV-162
	历史故事图	2 图: 莒县 II-140、沂南县 I-216	—	—
	持弓舞蹈图	1 图: 枣庄市 I-146	—	—
	武器库图	3 图: 沂南县 I-19、滕州市 II-163、II-169	—	—

出典处		山东省	江苏省北部	安徽省北部
《陕北汉代画像石》	狩猎图	—	—	1图：淮北市 p15
《淮北汉画像石》	练习图	—	—	1图：p18
	蹴张图	—	—	4图：淮北 p64、p65、p66、p67
《嘉祥汉画像石》	狩猎图	3图：嘉祥县 p132、p136、p142	—	—
	练习图	2图：嘉祥县 p103、p134	—	—
《汉风楼藏汉画像石选》	狩猎图	—	2图：徐州市 p43、p44	—
	蹴张图	—	1图：邳州县 p79	—
《微山汉画像石》	狩猎图	3图：微山县 p14、p75、p99	—	—
	历史故事图	1图：微山县 p107	—	—
《文物》杂志	练习图	2图：1997 年第 12 期，p40-图 15、16	—	—
数　量		73	6	8

表5-2　我国射艺汉画像石分布数量列第二位区域出典统计表

出典处		陕西省北部	山西省西部
《中国画像石全集》	狩猎图	33图： 榆林县 V-6、V-7、V-18、V-19、V-24、V-25、V-28、米脂县 V-35、V-40、V-42、V-43、V-45、V-46、绥德县 V-81、V-84、V-92、V-97、V-121、V-122、V-136、V-137、V-158、V-159、V-160、V-162、V-165、V-166、V-167、清涧县 V-198、神木县 V-213、V-223、V-224、V-231	1图： 柳林县 V-308
	出行图	4图： 绥德县 V-149、V-150、V-151、V-475	2图： 离石县 V-237、V-268
	谒见图	1图： 绥德县 V-177	—
《陕北汉代画像石》	狩猎图	5图： 米脂县 V-34、V-65、绥德县 V-433、V-476、V-513	—
数量		43	3

表5-3　我国射艺汉画像石分布数量列第三、四位区域出典统计表

出典处		以南阳市为中心的河南省西部到湖北省以北的区域	四川省和云南省北部区域
《中国画像石全集》	狩猎图	5图： 唐河县 VI-24、邓县 VI-78、南阳市 VI-151、VI-168、VI-213	2图： 江津市 V-32、合川县 V-60
	蹶张图	3图： 唐河县 VI-38、方城县 V-53、南阳市 VI-119	2图： 乐山市 VI-10、内江市 VI-29
	出行图	2图： 唐河县 VI-4、VI-23	1图： 成都市 VII-63
	武器库图	1图： 唐河县 VII-5	2图： 中江县 V-38、成都市 V-43
《汉风楼藏汉画像石选》	狩猎图	1图： 永城县 p42	—*

续表

出典处		以南阳市为中心的河南省西部到湖北省以北的区域	四川省和云南省北部区域
《南阳两汉画像石》	狩猎图	1 图： 南阳市 p9	—
	战争图	1 图： 南阳市 p123	—
	武器库图	1 图： 南阳市 p13	—
《巴蜀汉代画像集》	狩猎图	—	2 图： 成都市 p9、渠县 p10
	战争图	—	1 图： 长宁县 p113
数　量		15	10

二、射艺画像石的分类

信立祥的《汉代画像石综合研究》一书将汉画像石的内容分为如下四类：(1)描写宇宙的内容；(2)描写世界的内容；(3)描写人间现实世界的内容；(4)描写地下鬼和灵魂的内容。[①] 蒋英矩、吴文祈及杨宇全在《山东汉画像石选集》的序言中将画像石分为四类：(1)描写社会生产活动；(2)反映社会生活；(3)描写历史故事；(4)表现神话传说及鬼神信仰。[②] 以上的研究者对汉画像石中反映人类的现实生活认识是不约而同的，表现的是被葬者生前的实际生活，弓和弩的使用即是这生活中的一部分。反映人类射艺现实生活的画像石图像主要有狩猎图、战争图、练习图、蹶张图、出行图、历史故事图、持弓舞蹈图、武器库图、谒见图九种，有关射艺的具体内容均雕刻于这九种图之中。

（一）狩猎图

狩猎是古代的一种身体运动活动，也是贵族等社会上层人物所喜好的一

---

① 信立祥：《汉代画像石综合研究》，文物出版社 2020 年版。
② 蒋英矩、吴文祈、杨宇全：《山东汉画像石选集》，齐鲁书社 1982 年版。

项运动。其作用是健身娱乐,接触部下及其他人员,猎取美味,视察领地及民情等。作为社会的生活内容被雕刻于画像石。本书确定了有87块狩猎内容的射艺汉画像石,是最多的射艺图像。这些狩猎内容被刻于墓中,说明被葬者生前喜好狩猎运动,反映被葬者生前狩猎的情形。其射猎的对象有虎、熊、狼、野牛、猪、兔,如图5-1刻画的画面,射的方式主要有弓射、弩射、弋射三种。

　　江苏省有3块(见表5-1《中国画像石全集》中1图、《汉风楼藏汉画像石选》中2图),安徽省有1块(见表5-1《陕北汉代画像石》中1图),陕西省有38块(见表5-2《中国画像石全集》中33图、《陕北汉代画像石》中5图),山西省有1块(见表5-2《中国画像石全集》中1图),河南省有7块(见表5-3《中国画像石全集》中5图、《汉风楼藏汉画像石选》中1图、《南阳两汉画像石》中1图),四川省有4块(见表5-3《中国画像石全集》中2图、《巴蜀汉代画像集》中2图)。从弓箭狩猎汉画像石在各省均有出土的情况来看,其活动开展是非常广泛的。

图5-1　用弓射野牛的狩猎图汉画像石拓片

注:引自汤池《中国画像石全集·第5卷》图Ⅴ-46,山东美术出版社2000年版。

(二)战争图

　　战争图表现的是被葬者的军功及军事经历。战争图中多有使用弓或弩的图像,是研究当时射艺的重要资料,如图5-2画面所示(见表5-1《中国画像石全集》中嘉祥县I-140)。战争图中有汉人同胡人或匈奴的战斗图,也有汉族的内战图,由调查可知,有关射的战争图山东省有 20 块(见表 5-1《中国画像石全集》中 20 图),河南省有 1 块(见表 5-3《南阳两汉画像石》中 1 图),四川省有 1 块(见表 5-3《巴蜀汉代画像集》中 1 图)。射的方式和狩猎的方式相同,主要有弓射和弩射两种。

图 5-2　战争图汉画像石拓片

注:引自蒋英炬《中国画像石全集-第 1 卷》图 I-140,山东美术出版社 2000 年版。

(三)练习图

射艺的练习是汉代人的主要社会活动之一,因此也刻于画像石。山东省枣庄市小西山出土的西汉画像石图中各有两人持弩正在射一圆形靶,嘉祥县出土的汉画像石有弓的习射内容(见图 5-3 和表 5-1《嘉祥汉画像石》p103、p134)。关于图 5-3 的内容,《嘉祥汉画像石》一书的作者朱锡禄解释为:有穿长裙的女性正在习射,其射的目标是前面站立女性所背的筐子,其中有 1 矢中筐。[1] 这可以说是汉代女性也参加射艺活动的证明,射艺练习图刻于墓中,表现被葬者生前喜爱射箭活动。

(四)蹶张图

蹶张是弩射的准备,是引拉弩弦的动作(见图 5-4)。蹶张图是以表现强

_____

[1]　朱锡禄:《嘉祥汉画像石》,山东美术出版社 1992 年版,第 134—136 页。

图 5-3 女性在进行弓箭练习的汉画像石拓片

注:引自朱锡禄《嘉祥汉画像石》,山东美术出版社 1992 年版,第 134 页。

有力人物的题材,有震慑邪魔保护被葬者的作用。其分布情况是:山东省 2 块(见表 5-1《中国画像石全集》中 2 图)、河南省 3 块(见表 5-3《中国画像石全集》中 3 图)、江苏省 2 块(见表 5-1《中国画像石全集》中 1 图,《汉风楼藏汉画像石选》中 1 图)、四川省 2 块(见表 5-3《中国画像石全集》中 2 图)、安徽省 5 块(见表 5-1《中国画像石全集》中 1 图,《淮北汉画像石》中 4 图),共计 14 块。

图 5-4 蹶张图(立姿引弩的弓弦)汉画像石拓片

注:引自蒋英炬《中国画像石全集-第 1 卷》图 I-183,山东美术出版社 2000 年版。

（五）出行图

出行图在汉画像石中刻画的较多，又叫行列图，其大多是表现被葬者生时和马车、骑者、人物一起出行的情形。为显示出行主人的威严，出行行列的人中多有持弓或弩的人，也有骑马腰挎弓的人，这些人担负保护马车中高贵人物（其中有被葬者）的任务，如图 5-5 所示。由调查可知，刻有出行图的汉画石像山东省有 7 块（见表 5-1《中国画像石全集》安丘县 I-132、I-49、I-143，金乡县 II-27，微山县 I-49，临沂市 III-7、III-8、III-14），江苏省有 1 块（表 5-1《中国画像石全集》睢宁市 IV-112），安徽省有 1 块（见表 5-1《中国画像石全集》宿县 IV-162），陕西省有 4 块（见表 5-2《中国画像石全集》绥德县 V-149、V-150、V-151、V-475），山西省有 2 块（见表 5-2《中国画像石全集》离石县 V-237、V-268），河南省有 2 块（见表 5-3《中国画像石全集》唐河县 VI-4、VI-23），四川省有 1 块（见表 5-3《中国画像石全集》成都市 VII-63），共计 18 块。

图 5-5　出行图汉画像石拓片

注：引自高文《中国画像石全集·第 7 卷》图 VII-63，河南美术出版社 2000 年版。

（六）历史故事图

汉画像石中有历史名人的故事图，表现被葬者所崇拜的历史名人，死后愿与这些人交往。山东省境内出土的刻画历史故事的画像石有 3 块具有代表性，一是莒县的"暗射考叔"（见表 5-1《中国画像石全集》莒县 II-140），二是微山县的"管仲射小白（齐桓公）"（见表 5-1《微山汉画像石》微山县 p107），三是沂南县汉画像石中刻有晋灵公（春秋时代晋国第 26 代王）正在弓射（见表 5-1《中国画像石全集》沂南县 I-216）。这三例刻画的虽然是历史故事，但呈现的有弓箭射杀的画面，所以本书也将其统计研究。

（七）持弓舞蹈图

描绘手持弓表演射艺的舞蹈动作的汉画像石仅发现一处，是山东省枣庄市的角抵图（相扑），图的右半部有两人在表演角抵，中部有两人持弓做舞蹈状（见表 5-1《中国画像石全集》枣庄市 I-146），可以推断这是表演射艺技术动作的舞蹈图。

（八）武器库图

汉画像石中有武器库图，图中多有弓、弩挂于墙壁或放置于地面的图像，这是汉代对弓、弩的保藏方式，武器库图象征被葬者生前的军事实力。刻有武器库图的汉画像石山东省有 3 块（见表 5-1《中国画像石全集》沂南县 I-19、滕州市 II-163、II-169），河南省有 2 块（表 5-3《中国画像石全集》唐河县 VII-5，《南阳两汉画像石》南阳市 p13），四川省有 2 块（见表 5-3《中国画像石全集》中江县 V-38、成都市 V-43），共计有 7 块。

（九）谒见图

在汉画像石中有在会客室接见客人的谒见图，是被葬者接受拜见的图，象征被葬者的高贵身份。陕西省绥德县的汉画像石中有一幅谒见图，其会客室的墙壁上挂有 1 弩（见表 5-2《中国画像石全集》绥德县 V-177），表明汉代有将弩挂于会客室的收藏方法。

以上九类图像是汉代人使用弓和弩的范围，其中狩猎图中的射艺动作最多，其分布地域也非常广，包括山东省、陕西省、河南省、江苏省、山西省、安徽省、四川省，共计 7 个省份。狩猎图和出行图的分布省份也较多，其他的七类

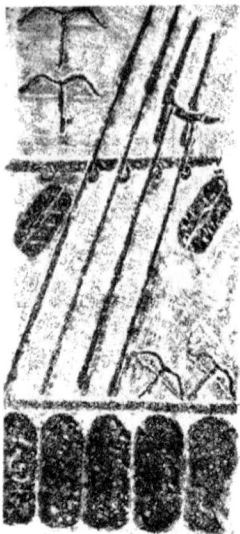

图 5-6　武器库图汉画像石拓片

注：引自王建中等《中国画像石全集-第 6 卷》图 5,河南美术出版社 2000 年版。

图在各省是或有或无的分布状况。

三、射艺图在汉画像石中的位置

汉代画像石是作为墓室、石棺、石祠堂、石阙的装饰而制成的墓材,墓室、石棺的画像石是埋在地下的,石祠堂、石阙则是立于地上的建筑物,现有的汉石棺上的画像石没有刻有射艺的内容,从而只能从墓室、石祠堂、石阙中的汉画像石资料中考察汉代的射艺。

（一）射艺图在墓室中的位置

由对我国汉画像石的调查统计可知,在墓室的射艺画像石共有 138 块,其中 68 块有墓中的配置记录,其中狩猎图有 45 块,出行图有 8 块,蹶张图有 5 块,武器库图有 5 块,谒见图有 5 块。

墓室的画像石主要刻于壁、天井、门、柱等位置。汉画像石墓以前室和后室的两室墓(见图 5-7)以及前、中、后的三室墓(见图 5-8)为最多。后室是被葬者的主室,是棺椁放置的场所。主室的画像石内容主要有被葬者的阴界生活、保护遗体的吉祥图、天上的神像和天象图、被葬者成仙的愿望图4种,中室的画像石内容是天上诸神画像、仙界图像、历史故事图等,前室的画像石内容则多是描写被葬者生前的经历,其中表现室外活动的内容大多刻于墓门和墓门一侧的石壁上。射艺的内容是被葬者生前参加或是观览过的身体活动,这些展示社会活动的图多被配置于前室。

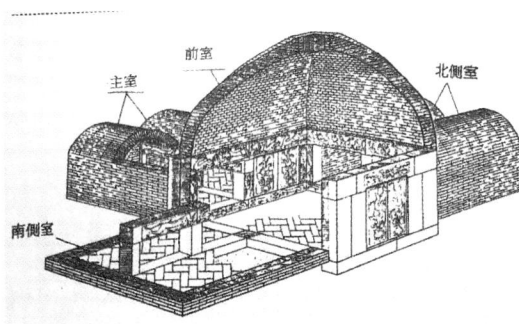

图 5-7　河南省邓州市长塚店两室墓

注:引自王建中《汉代画像石通论》图 29-1,紫禁城出版社 2001 年版。

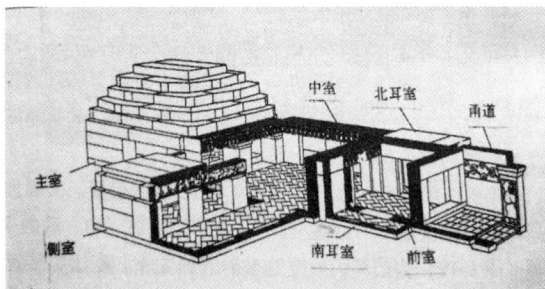

图 5-8　河南省南阳市中原技校三室墓

注:引自王建中等《中国画像石全集-第 6 卷》图 202,河南美术出版社 2000 年版。

通过对射艺图刻画在画像石的位置考证可知,狩猎是野外的活动,所以狩猎图多刻于前室的门楣之上。出行图的内容是室外活动,因此多刻于前室的壁和门楣。14块蹶张图汉画像石中仅有 1 幅刻于后室,有 5 块在墓中的配置场所,一是山东省沂南县的蹶张图刻在墓门的中间柱上(见图 5-4《中国画像石全集·第 1 卷》沂南县 I-183）；二是江苏省邳州县的白山故子的两室墓出土的蹶张图（见表 5-1《中国画像石全集》邳州县 IV-148），其刻在后室的北壁；其余 3 块均在河南省出土，一处是唐河县大尹墓出土的刻于前室的南壁蹶张图（见表 5-3《中国画像石全集》唐河县 VI-38），画像石的右面有一人背负矢，两足踏弩，两手引弩弦，右有一头惊恐状态的熊。另两处是方城县和南阳市的石桥镇出土的蹶张图（见表 5-3《中国画像石全集》方城县 V-53、南阳市 VI-119），均刻于墓的门楣，蹶张图表现强有力的人物，其图有刻于后室的原因，可以推定为有保护被葬者遗体的作用，前室及墓的门楣所刻的蹶张人物则推定为有守墓的作用。武器库图画像石多刻于前墓室的东壁，谒见图仅有 1 块，位置在墓的前室门楣（见表 5-2《中国画像石全集》绥德县 V-177）。

（二）射艺图在石祠堂中的位置

墓地的石祠堂等同于宗庙，是孝行子孙们供奉先祖灵魂的场所，调查共发现 10 块射艺画像石属于石祠堂的雕刻物。其中 6 块是山东嘉祥武氏祠的石祠堂画像石（见表 5-1《中国画像石全集》嘉祥县 I-51、I-56、I-66、I-75、I-84、I-86），其中 I-51、I-66、I-84 图是狩猎图，而且都刻于石祠堂的后壁（北壁），I-56、I-75、I-86 图是战争图，这些画像均刻于西壁；有 2 块是山东省嘉祥县的宋山小祠堂画像石（见表 5-1《中国画像石全集》嘉祥县 I-92、I-95），均是狩猎图，刻于小祠堂的后壁和基础石上；另外的 2 块狩猎图是在山东省长清县的孝堂山石祠堂（见表 5-1《中国画像石全集》长清县 I-42、I-43）发现的，均刻于东壁和西壁。

由以上考察描述可知，石祠堂的狩猎射艺图主要刻于后壁，战争的射艺图主要刻于西壁。战争的射艺图刻于西壁的原因可能是汉代和匈奴战争在西方发生的缘故，也有战死者灵魂在西方的宗教原因。

（三）射艺图在石阙中的位置

阙是中国古代的城、宫殿、祠庙、墓地等场所门前的建筑物，其作用是让人们对门引起注意。城门前的阙有在上面观察敌情的作用,故又称为"观"。阙还是张贴法令、布告的地方,汉代石阙的周围往往刻有百戏、狩猎、神话故事、车马行列神兽、贵族的豪华生活等内容。我国共发现 25 座汉代石阙,但是有关射艺的石阙仅有 2 座,一座是山东省平邑县的皇圣卿西阙(见表 5-1《中国画像石全集》平邑县 I-14),该阙南面的第 4 层上刻有射艺的内容;另一座是四川省渠县的沈氏阙(见表 5-3《巴蜀汉代画像集》中渠县 p10),但其中的射艺图位置不明。

第二节　汉画像石呈现的射艺动作

射艺动作图是汉代人弓弩实用动作的再现,战争图中的射艺动作是当时人们对射艺动作姿势的认知表现,通过汇总汉画像石中射艺的图像资料可知,其所表现的射艺方式有弓射、弩射、弋射三种,包括各种动作的身体姿势,是汉代人射艺的具体动作的记录,但所收集到的齐鲁汉画像石图片中未见有弋射方式。

对于"弋"的解释见于《学研汉和大辞典》,其解释为:为了能够发现被射落的鸟,把矢连接绳线而射的方法。2000 年的《体育大辞典》解释为:"弋射"也称矰缴、缴射,是中国古代射术的一种,"缴"为拴在箭上的细绳;"矰"为带有细绳的短箭;"弋"为用绳系在箭上放射,弋射是以飞禽为对象的狩猎活动。《巴蜀汉代画像集》的弋射收获图,是东汉时期的画像砖,高 39.6 厘米、宽 46.6 厘米(1972 年四川大邑安仁乡出土,四川省博物馆藏)。整个画面分成上下两部分:上部为弋射图,右为莲池,池内浮着莲叶,莲蓬结实饱满,水中有鱼鸭遨游,空中有大雁飞行,一派生机勃勃的景象(见图 5-9);下部为收割画面。由《南阳两汉画像石》矰缴图(见图 5-10),可见到中矢后的雁颈部被绳线连接的情形,与成都市百花潭的铜壶弋射图相同,绳线和弓及雁连在一起。因此,汉代的弋射有两种方法:一种是绳线和磻石相连的方法;另一种是绳线和弓相连的方法,绳线和磻石相连的方法不易射手的移动,绳线和弓相连的方法便于射手的移动,但携带绳线不方便。图 5-11 成都市的弋射图画像石刻画的是在河岸的弋射,因此不需要移动,所以绳线连接固定于地面的磻石,弋射采用不移动的跪姿(单腿跪姿)。图5-10的弋射采用便于移动的立姿。

图5-9 卷有细绳和磻石的弋射汉画像石拓片

注:引自龚廷万等《巴蜀汉代画像集》,文物出版社1998年版,第9页。

图5-10 细绳和雁颈连于一起的弋射汉画像石拓片

注:引自《南阳两汉画像石》第9页。

图5-11 成都百花潭出土的战国时期的铜壶上的弋射图

注:引自《探索发现——风筝探源》,央视国际,2004年7月16日。

一、弓和弩的形态

（一）弓的形态

我国 158 块射艺画像石中的弓形态共有 2 种,齐鲁汉画像石中的画面为第一种形态,以莒县东莞镇的东莞村出土的狩猎画像石中的弓为代表(见图 5-12),图 5-12 中自上而下第 3 层用凹形弓射野猪和虎的姿势,第 5 层一人呈弓步的姿势持弓射虎。第二种形态以四川省合川县的沙坪乡出土的狩猎图中的弓为代表,该狩猎图中有 1 人引弓射虎,此弓呈弧形(见图 5-13)。通过对现有记载的画像石拓片考证可知,山东省、江苏省、安徽省、陕西省、山西省、河南省共计 6 省的弓成第一种形态,四川省的江津市、乐山市、内江市(见表 5-3《中国画像石全集》V-32、VI-10、VI-29)、渠县、长宁县(见表 5-3《巴蜀汉代画像集》p10、p113)的弓属第二种,呈弧形。

图 5-12　用凹形弓射野猪和虎的姿势汉画像石拓片

注:引自蒋英炬《中国画像石全集-第 1 卷》图 III-139,山东美术出版社 2000 年版。

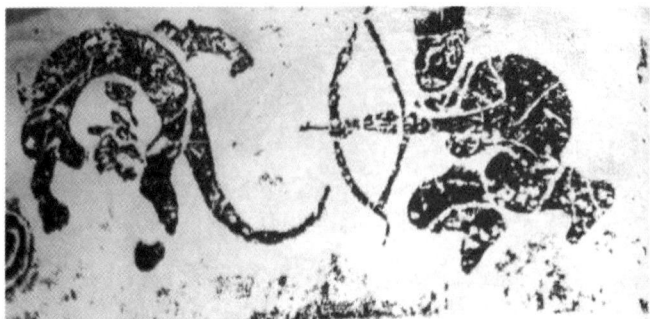

图5-13　用弧形弓射虎的姿势汉画像石拓片

注:引自高文《中国画像石全集-第7卷》图V-60,河南美术出版社2000年版。

(二)弩的形态

汉代的弩和秦代的基本相同,但弩的前端弓的形态却有两种,齐鲁汉画像石中弩的画面为第一种形态,以沂南县北寨村出土的武器库图画像石中的弩弓为代表,库中有3把弩挂于壁上,这3把弩前端的弓中间呈凹形,该形态在山东省、江苏省、安徽省、陕西省、山西省、河南省等6省地域的画像石中经常见到。第二种是四川省中江县的武器库图画像石中的弩,此弩挂于壁上收藏(见图5-14),前端的弓呈弧形,用5层材料捆绑而成,捆绑的点有6处。

图5-14　前端弓呈弧形的弩挂于壁上的武器库图汉画像石拓片

注:引自高文《中国画像石全集-第7卷》图V-38,河南美术出版社2000年版。

二、弓射的方式和动作

有关弓射的射艺图最多,所发现的弓射方式也最多,齐鲁汉画像石中所展现的射艺动作方式有 7 种:立射、弓步射、蹲射、背射、坐射、步行射和跑步射、骑射,而未见有折腰射。折腰射是将身体折成直角向正上方射的动作,这种射的图像见于河南省南阳市出土的画像石(见图 5-15)。该画像石中一人分开两腿,把腰弯折成直角,引弓向正上方射树上鸟。这种姿势多用于射正上方的目标。如,《史记·李将军列传》记载李广见一射手,对三人说这人必是射雕能手。上方正在飞的雕(鹰)距人最近的是和人的垂直距离,如射雕当是采用折腰射为最有利,所以,可以推定李广所说的射雕能手即是擅长折腰射技术的人。折腰射的射技在山中、城内、水战中也常应用,以攻击山顶、高楼、高船上的敌人。

图 5-15 把身体弯成直角射上方鸟的折腰射汉画像石拓片

注:引自王建中等《中国画像石全集-第 6 卷》图 Ⅵ-213,河南美术出版社 2000 年版。

（一）立射

立射是以两足前后开立的站姿用弓将矢射出的方法,这也是弓射最简便、最快速的姿势,常用于狩猎和战斗。由于立射的方向可随意向上方、水平方、下方变更,所以是弓射的最基础技术方式。嘉祥县汉画像石(见图 5-16)中有在室内练习站立射箭技术的内容。对于图 5-16 中的射艺内容,朱锡禄解释为:室内的人欲射右边室外的人,此画像石是表现持弓的人在室内练习立射的动作内容,右边室外的人与室内射箭的人无关。① 另外,枣庄市的市中区齐村镇王山头出土的战争图(见表 5-1《中国画像石全集》枣庄市 I-141)中,右侧有 5 个汉兵,5 个兵均两足前后开立,身体重心在两足中间,用弓箭平射胡人兵,图中的胡人兵也是以弓进行还击。陕西省绥德县的王得元墓出土的画像石(见表 5-2《中国画像石全集》绥德县 V-81)中有立姿向上射的图像,此图像是一人立于树下,引弓射站于树上的鸟,战争时用弓射击山顶和城上的敌人多用此射技。《汉书》中记载:李陵在峡谷,敌人在山上,四方射来的箭如雨,汉军欲向南,但是还不到汗山。仅一日,用于还击山上之敌的箭就达 50 万支,这是汉代军队使用上射技术的例证。

图 5-16　在室内练习立射动作姿势的汉画像石拓片

注:引自朱锡禄《嘉祥汉画像石》,山东美术出版社 1992 年版,第 103 页。

（二）弓步射

用弓步(两脚前后开立,前腿弓,后腿蹬)进行弓射的特点是,比立射身体

---

①　朱锡禄:《嘉祥汉画像石》,山东美术出版社 1992 年版,第 103—105 页。

重心低,两脚前后距离长,有利于全身发力和身体安定。莒县博物馆所藏的狩猎图汉画像石中的第5层中有一人在射虎的画面(见图5-12)。此人在射虎时呈弓步姿态,给人以用尽全身之力的感觉,引弓手形是传统的蒙古式手法,射的角度是水平方向。此类的弓步射还见于嘉祥县和费县的汉画像石(见表5-1《中国画像石全集》嘉祥县Ⅰ-95、Ⅰ-138)。汉代的文献无对弓步射的记载,但是由汉画像石的图像资料证明,汉代人为稳定自身身体而采用弓步射的姿态,并用于弓射移动目标。

(三)蹲射

用蹲的姿势(双腿蹲或单膝跪蹲)弓射是两脚前后单膝跪或两膝弯曲进行弓射的动作。此姿势能使自身身体重心降低并有隐藏射者身体的作用。因此,此种姿势在狩猎和战斗中常被采用,这种姿势的弓射在描写狩猎和战争的汉画像石中比较多见。莒县出土的汉画像石(见图5-12)中的第3层中有一人呈半蹲的姿势在射一头野猪的图像。图中弓矢的方向是斜上方,深蹲的射姿图像见于重庆市博物馆所藏的汉画像石(见图5-13),这个画像石中的人两膝深屈,引弓射虎。战争图中用蹲姿弓射的图像见于苍山县的向城镇前姚村出土的胡汉战争图。图中有人呈半蹲的单腿跪地状态引弓而战(见图5-17),这种姿势和当今日本弓道的"踞射法"大致相同,仅开膝的方向稍有不同。

(四)背射

背射是指和足尖相反方向的射技动作。这个姿势的动作需要将腰转动约90度,头部转180度回身,瞄准射击,其难度相当大,但较实用。譬如,在逃跑时,可突然回身射击追来之敌,因此,背射是重要的射艺技术。嘉祥县武氏祠的战争图中有一兵士前后开脚弓步立于桥的左边,上半身回转,引弓射击追袭来的骑马将军(见图5-18)。背射是重要技术,常在狩猎中加以应用。莒县东

图 5-17　战争图中的单腿跪射汉画像石拓片

注:引自蒋英炬《中国画像石全集-第 1 卷》图 III-113,山东美术出版社 2000 年版。

莞镇出土的狩猎画像石中刻有人两足前后开立,上体回转,用弓射建筑物上的鸟(见表 5-1《中国画像石全集》莒县 III-137),这个人的脚尖和脸的方向相反,可断为背射动作。

图 5-18　两腿前后站立的后转身射姿态的汉画像石拓片

注:引自蒋英炬《中国画像石全集-第 1 卷》图 I-56,山东美术出版社 2000 年版。

（五）坐射

坐射是以坐的姿势引弓将矢射出的方法。由于坐的姿势较站姿引弓发力困难,但是坐射是骑射的基础姿势,是练骑射的必要过程和练习方法。莒县沈刘庄出土的汉画像石中有一幅狩猎图,图中有坐射的动作(见图5-19),图像中有一棵大树,一人坐于树下引弓射树上的鸟。战争中的坐射图见于嘉祥县的武氏祠汉画像石(见表5-1《中国画像石全集》嘉祥县I-75)。图中有一兵士坐于桥的斜面,引弓平射前面骑马持剑的人,表现了战争中兵士利用地形弓射的情形,即坐射。

图5-19　坐姿射树上鸟的汉画像石拓片

注:引自蒋英炬《中国画像石全集-第1卷》图 III-130,山东美术出版社 2000 年版。

(六)步行射和跑步射

步行射和跑步射是人在边步行或边跑步中完成弓射的动作。其射击的目标是固定或是移动的,所以说该动作是一种动态的射艺。邹城市孟庙所藏的胡汉战争的画像石(见图5-20)画面中右侧的士兵边步行边引弓,这个兵的右侧又一士兵也持弓步行作瞄准姿势,这两个士兵是在行进中攻击守在山中的胡兵。士兵边跑边进行弓射的图像见于嘉祥县的五老洼出土的描写战争的汉画像石,该画像石中的士兵呈右足着地、左足后抬的腾空跑步状,同时引弓向持钩镶的士兵发射,该弓射的动作是在向敌人发起攻击或追击时使用。

图 5-20　边步行边引弓射的姿势(左数第 2 人)汉画像石拓片

注:引自蒋英炬《中国画像石全集-第 1 卷》图 I-64,山东美术出版社 2000 年版。

(七)骑射

骑马是汉代人最快的移动方式,所以常作为重要的军事手段和狩猎方式。于是,骑射是汉代人重视的射艺技术之一。骑射的射技有在静止的骑射和行进中的骑射两种方式。射的方向主要有下、前、后等。射的目标有静止和移动两种。汉画像石中的骑射姿势各种各样。用骑射方式射杀前面敌人的图像见于嘉祥县五老洼出土的战争图(见图 5-21),画像石中有一人骑马追另一骑马逃跑的人,后面的人呈引弓射击前面人之状,骑马的前弓射技术多用于追击时使用。

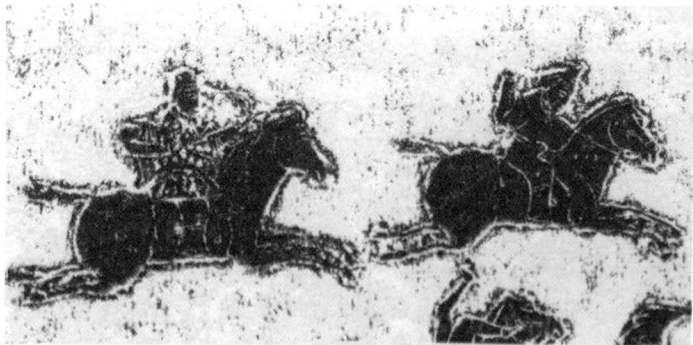

图 5-21　骑马的前弓射汉画像石拓片

注:引自蒋英炬《中国画像石全集-第 1 卷》图 I-102,山东美术出版社 2000 年版。

三、弩射的方式和动作

弩的使用过程包含蹶张（引弓弦）和发射（瞄准、勾弩机发射），此两个过程在齐鲁汉画像石中均能见到，通过调查汇总可知齐鲁汉画像石所展示的弩射方式主要有蹶张、前上方的立姿弩射、牛车弩射三种。另外三种方式为单腿跪姿水平方向的弩射、弓步的斜上方弩射、骑马弩射。单腿跪姿水平方向的弩射方式见于河南省南阳市王庄出土的汉画像石，石中刻有一人单腿跪姿持弩射鹿，其矢射的方向是前水平方向（见图5-22）。该人持弩做瞄准姿态，据出土文物考证汉代的弩大多装置瞄准具，还称其为"望山"，有的望山上有刻度，可根据其目标的距离调节弩的角度。河北省满城的西汉中山靖王刘胜墓就出土了刻有刻度望山的弩，望山的原理和现代步枪的准尺原理相同，可提高射击的准确度。《史记》中记述：项羽和汉王刘邦阵前对话，项羽隐藏弩手，一射便中汉王，汉王负伤逃奔成皋。项羽和汉王刘邦阵前对话应当保持一定的安全距离，可推断弩手当使用有"望山"的弩，以保证一箭射中。弓步的斜上方弩射方式见于四川省江津市的崖墓出土的画像石，石中刻有一人呈前后弓步，两手持弩向斜上方向射击的姿态（见图5-23）。前后弓步持弩的姿态可使身体安定，利于准确射击，这种姿势的斜上射可应用于攻城，射击城上的敌人。《后汉书》中记有攻城弩射的情况：围城数十重，列营数百里，云车十余丈，瞰临城中，旗帜蔽野，尘土连天，钲鼓声闻百里，或挖地道，或冲輣撞城，积弩齐发（连发式弩），矢下如雨，城中之人，负户（门板）而汲水。骑马弩射方式见于河南省唐河针织厂出土的汉画像石（南阳汉画像馆）车骑行列图，马车的前面有二人骑兵单手持弩上举（见图5-24），可以看出这二人是马上的弩射骑兵，匈奴兵引弓回射，进行反击。二人的马呈狂奔的状态，表现出激烈战斗的气氛。汉画像石中的战争图和狩猎图表现骑兵持弩平射的图像很多，骑兵的弩射是在追击敌人时采用的射艺。

图 5-22　单腿跪姿利用瞄准具瞄准前水平方向的汉画像石拓片

注:引自王建中等《中国画像石全集-第 6 卷》图 VI-151,河南美术出版社 2000 年版。

图 5-23　前后弓步,两手持弩向斜上方射击的汉画像石拓片

注:引自高文《中国画像石全集-第 7 卷》图 V-32,河南美术出版社 2000 年版。

（一）蹶张

蹶张是引拉弩的弦的过程。沂南县北寨村出土的汉画像石中有一人口衔矢,两足踏弩的弓,两手引拉弩的弦的蹶张图。画面上显示,7 人的左右各画有 3 支肘臂,以表示拉弓弦时的肘臂移动状。汉代以石为单位来计算弓和弩的拉力。1 石约是 30.24 公斤,西汉时期的弩大约是 6 石的拉力,其射程约

图5-24 二人骑兵单手持弩的汉画像石拓片

注:引自王建中等《中国画像石全集-第6卷》图Ⅵ-4,河南美术出版社2000年版。

2060米。5石以上的弩如用手来拉是不可能拉开的,因此,要用两足踏弓部,两手拉弩弦,用腰和全身的力气才能拉动。汉代把这些能拉开强弩的士兵称为"蹶张材官",并把弩兵视为步兵部队中的核心力量。以上的蹶张是立式蹶张,调查中还发现了坐式蹶张,济南孝堂山石室的汉代画像石中刻有坐式姿态引弩和仰卧姿态引弩图(见图5-25)。关于这种引弩的姿态,汉代文献中未见记载,因此,由齐鲁汉画像石的资料可以证实汉代有两种蹶张的方法即立式蹶张和坐式蹶张。

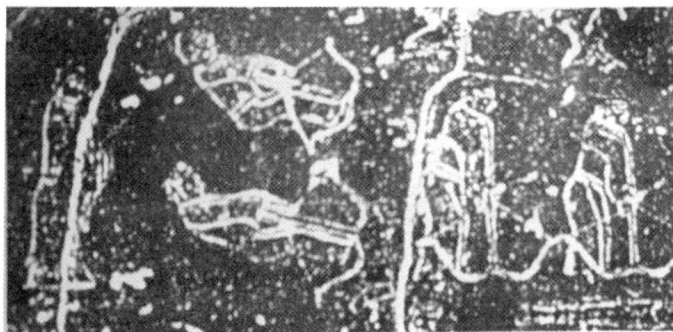

图5-25 由坐姿引拉弩的汉画像石拓片

注:引自蒋英炬《中国画像石全集-第1卷》图Ⅰ-42,山东美术出版社2000年版。

(二)前上方的立姿弩射

济宁市出土的汉画像石有一人立于船上,两手持弩射天空中的飞雁。这个人的眼不注视弩,而是在注视和判断雁的飞行速度(见图5-26)。《淮南子》这部汉代文献对用弩射鸟类有如下记载:"强弩弋高鸟,走犬逐狡兔,此其为乐也。"弩的上方射在军事方面和弓的上方射同样,主要用于射击上方之敌。立姿的上方弩射练习图像还见于枣庄市小西山出土的西汉画像石,石中有一人立姿持弩,射前上方的圆形靶(见图5-27)。

图5-26 站立船上,两手持弩向上射空中飞雁的汉画像石拓片

注:引自蒋英炬《中国画像石全集-第1卷》图Ⅱ-2,山东美术出版社2000年版。

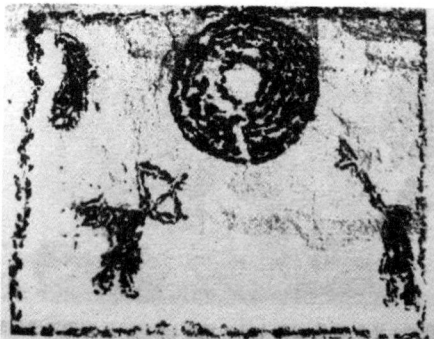

图5-27 持弩射圆形靶的弩射练习的汉画像石拓片

注:引自《文物》1997年第12期,第40页。

(三)牛车弩射

在长清县孝堂山石祠堂的西壁发现牛车弩射的狩猎图(见图5-28),牛车上有二人,一人坐于牛车前面呈持弩而射的样子,好似猎取前面的鹿、豹、兔、猪等动物,该人的后面有一人持戟守护,这架牛车仅架一头牛,图中牛车处于停止前进的静止状态,牛车的静止当有利于弩射的命中率。

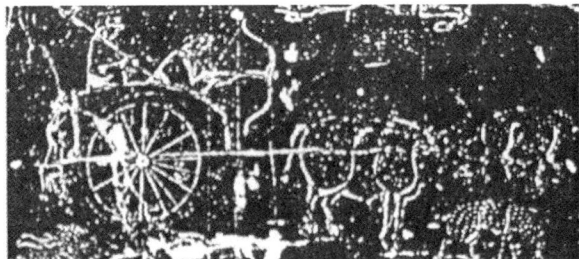

图5-28　坐在牛车上弩射的汉画像石拓片

注:引自蒋英炬《中国画像石全集-第1卷》图I-43,山东美术出版社2000年版。

四、弓和弩的携带和收藏方法

弓和弩的携带法及收藏法是人在移动时弓和弩的状态以及在武器库的保管状态。这和射艺有直接的关系,是保证正常使用弓和弩的方法。

(一)携带方法

山东省安丘县和滕州市桑村镇西户口村及临沂市白庄出土的汉画像石画面显示,弓的携带方法有徒步和骑马携带两种,是将弓挂于腰,手持矢徒步行进的图像。另外,骑兵将弓挂于马鞍后的弓套内,矢也放入箙内。这种持弓的方法还见于山东省安丘县和滕州市桑村镇西户口村及临沂市白庄出土的汉画像石。弩的携带方法有单手持、双手持、肩扛、骑马手持四种。单手持弩的方法有持弩的前端或后端,一般将弩置于侧。山东省微山县两城出土的汉画像石中有一车马队列图,图中的马车和骑士中间有四人单手持弩在前端行走(见图5-29)。两手持弩的方法见于山东省济宁县出土的狩猎图汉画像石,图中一人双手持弩于胸前呈行进状态,此人后有行进中的马车(见图5-30)。

图 5-29　单手持弩的前端出行(右 4 人)的汉画像石拓片

注:引自蒋英炬《中国画像石全集-第 1 卷》图 I-49,山东美术出版社 2000 年版。

图 5-30　双手持弩于胸部前方的狩猎图汉画像石拓片

注:引自蒋英炬《中国画像石全集-第 1 卷》图 II-2,山东美术出版社 2000 年版。

(二)收藏方法

弓和弩的收藏见于山东省沂南县北寨村出土的东汉晚期画像石的武器库图(见表 5-1《中国画像石全集》沂南县 I-191),武器库图中有三把弩挂于墙壁,三把弩的弩弦松开,呈现长期收藏的样子。《后汉书》中有"连年据守,官吏士兵疲劳,甲胄中生虮虱,弓弩不得松弛其弦"的记载。据此,弓和弩在长期收藏时应松弛其弦,但是由于战争而不得松弛弓和弩的弦。《淮南子·说林训》中有"狡兔得而猎犬烹,高鸟尽而强弓藏"的句子。汉代的弓和弩主要在武器库中的陈列架及墙壁上悬挂收藏。

第三节　齐鲁汉画像石中的射艺活动举隅

一、狩猎图中的弓射与弩射画面

1.庄里狩猎图画像石

滕州市羊庄镇庄里村出土,东汉,山东博物馆藏(馆藏号 A0105);原石尺寸为纵 60 厘米、横 270 厘米、厚 30 厘米。画面左为椎牛、刺虎、僧人骑大象,右端为狩猎场面,有人拉弓在射(见图 5-31)。

图 5-31　庄里狩猎图画像石

注:课题组采集于山东博物馆,2017 年 8 月。

2.前姚狩猎图画像石拓片

1973 年苍山县城西向城乡前姚村出土,东汉,现存于苍山县文化馆;石面纵 73 厘米、横 225 厘米,浅浮雕。画面分两层:上层,狩猎图,五猎人执刀、牵犬、执弩、捧竿追扑鹿、鸟;下层,六只有翼的龙、虎、异兽翻腾相咬,两端饰双菱纹(见图 5-32)。

图 5-32　前姚狩猎图画像石拓片

注:课题组采集于苍山县文化馆,2018 年 8 月。

3.潘家疃山林围猎画像石拓片

1966年在费县北部垛庄镇潘家疃发现东汉画像石墓,选用十四石,原址封存。拓本纵48.5厘米、横233厘米。山林狩猎,左、中部刻树木丛茂的山岗,内有禽兽;猎者荷毕、牵犬,发矢射野猪;右边一人执戟赶牛车,车上载毕、乘三人(见图5-33)。

图5-33 潘家疃山林围猎画像石拓片

注:引自杨爱国《中国画像石集萃-5》图85,山东美术出版社2019年版。

4.两城连理树狩猎图画像石拓片

微山县北部两城镇附近出土,东汉中后期(公元89年—220年),曲阜孔庙藏;石面纵94厘米、横90厘米。画面分三层:上层,龙、虎、熊;中层,七人排坐;下层,连理枝树上有猴、鸟,树下中间一人端坐,两旁左右各一人张弓仰射,另有一羊、一马(见图5-34)。

图5-34 两城连理树狩猎图画像石拓片

注:课题组采集于曲阜孔庙,2018年8月。

5. 两城狩猎图画像石拓片

微山县北部两城镇附近出土,东汉中后期(公元 89 年—220 年),微山县文化馆藏;石面纵 70 厘米、横 65 厘米。画面分三层:上层,鹿、兔和一对猪;中层,人物、六博游戏;下层,大树上栖满雀鸟,树下有人骑马,有人端坐,有人旁立,有人张弩射鸟(见图 5-35)。

图 5-35 两城狩猎图画像石拓片

注:课题组采集于微山县文化馆,2018 年 12 月。

6. 大故县村狩猎图画像石拓片

1957 年在邹县西南大故县村出土,原地保存。石面纵 83 厘米、横 41 厘米。大树一株,根部作双虎一头形,树上有羽人、凤鸟口衔联珠,树下二人弯弓仰射(见图 5-36)。

7. 孔门弟子狩猎图画像石拓片

1993 年在邹城市面粉厂出土,东汉中期,邹城孟庙藏;石面纵 45 厘米、横 245 厘米。画面分两层:上层为孔门二十四弟子,下层为狩猎站立弩射(见图 5-37)。

二、战争图中的弓射和弩射画面

1. 风伯、胡汉交战、献俘图画像石

1981 年嘉祥县城东北五老洼村出土,东汉早期,山东石刻艺术博物馆藏;石面纵 123 厘米、横 82 厘米。画面第三层右面二人持弓对射(见图 5-38)。

图 5-36　大故县村狩猎图画像石拓片

注:课题组采集于邹城孟庙,2018 年 8 月。

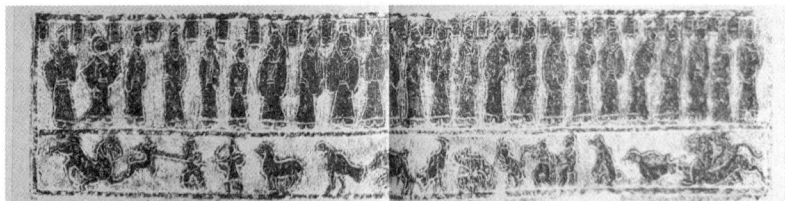

图 5-37　孔门弟子狩猎图画像石拓片

注:引自杨爱国《中国画像石集萃-35》图 67,山东美术出版社 2019 年版。

2. 胡汉交战蛇戏画像石

1980 年嘉祥县满铜乡宋山出土,东汉早期,山东省石刻艺术博物馆藏;石面纵 115 厘米、横 65 厘米。画面分两层:上层胡汉交战,一汉骑兵正搭弓欲射杀逃亡的胡骑(见图 5-39)。

3. 胡汉交战画像石

1963 年滕州市城东山亭出土,东汉,藏于山东博物馆(馆藏号 A0158);原石尺寸:纵 24 厘米、横 155 厘米、厚 36 厘米。画面右端汉军设瞭望楼,楼前二

图 5-38　风伯、胡汉交战、献俘图画像石

注：课题组拍摄于山东石刻艺术博物馆，2017 年 8 月。

图 5-39　胡汉交战蛇戏画像石

注：课题组拍摄于山东石刻艺术博物馆，2017 年 8 月。

弩弓手,二骑兵追赶胡兵,胡兵尸横于野,二胡骑回头张弓远击,仓皇逃遁(见图 5-40)。

图 5-40　胡汉交战画像石

注:课题组拍摄于山东博物馆,2017 年 8 月。

4.胡汉交战图画像石拓片

1973 年苍山县下庄公社城前村出土,苍山县文化馆藏;石面纵 51.5 厘米、横 169 厘米,中列残。车骑过桥,大桥上轺车接连而行,两导骑正下桥,左上角一胡骑回身张弓欲射(见图 5-41)。

图 5-41　胡汉交战图画像石拓片

注:引自杨爱国《中国画像石集萃-5》图 115,山东美术出版社 2019 年版。

三、弋射图画面

1.微山县两城弋射图画像石拓片

(1)微山县北部两城公社附近出土,原石保存于微山县文化馆;石面纵 67 厘米、横 66 厘米。大树一株,枝头数鸟;树下系一马,一人弯弓仰射(见图 5-42)。

图 5-42　微山县两城弋射图画像石拓片（1）

注：课题组采集于微山县文化馆，2018 年 12 月。

（2）石面纵 90 厘米、横 92 厘米。大树一株，上有羽人、凤鸟、人首鸟身者和飞鸟；树下二人张弓仰射，一人牵马（见图 5-43）。

图 5-43　微山县两城弋射图画像石拓片（2）

注：课题组采集于微山县文化馆，2018 年 12 月。

2. 张家村弋射画像石拓片

曲阜市姚村镇张家村出土，东汉中期（公元 89 年—146 年），曲阜孔庙藏。石面纵 92 厘米、横 39 厘米。树上一对鸟，树下二人张弓仰射（见图 5-44）。

图 5-44　张家村弋射画像石拓片

注:课题组采集于曲阜孔庙,2018 年 8 月。

3. 城南张弋射画像石拓片

1970 年济宁市城南喻屯镇城南张村出土,原石移存于济宁博物馆。石面纵 154.4 厘米、横 50 厘米。画面分四层:第三层,右一人射鸟(见图 5-45)。

图 5-45　城南张弋射画像石拓片

注:课题组采集于济宁博物馆,2017 年 8 月。

4. 潘家疃弋射画像石拓片

1966 年费县北部垛庄镇潘家疃出土,原址封存。拓本纵 103 厘米、横 128 厘米。多角三层楼阁一座,下层周围有栏杆,内坐主人和侍从等;楼脊上有二人张弓射鸟(见图 5-46)。

图 5-46 潘家疃弋射画像石拓片

注:引自杨爱国《中国画像石集萃-5》图 93,山东美术出版社 2019 年版。

5. 王村弋射画像石拓片

1975 年东平县宿城乡王村出土,东汉中期(公元 25 年—220 年),泰安市博物馆藏。石面纵 155 厘米、横 99 厘米。画面主题明确,一人单腿跪地张弓射鸟(见图 5-47)。

图 5-47 王村弋射画像石拓片

注:课题组采集于泰安市博物馆,2018 年 8 月。

第六章 齐鲁汉画像石中的武术活动

汉画像石中的武术动作图像在体育史领域的某些教材、论文中也多被当作资料采用,但是其研究深度还远远不够。中国武术是人们社会生活的组成部分,历史久远,产生于军事体育。据史料记载,4500 年前的黄帝时代已有徒手及各种兵器使用的武术练习。因此,武术活动至少可以追溯到人类的原始社会末期,以后,武术经历了漫长的时期,特别是由于战争的需要,促进了武术技艺的进一步提高。到春秋战国时期,各种哲学理论开始融入武术理论,丰富了武术的指导思想;到了汉代,武术进一步发展,汉画像石中刻画的武术画面就是最好的历史见证。

第一节 我国武术汉画像石的数量与分类

本书对有关武术的汉画像石选定是以刻有徒手武术动作和器械武术动作的画像石为标准。但是,战争图中的搏斗图中虽有持武术器械动作,但多是搏杀前的准备动作或击杀时的动作,难以确定其武术动作的习练类型,故本章不以选定收录。

一、我国武术汉画像石的数量

通过实地调查、查阅公开出版的汉画像石图册及《文物》等刊物,对我国汉画像石中刻画的武术图像进行了统计(见表6-1、表6-2)。由统计可知,我国武术汉画像石出典记载分布数量总计45块,最多的为山东省,有18块;其次是陕西省,有10块;安徽省、江苏省、河南省、北京市和四川省有少量分布。

武术汉画像石的制作年代则依据其出典处的记载而断定,即是公元前48年—公元5年的画像石,其他的武术汉画像石大多是东汉(公元25年—20年)的产物。由此,本章考察的汉代画像石所镌刻的武术内容是公元前48年到公元20年间的事情。

表6-1　山东省武术汉画像石分布与数量出典统计表

出典处	器械练习图	器械比武图	器械表演图	拳术图
《中国画像石全集》	4图: 曲阜县 I-72、安丘县 I-114、临沂县 I-72、金乡县 II-22	5图: 昌邑县 II-126、邹城市 II-80、滕州市 II-168、II-181、II-182	2图: 曲阜县 I-84、邹城市 II-66	1图: 微山县 II-50
《微山汉画像石》	5图: p9、p20、p25、p29、p34	—	—	—
《文物》杂志	—	—	—	1图: 莒南县－1965年第5期 p16
数量	9	5	2	2

表 6-2　我国其他省域武术汉画像石分布与数量出典统计表

出典处	器械练习图	器械比武图	器械表演图	拳术图
《中国画像石全集》	7图： 江苏省1图：徐州市Ⅳ-48；陕西省3图：神木县Ⅴ-173、横山县Ⅴ-174、靖边县Ⅴ-178；河南省2图：南阳市Ⅵ-96、Ⅵ-158；四川省1图：璧山县Ⅶ-135	5图： 江苏省3图：徐州市Ⅳ-3、Ⅳ-31、Ⅳ-39；安徽省2图：宿县Ⅳ-116、定远县Ⅳ-163	—	2图： 安徽省2图：宿县Ⅳ-133、定远县Ⅳ-160
《陕北汉代画像石》	6图： 陕西省6图：神木县p23、p73、p74，绥德县p107、p149、p185	—	1图： 陕西省1图：神木县p29	—
《淮北汉画像石》	1图： 安徽省1图：淮北市p80	—	1图： 安徽省1图：宿县p149（也有拳术内容）	—
《南阳两汉画像石》	—	—	—	2图： 河南省2图：p12、p16
《文物》杂志	2图： 北京市丰台区-1966年第4期p53，河南省唐河县-1973年第6期p39	—	—	—
数　量	16	5	2	4

二、我国汉画像石中武术图的分类

由表6-1、表6-2的统计可知,我国汉画像石中雕刻的武术画面主要有器械练习图、器械表演图、器械比武图、拳术图四类,形象地反映了汉代武术的发展。

（一）器械练习图

关于武术器械的练习见于《后汉书·李章传》，记有西汉末年在农民起义军的打击下，各地豪强纷纷筑坞自保。他们"葺治墙屋，修门户，设警守备……缮五兵，习战射"，在庄园经济的基础和提高军事训练水平上和农民军形成对抗。东汉的开国皇帝刘秀就是依靠这些庄园武装为基础镇压了农民起义军而建立了东汉政权，刘秀建立东汉封建王朝后，曾多次试图解除这种庄园武装及武术器械的练习活动，但都未能奏效。1975年成都曾家包出土的"庄园手工作坊"汉画像石上，除刻有织锦与酿酒等人物之外，还刻有竖立于场中央的兵器架，架上有矛、戟、三头叉、环手刀、弓矢与甲铠等装备。可见，庄园武术练习在这一地区的存在，其习武形式是以器械为主。

器械练习是武术练习者按预先设计好的套路进行的单人或两人的器械练习，是古代的一种身体运动活动，其作为被葬者的社会生活内容被雕刻于画像石上。练习器械的种类有单人的单斧持盾练习（见图6-1），双人的有钩镶和剑对钩镶和剑、单剑对钩镶和剑、长矛对单剑、长矛对戟、长矛对剑和盾、双剑对单剑、棍对徒手、刀和盾对棒、短双戟对棒、长戟对钩镶和剑、剑和盾对剑和钩镶等12种。由此可见，汉代武术用的兵器主要有盾、斧、钩镶、剑、刀、长矛、短戟、长戟、棍、短棒10种。其中钩镶是汉代产生的一种兵器，《释名释兵》解释"钩镶"："两头曰钩，中央曰镶，或推镶，或钩引，用之皆宜也。"《丛书集成初编》（第1151册）中也有"推镶可以敌，钩引可以刺杀，集进攻与防护于一体"的描述。

值得一提的是，北京地区以前没有汉画像石出土，但是1965年在丰台地区出土了汉画像石，而且其雕刻艺术具有身体线条和轮廓极为简练的特点，与其他地区的汉画像石雕刻风格相比，可以说是别具特色。图中一人左手持短柄斧，右手做举盾防护动作，整个身体呈单腿跪姿，此种单人的器械练习动作和短柄斧兵器在汉画像石中实不多见。

图 6-1　单人单斧持盾练习的汉画像石拓片

注:引自《文物》1966 年第 4 期,第 53 页。

(二)器械表演图

器械表演多刻于汉画像石的百戏图中,多是表现墓的被葬者在生前观赏各种表演的娱乐活动。"百戏"脱胎于先秦演武校阅的"讲武之礼",因此,汉代百戏除仍保留着先秦时期与军事训练有关的技能竞赛或演练外,同时也吸收军事器械演练的内容并称为"武戏",即汉画像石中的器械表演图。

器械表演图的场面大多刻有大鼓和乐队及观众,这是区别于器械练习和器械表演的主要标志(见图 6-2)。图 6-2 刻画的是大鼓及乐队伴奏的剑术对长棍表演,也有无大鼓仅乐队伴奏和观者的器械表演图,如图 6-3 刻画的是坐观器械表演图,图左边有二人操琴伴奏,有三人席地而坐观看长戟对钩镶和剑表演,表演者右旁有一人持剑站立,似要进行下面的表演。值得注意的是,陕西省出土的一块画像石虽无观众,但是刀对钩镶和剑的表演者上方有舞台幕,因此,也可断定为器械表演内容(见图 6-4)。

需要说明的是,有关图 6-2、图 6-4 的解读,有学者认为是比武图,但是本研究认为图 6-2、图 6-4 中有大鼓和乐队伴奏,是按音乐节奏进行的武术器械

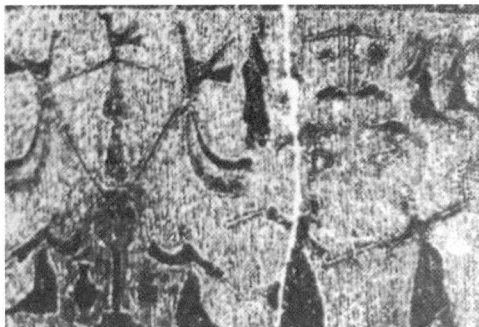

图 6-2　有大鼓及乐队伴奏的长戟对钩镶和剑表演的汉画像石拓片

注:引自信立祥《中国画像石全集-第 4 卷》图 IV-48,山东美术出版社、河南美术出版社 2000 年版。

图 6-3　坐观剑和钩镶对长戟表演的汉画像石拓片

注:引自赖非《中国画像石全集-第 2 卷》图 IV-39,山东美术出版社 2000 年版。

图 6-4　刀对钩剑者,上方有舞台幕的器械表演的汉画像石拓片

注:引自《陕北汉代画像石》,陕西人民出版社 1995 年版,第 29 页。

表演,比武则是比赛性质的,紧张决胜过程中音乐很难给予伴奏,所以,如将这类图判定为比武图,显然是欠准确的。类似这样的分析偏差,在现行的汉画像石著作中也有描述,建议进一步审视和考证。

（三）器械比武图

器械的技击比武作为一项休闲娱乐活动是不同于军队训练和战场厮杀的,它既要表现士兵器械的技能,也要在一定程度上保障比武者的生命和人身安全,同时还要有判定胜负的标准。如山东省曲阜市出土的汉画像石刻画了两个武士头戴头盔面具,身着盔甲手持刀剑进行比武的画面。比武中有裁判的汉画像石如图6-5的画面显示,画面中左右二人右手各持木棍,即以木棍代剑,左手各持钩镶做防护状,左边的人用棍击中右边人的面部,中间的裁判就在这时抓住二人持兵器的手并做出裁决胜负的状态。有学者把中间的人解释为观者,本书认为观者不可能也无权用两手同时抓住比赛者的持刀臂的袖口,更不可能在左边人的脸部被击中的瞬间抓住二人的两臂之袖,只有裁判才会有这样的技能。另外,观众不可能离比赛者这样近,如近则影响比赛,离比赛者这样近的人,只有裁判才可能,正如现代体育比赛中的击剑、散打拳击等比赛那样。从图6-5画像上看,比武的二人身着的宽大袍衣,作为防护之用,很像现代日本的剑道比赛时所用的防护服装,这种宽大的袍衣可防备比赛时被对方击伤肢体部位。

图6-5　有裁判的比武的汉画像石拓片

注:引自杨爱国《中国画像石集萃-3》图75,山东美术出版社2019年版。

类似此图的比武在汉末魏初的文献《典论·自序》中有所描述,魏文帝曹丕和奋威将军邓展以甘蔗代剑比武,曹丕击中邓展的手臂及面部,此记载被收入《中国古代体育史》。这个故事也说明汉末贵族爱好比武和为安全起见而采用非真武器比武的情形,汉代的墓葬将比武图刻入墓穴,可推断被葬者是爱好武功的上层之人。

比武汉画像石的出土,说明了东汉末年的兵器技击技术发展很快,《三国志·魏书·文帝纪》的注引《典论自序》中有"不少技击高手都集中到京师,因而在统治阶层中,通过兵器等技击比赛,切磋交流技艺,也成为一种时尚"的记载。

(四)拳术图

拳术在汉代称为手搏,即空手搏斗之术,手搏以体现空手攻防格斗技巧为运动特征,也是使用器械技击的必要基础。《汉书·艺文志》中载有《手搏》六篇,归于兵技巧。班固称:"技巧者,习手足,便器械,积机关。以立攻守之胜者也。"班固强调"手搏"的作用是练习手足,从而达到练习者兵器械技击水平的提高。西汉时期,拳术就已开始被纳入休闲娱乐的活动内容之一。《汉书·哀帝纪赞》中记载:"孝哀雅性不好声色,时览卞、射、武戏。"当时的"卞"即为手搏,角力的武戏。到了东汉,手搏发展较快,出现了"空手入白刃"类的表演或练习方式。

本研究发现拳术图画像石 8 块,其分布情况是陕西省 4 块,山东省 2 块,安徽省 2 块。其中有 1 块是单人练习图。2 块是二人的拳术对练表演图,1 块是单人对双人拳术练习图。单人的拳术练习图见于安徽定远县出土的汉画像石(见图 6-6),一人正在做弓步的前后分掌动作。此动作类似拳术的"野马分鬃"动作,其人呈弓步,两手前后分开,像在练习利用手、肩、臂挤靠将对手倒地的动作。双人拳术的表演图见于安徽省宿县出土的汉画像石(见图 6-7),高书林在《淮北汉画像石》一书中把此图解释为"鸿门宴与公莫渡河舞"。本研究认为则不同,第一,左边 2 人持有钩镶这一兵器,《史记·项羽本纪》第七中的"鸿门宴"一节无此记载;第二,左边 2 人兵器交对互相攻击,而《史记·项羽本纪》中的"鸿门宴"一节中也无记载;第三,把右边 2 人说成是表演早已失传的"公莫渡河舞"则无根据。"公莫渡河舞"是反映项羽兵败欲渡乌江而船夫劝其渡河,然而项羽不肯渡河而自刎的故事。本书认为,此图与"公莫渡河舞"的故事情节无关。图6-7中的右二人都头戴一样的高冠和穿束腰袍服,无一人是船夫打扮,也无一人是身着战斗盔甲的项羽的打扮。如果是扮演自杀前的项羽,有一人应持有宝剑,此二人却没有。因此,可判定此二人不是在跳"公莫渡河舞"。另外,从图6-7中的2人亮掌和步法及身体姿态看,右3是在做拳术中的托掌动作,右2是在做前后分掌动作;右3是在进行并步动作,右2是在进行虚步动作;右3是进行防守的身体姿态动作,右2是进攻的身体姿态。该图的最右边端坐的一人应是被葬者,是他生前正在观看武术的器械和拳术表演情形。三人的拳术表演即一人对双人的动作,刻画这类动作的画像石出土于河南省南阳市(见图6-8)。图中右边一人对左边二人,左边的人亮双掌跨步进击,中间的人做半号步右手亮掌左手勾手动作,右边的人做弓步右亮拳左亮掌动作,表现出一种紧张气氛。一人对双人的拳术表演的动作编排较一对一人的拳术表演的编排要复杂得多,因二人的动作要连续紧密,不容许出现等待现象,此图的出现可以说明汉代的拳术表演编排艺术已达到一个较高的水平。

图6-6 单人拳术练习的汉画像石拓片

注:引自信立祥《中国画像石全集-第4卷》图Ⅳ-160,山东美术出版社、河南美术出版社2000年版。

图 6-7　两人对练表演的汉画像石拓片

注:引自《淮北汉画像石》第 149 页。

图 6-8　单人对双人拳术练习的汉画像石拓片

注:引自《南阳汉代画像石刻(续编)》图 12。

三、武术图在汉画像石中的位置

汉代墓室一般分为前室、后室二室墓和前、中、后三室墓,后室是被葬者的主室,存放棺木,主室、中室的刻画内容在第一章的第五节中已详述,前室的画像石主要描绘被葬者生前所经历的内容。武术是被葬者生前参与、观看的活动,汉代画像石中的武术如上所述可分为器械练习图、器械表演图、器械比武图、拳术图,共计四种。这四种图是作为被葬者生前的武术练习、比武、娱乐的社会活动,其中以表演为目的而举行的武术活动是作为当时百戏的内容之一。描绘武术练习、比武、娱乐这些活动的画像石被广泛刻于墓的前室,墓的前室画像内容反映了被葬者在厅堂、庭园、野外的活动。早些时候和现出土的汉画像石大多无出土记录,无从考察其在墓中的位置。近年来,经文物部门系统挖掘的汉画像石墓均有各石的墓中记录,有关武术的图像多被刻在前室的门楣、门柱上。考察发现,有许多武术汉画像石刻于石椁和石棺上,石椁的武术图有记载的是徐州市沛县栖山汉墓中的椁内侧见(见图6-2),石棺上的武术汉画像多刻于侧面,如四川省的璧山县出土的石棺。

由以上分析可以清楚地了解到有关武术的内容主要刻在墓室前室的石门楣和门的立柱之上,石棺多刻于侧面,表明被葬者生前是爱好或参加武术活动之人。另外,武术的内容不仅在墓室的汉画像石和石棺的汉画像石上有发现,而且在汉代石阙中也有发现。山东省莒南县发现的汉代石阙就是例证,阙如前文所述,是中国古代门前的建筑物,起到让人们对这些门引起注意的作用,也有在其上观察敌情的作用,因此也叫"观"。阙也是用来张贴法令和布告的地方,于是在阙的周围多雕以画像,在我国已发现了25座汉石阙,但刻有武术内容的石阙仅一处。阙周围的画像多表现百戏、狩猎、神话故事、马车的队伍、神话中的野兽、贵族的豪华生活等内容。

第二节　我国汉画像石呈现的武术动作

以武术动作身体活动特点为基准分类,武术动作大体可由手法、身法、步法及头部动作构成。由所收集到的汉画像石资料来看,手法、身法、步法及头部动作构成内容均有武术动作画面。

一、手法

由收集到的汉画像石资料确定的武术拳术的手法有拳、掌、勾手三种。这三种手法主要表现在拳术图里。如《南阳汉代画像石刻(续编)》中有三人对练拳术练习图(见图6-8),此图中右边一人对左边二人,左边的人亮双掌跨步进击,中间的人做半弓步右手亮掌左手勾手动作,右边的人做弓步右亮拳左亮掌动作。

亮掌的武术动作在淮北的汉画像石中也有发现,是二人对练的拳术动作。另外,河南省南阳市的汉画像石中有一徒手与持棍者对练的画面(见图 6-9),左边一人也正在做右手亮掌和左掌推棍的动作。由此可见,掌在汉代的拳术中不仅用于攻击动作也用于对器械的防守动作,徒手者与持棍者练习的重要手法就是用掌推拨抓拿,画面左边的人所做的动作正是这种手法的具体表现。

图 6-9　徒手对棍亮掌动作的汉画像石拓片

注:引自《南阳汉代画像石刻(续编)》图 16。

勾手的动作见于河南省南阳市的汉画像石的斗兽图(见图 6-10)。图中的人呈两手的前后勾手状,与身前的怒牛和身后的猛虎相斗,图中的勾手动作非常明显,是在用勾手勾防牛角的攻击。在汉代的《论衡》儒增篇中有“以勇夫空拳而暴虎者,卒然见寝石,以手椎之,能令石有迹乎”的记载,说明汉代拳术者的勇敢和力量。勾手的武术手法作用是勾开进攻者拳掌、兵器等,如图 6-10 中的人正是用这种手法防御牛的进攻。

图 6-10　斗牛、虎的勾手动作图汉画像石拓片

注:引自《南阳汉画早期拓片选集》第 76 页。

二、身法

武术的身法是指腰部和胸部的上半身动作,主要有前倾、侧倾、后仰动作。

(一)上身的前倾动作

上身的前倾动作主要用于攻击对方,在武术汉画像石画面中"微前倾"的动作多见,但是也有大幅度的前倾动作。如陕西省绥德县出土的汉画像石中的武术练习图(见图 6-11),图中上方左边一人右手持剑,左手用钩镶防守;右边一人右手用剑前刺,其上身前倾与地平面近平行的位置,其前臂和上身下沿与前小腿成 90 度的角度,这样的身体前倾是使攻击范围达到最远距离的动作。在现代武术中的上身前倾攻击动作多伴有前脚迈出呈弓步的动作,正好与以上汉画像石中的该类动作相吻合,这充分说明中国武术的弓步冲拳、器械的弓步突刺等技术动作在汉代就已存在。

图 6-11　上身前倾动作的汉画像石拓片

注:引自汤池《中国汉画像全集-第 5 卷》图 185,山东美术出版社 2000 年版。

（二）上身的侧倾动作

上身的侧倾动作主要用于躲闪对方攻击，同时可便于用眼观察对方。如河南省南阳市出土的汉画像石中有徒手对棍的练武图（见图6-12），图中左边一人双手左右张开，上身左侧倾与地面成45度角，其人两眼注视右边持棍攻击者。此类的侧身动作还见于河南省南阳市出土的拳术对练图（见图6-8）。

图6-12　上身侧倾动作的汉画像石拓片

注：引自王建中等《中国汉画像全集-第6卷》图195，河南美术出版社2000年版。

（三）上身的后仰动作

上身的后仰动作主要用于躲避对手的攻击，此类的动作见于陕西省绥德县四十里铺出土的汉画像石（见图6-13），图中演武者的左边人持剑和钩镶，右边人双手持长戟。右边持长戟者被左边人用剑刺面部而身体后仰45度躲避。

图6-13　上身后仰动作的汉画像石拓片

注：引自《陕北汉代画像石》图33。

三、步型和步法

步型是指两脚移动后瞬间的下肢动作的造型,如弓步、马步、仆步、虚步等。步法是指两脚前后、左右移动的各种方法,如上步、进步、跨步等。步型和步法常伴随攻击或防守的动作。《论衡》的"物势篇"中记载"顿刀短矛,手足缓留者负",说明了汉代人对武术中步法的重视。考察共发现汉画像石中存有弓步、马步、跪步、仆步、虚步五种步型,进步、跨步两种步法。

（一）步型

1. 弓步

弓步这一步型常在攻击对手时使用,如图6-3所示的单剑对剑和钩镶的练习中,左边的两人是典型的弓步单剑突刺动作。又如,图6-13中所示的左边的人用钩镶勾开对手的长戟后做单剑弓步直刺的动作,使用长兵器者也同样用弓步做攻击动作。如图6-12中所示的右边人用棍做的前捅动作,在现代武术的拳术中称为弓步冲拳动作,器械中称为突刺动作。

2. 马步

马步步型是武术中横向半蹲姿势的站立,其重心稳,可用于对峙、攻击等动作。马步因其像骑马姿势,故称马步。山东省滕州市官桥镇出土的一块汉画像石(见图6-14),刻画的是三人的演武图,中间一人横持剑于腰前呈马步姿势,从画面上看,此人似与持斧人呈对峙状态。现代武术中的马步可做冲拳、推掌等攻击动作,但在考察中未发现此类动作图像。

3. 跪步

跪步步型主要有半单膝跪步和单膝跪步两种,此种步法可使上身部位下移,多用于躲闪对手对自己身体上部的攻击。如图6-12中的左边人用半单膝跪步躲闪对方刺己胸或颈部的剑。单膝跪步姿势的武术图像还见于北京丰台区出土的汉画像石(见图6-1),图中一人持斧持盾做单腿跪地姿势,呈现

图6-14　中间的人呈马步持剑姿势的汉画像石拓片

注:引自赖非《中国汉画像全集-第2卷》图17,山东美术出版社2000年版。

出进行演示或习练套路的武术动作状态。

4.仆步

仆步步型在武术汉画像石中多见,如图6-9中的左方之人和图6-12中的左方之人均在做拳术的仆步动作。仆步动作能在保持身体重心稳定的前提下,最大限度地降低身体的高度,这种步法多是在躲避对方攻击时使用,同时结合上体的后仰动作而进行的。仆步在器械武术图中也多采用,如图6-14中右方持戟之人为躲避对方刺来的剑而采用仆步的上体后仰动作,在拳术图中的仆步也用于攻击动作,如牵拉对手使其失去重心,但是考察中未发现此类动作图像。

5.虚步

虚步步型是在武术中将其身体重心全部移到后一条腿的动作姿势。该动作主要是在身体重心后移的同时拔剑、擒拿对方攻击的手臂或武器,并为下面重心前移的攻击做准备。如图6-15中的左方人在做虚步左手拔剑动作,同时将右手武器挥至身后做好攻击准备,此图表现了短兵器对练表演中的虚步运用。考察也发现长兵器中的对练的虚步动作,如图6-16中的右方之人做长矛虚步拨挡剑的动作则是长兵器中的虚步运用。

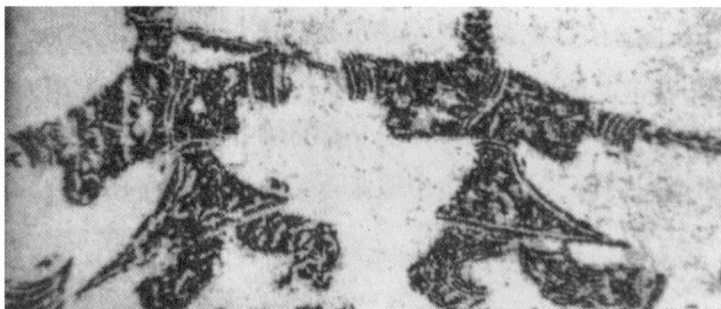

图 6-15　左方人做虚步左手拔剑动作的汉画像石拓片

注:引自赖非《中国汉画像全集-第 2 卷》图 80,山东美术出版社 2000 年版。

图 6-16　右方人做虚步长矛拨挡剑动作的汉画像石拓片

注:引自杨爱国《中国画像石集萃-3》图 28,山东美术出版社 2019 年版。

(二)步法

1. 进步

进步步法是在防开对手攻击之后靠近对手伺机攻击的移动步法(见图 6-17),画面中右 2 用枪弓步直刺,中间人用钩镶勾右 2 的枪后做进步挥刀动作。从图像看,此人欲进行下一步的挥刀砍击动作,如图 6-16 中的左方之人也是用进步,同时用前手抓对手枪杆如做下一步攻击动作。

图 6-17　胡汉交战中的进步动作的汉画像石拓片

注:引自杨爱国《中国画像石集萃-3》图 94,山东美术出版社 2019 年版。

2.跨步

跨步步法是武术中用一只脚蹬地、一只脚大步前跳并有腾空动作的步法。此步法多用于突然向前攻击对手或突然向前拨打对方武器,具有攻击范围大、快速的特点。如图 6-18 中的上左方人、下右方人的持剑跨步刺向对手,对手用钩镶跨步防御。此图像表现的是跨步攻击和跨步防御的练习。另外,河南省南阳市出土的拳术斗牛虎图汉画像石(见图 6-10)中的人物在做跨步勾手的防御动作。表现拳术对棍图汉画像石(见图 6-9)中的右方之人做持棍的跨步攻击动作。由此可知,在汉画像石中拳术、徒手对器械、器械对器械的武术练习均有表现跨步动作的图像。

图 6-18　持剑跨步突刺和持钩镶的跨步防御动作的汉画像石拓片

注:引自汤池《中国汉画像全集-第 5 卷》图 229,山东美术出版社 2000 年版。

四、头部动作

在武术中攻击对方头部是制胜的重要手段,被攻击者多采用低头、后仰来躲避,考察中也发现了汉画像石武术图中的这类动作。

（一）头部侧低

安徽省宿县出土的汉画像石（见图6-7）中左有二人器械表演比武,左边一人使用钩镶和刀,右边一人使用剑。左边人用刀弓步直刺右边人的头部,右边人在将头侧低躲避的同时则用剑弓步直刺左边人的头部,场面非常惊险。这种头部侧低动作具有躲避动作小、反攻击动作快的特点,使对手防不胜防。此图右数第二、三人在表演拳术对练,最右边的人在端坐欣赏这两组武术表演,表现出聚精会神的样子。

（二）头部后仰

山东省邹城市出土的汉画像石比武图（见图6-5）中左右二人右手各持木棍,即以棍代剑,二人左手各持钩镶做防护状,左边的人用棍击中右边人的面部,右边人呈头后仰的躲避状。头部后仰也是武术比赛中最后的躲避技术,如被击中则直接被判为失败,因人的面部是人的重要部位,被对方击中,中间的裁判就在此时抓住二人持兵器的手制止比赛并裁决出比赛胜负。平时练习头部的后仰动作是为练躲避,如在比武中当然要戴面部防护具,如不戴而被击中,肯定要受伤的。

第三节　齐鲁汉画像石呈现的武术画面举隅

据史书记载:"齐鲁之地尚武之风自古兴盛,并十分流行,有拳兴于齐国",可见齐鲁是中国武术的主要发祥地之一。西汉时期,兵民不分,实行义务兵制,各地经常训练预备兵,武艺、械术、骑射成为训兵演练的主要内容。由表6-1的统计可知,齐鲁地区存有的武术活动汉画像石居全国首位。

1.武士对练画像石

金乡县城东香城堌堆出土,西汉元帝至平帝时期(公元前 48 年—公元 5 年),山东石刻艺术博物馆藏。石面纵 89 厘米、横 270 厘米。画面分三格:左格,两武士一持剑另一持长矛对练;右格,一武士瞪目,左右两武士持长矛立(见图 6-19)。

图 6-19　武士对练画像石

注:课题组拍摄于山东石刻艺术博物馆,2017 年 8 月。

2.格斗、蹶张画像石拓本

邹城市东南看庄镇八里河村出土,西汉平帝时期(公元 1 年—5 年),邹城孟庙藏。石面纵 147 厘米、横 177 厘米。画面显示中间二人右手各持木棍,即以木棍代剑,左手各持钩镶做防护状,左边的人用棍击中右边人的面部,中间者举双臂并做出裁决胜负的状态,左一人手指之,右是一武士口衔箭脚蹬弓(见图 6-20)。

图 6-20　格斗、蹶张画像石拓本

注:引自杨爱国《中国画像石集萃-3》图 75,山东美术出版社 2019 年版。

3.持剑格斗对练画像石

1954 年嘉祥县洪山村出土,东汉,济宁博物馆藏。拓本纵 57 厘米、横 94 厘米。画面分三层:下层,左边五人格斗对练,右一人凭几坐,二人跪拜,一人执弓而立(见图 6-21)。

图 6-21　持剑格斗对练画像石

注:引自杨爱国《中国画像石集萃-3》图 94,山东美术出版社 2019 年版。

4.二人持械格斗对练画像石拓片

微山县北部两城公社附近出土,原石保存于微山县文化馆。石面纵 53 厘米、横 54 厘米。画面显示为二人格斗,左执刀、盾,右执刀和钩镶(见图 6-22)。

图 6-22　二人持械格斗对练画像石拓片

注:课题组采集于微山县文化馆,2018 年 12 月。

5.胡汉交战、武打对练乐舞表演画像石拓片

1953年在邹县西南郭里公社黄路屯出土,石面纵113厘米、横292厘米。画面分三层:上层,交战,右方列骑前进,骑前步卒刺杀、俘敌;中、下两层,中树建鼓,两侧有武打、跳丸、戏熊、舞乐等百戏(见图6-23)。

图6-23 胡汉交战、武打对练乐舞表演画像石拓片

注:引自杨爱国《中国画像石集萃-3》图88,山东美术出版社2019年版。

6.持刀和钩镶比武对练画像石拓本

1968年邹县师范学校附近出土,拓本纵70厘米、横134厘米。中一人端坐,左二人执刀和钩镶比武,右一人舞(见图6-24)。

图6-24 持刀和钩镶比武对练画像石拓本

注:课题组采集于济宁博物馆,2017年8月。

7.二人持械格斗画像石拓片

1976年冬,微山湖中的微岛镇沟南村附近出土,汉石椁墓,原地保存。石背面画像,画面分三格:中格下列为狩猎,右下方有二人格斗(见图6-25)。

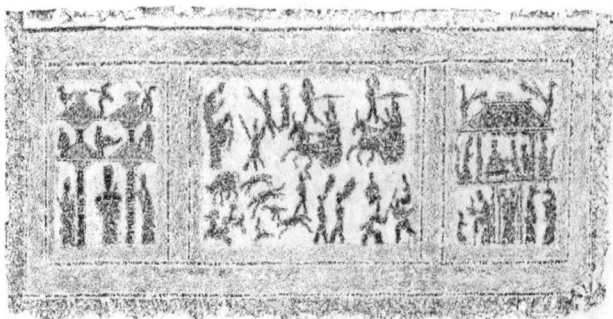

图 6-25　二人持械格斗画像石拓片

注:引自杨爱国《中国画像石集萃-3》图 59,山东美术出版社 2019 年版。

8.徒手对搏画像石

1965 年 2 月莒南县东兰墩村孙氏墓出土,东汉章帝元和二年(公元 85 年),是现存最早的刻有纪年的汉代石阙,山东省石刻艺术馆藏。阙纵 180 厘米、横 52—70 厘米,侧横 18 厘米,身为梯形,上下有榫,画像上下分为四层,第一层下部为两人徒手对搏画面(见图 6-26)。

图 6-26　徒手对搏画像石

注:引自杨爱国《中国画像石集萃-1》图 1-3,山东美术出版社 2019 年版。

第七章　齐鲁汉画像石中的体操活动

现代体操内容丰富,诸如竞技体操的自由体操(含舞蹈动作)、双杠、单杠、吊环、跳马、鞍马、平衡木、高低杠、艺术体操(以舞蹈动作为主)等。就其运动特点来说,可定义为在器械上或徒手,以自身动作为形式,克服自身重力展现身体造型美,并具有一定的艺术和难度的身体运动。因此,古代的体育活动中具有以上现代体操特点的身体活动均可定义为古代体操。研究发现,在汉画像石中刻画了诸多体操活动,对探讨体操项目的发展与渊源具有重要意义。

第一节　我国古代体操发展与考证

一、古代体操的发展

(一)远古时代的体操活动

我国古代体操发展的历史大体经历了原始社会、奴隶社会及封建社会,最后进入到近代社会。原始社会的体操是与原始人的舞蹈分不开的,如青海省大同县上孙家寨出土的 5000 年前的舞蹈纹彩陶盆就反映了新石器时期的体操活动(见图 7-1)。该陶盆的内壁画有三组舞蹈人的形象,他们手牵着手,整齐协调地翩翩起舞,从文物中的舞蹈形象可以得知,原始社会的舞蹈形态在当时已经有了难度较高的集体性舞蹈,这可以说是现代多人艺术体操的鼻祖。对于舞蹈的作用,原始人不仅应用于娱乐、祭祀、求偶、仪式等活动,而且还用于健身。在《路史·前纪》中记有:"阴康氏之时,水渎不疏,江不行其原,阴凝而易閟,人既郁于内,腠理滞着而多重腿(脚肿),得所以利其关节者,乃制为之舞,教人引舞以利导之,是为大舞。"这段历史记载说明,在中国的原始社会后期,人们已经知道运动与健康的关系,这时的舞蹈已成为具备体育性质的体操活动。

图 7-1 青海省大同县上孙家寨出土的 5000 年前的舞蹈纹彩陶盆

注:引自文博在线,见 http://www.wenbozaixian.com。

(二)奴隶社会时期的体操活动

奴隶社会时期的体操活动是原始社会体操活动萌芽后的发展阶段,特别是带有体操性质的舞蹈得到了很大的发展。这种以歌舞形式的体操活动和教育融在一起,内容得到了极大的丰富。在夏、商、西周学校教育的内容,是有文有武文武结合的,包括德、智、体三个方面。其中对于身体训练的要求尤为突出,乐舞是学校教育的主要内容之一。它们按学生的不同年龄学习不同的舞蹈。如《礼记·内则》中有"十三舞勺,成童舞象,二十舞大夏"。勺、象、夏都是舞名,勺是文舞,象、夏是武舞。又按舞蹈的难易与规模,分为大舞、小舞。

小舞主要有五种:帔舞、皇舞、旄舞、干舞和人舞,是成童或成童以前的学生学习的,由乐师教习。大舞主要有七种:云门、大卷、大咸、大韶、大夏、大濩和大武,是年满 20 岁以上的学生学习,由大乐师教授,按严格的规则和要求进行。教习时,设"大胥"管舞者位置及变化,设"小胥"巡视舞蹈行列整齐,有不认真、不守纪律的,要受到训斥或鞭打。

学校进行舞蹈教学的目的有两个:一是,"教之以舞,可以均调其血气,而收束其筋骸,调畅其精神,而涵养其心术。是以血气和平,耳目聪明,移风易俗,天下皆宁";二是,加强道德修养,"教国子以舞,使之委蛇曲折,动容貌,习威仪,就其抑扬进退之节,以消其骄淫矜夸之习"(郭希汾著《中国体育史》)。通过对各种舞蹈的习练,使他们身体得到协调、完美的发展,促进身心健康,懂得各种礼仪规章,行为举止端庄大方,这是我国古代礼仪教育中不可缺少的内容。到了春秋战国时期,由于各国的政治、文化、思想、风俗的不同,其音乐舞蹈也不尽相同,有"赵女善弹、秦娥善箫、郑姬善舞、中山女子舞弹奏俱长"之说。春秋战国时代是中国处于奴隶制向封建制转变的社会大动荡、大变革的时代,其体操内容大为丰富,并作为表演形式出现于"百戏"之中。

(三)封建社会初期的体操活动

封建社会的体操活动继承了奴隶社会的内容,它是一项随着封建经济和人们文化生活的需要其内容更加丰富的体育活动。这一时期的体操活动和以前时期的体操活动相比,无论在内容还是技术水平上都是不能比拟的。我国是世界上由奴隶社会进入封建社会最早的国家,整理和挖掘中国封建社会的休操,特别是封建社会初期的体操活动情况,对体操发展史的研究方面有着重要的意义。

汉代是我国第二个封建朝代,第一个封建朝代是秦始皇在公元前 21 年兼并六国诸侯确立的秦王朝,但它只经历了十五年的时间,汉高祖刘邦继秦朝制度建立了汉封建王朝,汉朝可以说是我国漫长封建社会的初期。在经历了七十多年的休养生息后,到了汉武帝时,经济出现了繁荣景象,汉代社会文化的诸多方面得到了发展,其中体操活动也得到了发展。汉代国力强盛,疆域扩大,西域的一些体操内容也传入中原地区。

恩格斯说:"政治、法律、哲学、宗教、文学、艺术等的发展是以经济发展为基础的。"汉朝时代是中国封建社会的上升时期,统一的、多民族封建国家的建立,经济、政治、文化的发展,人民生活较长时期的相对安定,以及某些统治者的内外运作和对体育的提倡,为当时各类体操活动的丰富和发展创造了有利条件。

汉代社会距今已有两千多年,留传下来记述汉代体操活动的古典文献资料是很有限的。有关体操活动的记载在先秦文献中就有。如《国语》《庄子》《列子》中均有明确记载都卢(杠杆)、优倡侏儒为戏等。汉代是我国体操活动开展非常丰富的封建王朝,而且时间长达四百多年。据汉代文献记载,当时民间的体操活动是非常昌盛的。如桓宽的《盐铁论·散不足篇》记载:"今民间……戏弄蒲人杂妇、百兽、马戏、斗虎、唐锑追人、奇虫、胡妲。"有的文献还记载了某些统治者对体操活动的提倡,如蔡质的《汉仪》一书中记载了汉戏,朝仪中的体操活动:"作九宾散乐……以两大丝绳系两柱间,相去数丈,两倡女对舞,行于绳上,对面道逢,切肩不倾,又蹴局出身,藏形于斗中。钟磬并作,倡乐毕,作鱼龙曼延。"这段文献记载说明汉代统治者对体操活动的提倡,许多体操内容被列入朝仪之中。汉代的体操活动由于统治阶级的提倡和民间活动的兴盛为汉代的体操活动的发展创造了有利条件。

二、汉画像石中体操活动的考证

古典文献中对于有关体操活动的记载非常简洁,一些体操动作的具体内容根本无法知悉。其原因是这些文献的侧重面主要是对历史人物进行传记,而对体操内容不作详细叙述。随着考古事业的发展,近年来出土的汉画像石中存有体操活动画面,出土的文物资料填补了许多历史研究方面的空白。汉画像石文物资料的研究便是其中的一个重要方面,它所表现的体操活动内容丰富、形象生动,足以弥补古典文献记载体操动作过简的不足。

汉画像石资料研究在历史、建筑、天文、美术诸方面都取得了许多重要成果,但是关于体操方面的研究尚属鲜见。为此,本书试图通过汉画像石的体操画面资料对我国的体操活动进行探讨,进而整理成章,以期为体育史的研究提供一份中国封建社会初期的体操史料,从而改变过去那种一提体操发展史就"言必称希腊"的说法。

对汉画像石所存在的体操项目和各体操动作类型进行的考证研究主要以照片图样收取、探讨,将其动作的技术水平和种类加以分析和整理,以展现我们中华民族的古老和文明,同时对汉画像石中体操活动的分布及其数量做一统计,使人们了解汉画像石体操活动资料的出土情况。

第二节　我国体操画像石的分类与分布

汉代的体操活动在汉画像石资料中有着生动具体的反映,内容极为丰富,真实地再现了汉代体操活动的场面。按内容的性质可分为反映社会现实生活的、描绘历史人物故事的、描绘图画祥瑞的、描绘自然景物的四大类,有关体操活动的内容大都在反映社会现实生活的第一大类中。汉代的体操活动是作为一种表现人体能力的项目而出现的,是汉代人们现实生活中的一种活动现象。汉代人把观看体操活动当作一种非常荣耀和重要的事情,所以,他们将生前观看体操活动的场面刻入汉画像石。据此,汉画像石中所反映的体操活动是汉代人真实生活的写照,它的史料内容是可信的。

汉画像石中有各种各样的体操活动,而且有些动作和现代竞技体操中的动作分类相近,即可划分为技巧、器械、骑技、艺术体操动作四个种类,据此制成汉代画像石体操活动分类、分布数量表(见表7-1)。由表7-1可以看出,技巧类可分为倒立、滚翻、手翻、空翻、多人技巧动作练习,其中反映倒立动作的图像达60块画像石;器械类可分为杠杆、平衡器械、复合器械三类动作练习,其主要分布在山东省;骑技类可分为马上站立、马上倒立、马上翻腾三类动作练习,其主要分布也是在山东省,河南省仅发现1块;艺术体操类主要有彩带、球、圈、棒、徒手等画像石中的体操活动练习,这些动作图在6省均有分布。

表7-1 汉代画像石体操活动分类、分布数量表

分类	动作 省份	山东省	河南省	四川省	江苏省	陕西省	浙江省	总计
技巧类	倒立	30	20	6	3	—	1	60
	滚翻	—	1	1	1	—	—	3
	手翻	4	—	1	1	—	—	6
	空翻	4	—	1	1	—	—	6
	多人技巧	3	1	—	1	—	—	5
器械类	杠杆	4	—	—	—	—	—	4
	平衡器械	2	—	—	—	—	—	2
	复合器械	1	—	—	—	—	—	1
骑技类	马上站立	3	—	—	—	—	—	3
	马上倒立	2	1	—	—	—	—	3
	马上翻腾	1	—	—	—	—	—	1
艺术体操类	彩带操	25	22	3	4	1	1	56
	球操	7	7	—	—	2	—	16
	圈操	3	—	—	—	—	—	3
	棒操	3	—	—	—	—	—	3
	徒手操	17	11	2	3	—	—	33

一、体操画像石分布

为了解汉画像石中体操活动图所产生的年代,清晰把握体操活动的汉画像石在全国各省的分布情况,课题组通过实地调查、查阅公开出版的汉画像石图册及《文物》等刊物,对我国汉画像石中刻画的体操图像进行了统计,编制出汉代画像石体操活动分布统计表(见表7-2)。从表7-2可以看出,我国各

省体操汉画像石出土的分布情况,按数量分布依次是山东省、河南省、四川省、江苏省、陕西省、浙江省。

表7-2　汉代画像石体操活动分布统计表

分类	省份（市、县）动作	山东省	河南省	四川省	江苏省	陕西省	浙江省
技巧类	倒立	嘉祥、滕县、莒南、沂水、苍山、临沂、济宁、邹县、鱼台、微山	南阳、唐河、邓县	成都、宜宾、郫县	徐州、铜山、沛县	—	海宁
	滚翻	临沂	南阳	宜宾	—	—	—
	手翻	滕县、微山、临沂	—	宜宾	沛县	—	—
	空翻	安丘、滕县、邹县、微山	—	成都	徐州	—	—
	多人技巧	嘉祥、安丘、苍山、滕县、济宁、邹县、微山、平阴	南阳	—	连云港	—	—
器械类	杠杆	沂南、鱼台、邹县、微山、安丘	—	—	—	—	—
	平衡器械	沂南、滕县	—	—	徐州	—	—
	复合器械	沂南					
骑技类	马上站立	沂南、滕县、临沂					
	马上倒立	滕县、微山	嵩山				
	马上翻腾	滕县	—				
艺术体操类	彩带操	嘉祥、历城	南阳、唐河、邓县	成都、郫县、长宁	沛县、铜山	绥德	海宁
	球操	历城、临沂、滕县、嘉祥	南阳、邓县	—	—	绥德	—
	圈操	滕县	—	—	—	—	—
	棒操	滕县	—	—	—	—	—
	徒手操	微山、邹县、济宁、莒南、滕县	南阳	长宁、成都	徐州	—	—

（1）山东省。体操汉画像石的出土地在全国来说分布数量为最多，有 50 多个县市中发现或出土过汉画像石，其中有许多体操发展史价值很高的史料，如刻画有马上动作和器械动作等画像石。

（2）河南省。发现或出土汉画像石的有 12 个县市，其中以南阳市出土数量最多，以倒立、体操动作图像居多。

（3）四川省。发现或出土过汉画像石的地方共计 11 个县市，多有石棺、墓刻画等形式，反映的体操活动主要是技巧类内容，如倒立、滚翻、空翻等。另外，少有彩带操和徒手操动作刻画。

（4）江苏省。发现或出土的汉画像石主要是省内的北部地区，共有 10 个县市，其中有体操活动的汉画像石出土的是徐州市、铜山县、连云港市、沛县 3 个县市，这 3 个县市汉画像石中的体操活动种类主要是倒立、杠杆和轻器械。

（5）陕西省。该省仅在绥德县发现长袖舞和球操的活动。通过对其拓片进行观察，发现其长袖舞多和武术表演同在舞台之上进行，因舞蹈者上方有下垂的舞台幕布为证，这说明在陕西省的长袖舞是水平很高的表演项目，在那时已被搬上舞台。

（6）浙江省。在杭州湾北岸的海宁县有一长安镇，该地发现一座汉画像石墓，该墓的发掘报告登载在 1984 年第 3 期的《文物》杂志上。虽然是浙江省仅有的一处汉画像石，但是却有技巧类的倒立和长袖舞的动作画面。其中，长袖舞的动作者在空中呈大跳姿势，该动作在其他省出土的画像中未有相同的画面。

二、体操汉画像石的形成与体操活动的关系

通过对汉代画像石中刻画的体操活动的调查梳理，可以窥见体操活动在当时的开展情况。汉画像石出土多的地区，往往也多有刻画体操活动的画像石，二者基本成正比关系。

其一,汉画像石的发展是建立在物质条件之上的。两汉期间社会生产力发展水平较高的是黄河流域的豫、鲁地区,这些地方由于重视兴修水利,使农业得到发展。如山东境内的水利工程,在公元前109年,堵住了汉阳的黄河决口,修了屯氏河。江苏东海这个地方的水利工程在《史记》的河渠书中记载:"东海引巨定(淀),泰山下引汶水,皆穿渠为灌田,各万余顷。"东汉时,河南南阳地区就有破堰几十处,农业灌溉业非常发达。光武帝刘秀时,杜诗任南阳太守重视修治坡塘,开拓农田,发展生产。四川地区土地肥沃,人口众多,早在战国时李冰父子率领人民修建了都江堰水利工程。在《后汉书·第五伦传》中记载:"伦在职四年,迁蜀郡太守,属地肥饶,人吏富实,掾吏家资多至千万,皆鲜车怒马。"陕北地区的农业比以上四个地区稍差些,但是由于与地理条件有关,林牧业较为发达。其地又处关中和北部地区要道,加上历史上的秦国变法经营,经济也较为发达。浙江地区仅一座汉画像石墓出土,故对此不多述。由于经济的发达,为这些地区建造汉画像石墓提供了经济基础,也为开展费用较高的体操及其表演活动提供了经济基础保障。

其二,汉画像石的制作与刻石工具的制作也有相当关系。据《汉书·地理志》记载,全国设有铁官四十八处,冶铁技术的发达往往与汉画像石的普及有关。在山东省、江苏省、河南省、四川省这四个重点地区发现的冶铁遗址中探明,这些地区已能进行"炒钢"技术使生铁脱碳成钢,且盛产煤矿与铁矿,有了钢制工具为画像石的刻作、普及创造了有利条件。

其三,汉画像石的石材问题。汉画像石的发展还要受石材的限制。一般来讲,有山脉丘陵的地带易于就地取材制造汉画像石墓,以上各个省的地理位置上来讲都具备这个条件。如不具备这个条件的地区则使用画像砖来代替。以上四个重点地区都有属丘陵地带的地区,石材条件得天独厚。

其四,文化条件。除物质基础外,还需要具备文化条件,如汉画像石的内容包括许多文化内容,它反映制作者的文化修养。同时汉画像石的制作需要画家和刻石艺术家。山东地区是孔孟之乡,苏北的徐州地区邻近孔孟家乡,陕西是西汉首都所在地,河南是东汉首都所在地,因此这些地区重视文化教育及绘画艺术教育,由此能为汉画像石的制作提供高水平的画家。另外,这四个重点地区及陕西地区文化水平高,乐于开展体操类的活动,以观看体操活动为幸事,并把这些活动刻于墓中以图永乐。

综上所述,体操汉画像石之所以兴盛,主要是由于生产力发达、冶铁手工业技术水平高、地理条件优越和文化观念适合体操画像石发展和流行。生产力的发达为汉画像石的使用提供了经济条件,冶铁业技术水平高为汉画像石的刻制提供了钢制工具。地理条件的优越主要是指汉画像石流行地区多是丘陵地区,为汉画像石的石材取用提供了便利条件。再就是这些地区文化发达,画工较多,而且这些画工要懂得体操动作,只有这样才能把体操动作的特点正确地表现到画像石中去。人们的传统观念提倡厚葬,画像石镌刻内容多,才有可能把体操内容刻入墓葬的画像石。

第三节　我国汉画像石呈现的体操动作

一、技巧体操

(一)倒立动作

倒立动作是汉代体操活动的主要内容之一,在汉画像石中的倒立动作刻有倒立于地上和倒立于一些日常生活用具之上的两种形式。倒立者有单臂、双臂、身体伸直、弯腰、分腿等姿势。山东省诸城县前凉台出土一块阴线条刻的汉画像石,刻有一人身体呈伸直姿势的双手倒立于地上(见图7-2),旁边还刻有跪坐观看的观者。汉画像石中不仅刻有许多身体伸直姿态的倒立,而且还多刻有其他姿态的倒立。如河南省邓县长塚店出土的汉画像石刻有人的倒立,其身体前弯,臀部也向后突出的身体状态(见图7-3)。山东省莒南县

东兰墩出土的汉画像石刻有一人呈头手倒立的姿势,旁有两人在观看(见图
7-4)。反映汉代头手倒立的画像石在邹县郭里也有出土。汉画像石中还多
有表现单手倒立动作的画面和倒立行走的动作。如河南省南阳新店王寨村出
土的汉画像石,其石上刻有一人左手倒立于樽上,右手呈弯曲持物状(见图
7-5)。倒立行走的动作见于山东省嘉祥县纸坊镇敬老院出土的汉画像石,刻
有一人正在倒立行走,腰伸直,腿略弯曲,两腿稍前后分(见图 7-7)。汉画像
石中还有表现倒立跳动的画面,如山东省济宁县城南张的汉画像石,刻有五个
鼓状物,有三人在上做动作,最左一人已呈推离鼓面的腾空倒立跳跃姿态(见
图 7-7),右边一人呈倒立深屈臂欲推之状态。生活器具倒立有樽、鼎案等,
倒立于日常生活用具上的图像(见图 7-5)。另外还有河南省唐河针织厂出
土的汉画像石,刻有一人倒立于高壶之上。河南省唐河辛店出土的汉画像
石刻有一人倒立于樽上,倒立于器具上的动作难度要比倒立于地面上大得
多,如图 7-8 所示。另外,汉画像石中也多刻有在多张桌案上倒立的图像,
其对倒立技术的稳定性及心理素质要求也很高,类似这类动作的画像石在
四川省也有发现。

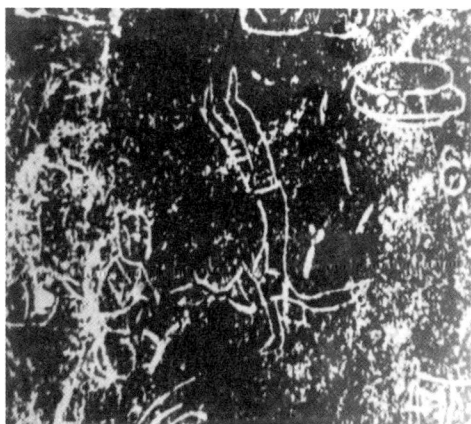

图 7-2 身体呈伸直姿势的双手倒立汉画像石拓片

注:引自杨爱国《中国画像石集萃-1》图 126,山东美术出版社 2019 年版。

图 7-3　身体前弯呈背弓的倒立汉画像石拓片

注:引自南阳汉画像石编委会《邓县长家店汉画像石墓》图 4。

图 7-4　头手倒立汉画像石拓片

注:引自杨爱国《中国画像石集萃-1》图 2,山东美术出版社 2019 年版。

图 7-5　左手倒立于樽上、右手呈弯曲持物状的汉画像石拓片

注:引自《南阳两汉画像石》图 105。

图7-6　倒立行走、两腿稍前后分动作的汉画像石拓片

注:引自杨爱国《中国画像石集萃-4》图15,山东美术出版社2019年版。

图7-7　倒立于鼓上推手腾空动作的汉画像石拓片

注:引自杨爱国《中国画像石集萃-3》图7,山东美术出版社2019年版。

（二）滚翻动作

滚翻动作在汉代称为"冲狭",刻有此类动作的画像石在河南、四川均有发现。如四川省宜宾县汉崖墓画像石棺中刻有一图,图中一人持圆环,一人飞

图 7-8　倒立于樽上的汉画像石拓片

注:引自杨爱国《中国画像石集萃-4》图 75,山东美术出版社 2019 年版。

身欲从环中跃过。由此可推断此人过环双手着地后必然进行前滚翻动作(见图 7-9),该画像石共两层,其中上层有两人长袖舞,一人呈倒立翻动的状态。张衡在《西京赋》中对此动作有所描述:"冲狭燕濯,胸突铦锋。"他对这个动作的姿态作了恰当的描写,形容鱼跃前的滚翻动作像燕子濯水一样轻巧。

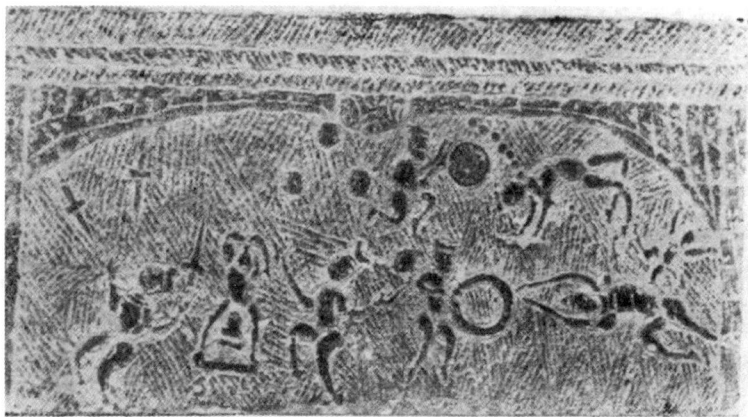

图 7-9　一人飞身做从环中跃过动作汉画像石拓片

注:引自兰峰《四川宜宾县崖墓画像石棺》《文物》1982 年第 2 期。

(三)软翻动作

体操中软翻动作的特点是身体在前后翻的过程中无腾空动作,如前软翻和后软翻。表现软翻动作的图像发现于山东省安丘县董家庄出土的画像石，刻有一人两手撑地、弯腰，按其人的比例来看，其人的双脚离地 20 厘米左右，是软翻过程中的动作（见图 7-10）。软翻动作还见于微山两城出土的汉画像石和济南市无影山出土的西汉前期的杂技组合陶俑中有向后软翻的动作，这表明软翻动作在西汉前期已经存在。

图 7-10　表现杠上软翻动作的汉画像石拓片

注：课题组拍摄于安丘市博物馆，2018 年 8 月。

（四）手翻动作

手翻动作有前手翻、后手翻及侧手翻动作三种，其动作特点是经手着地的身体前、后翻转，在翻转过程中身体有腾空过程。汉画像石中反映前手翻和后手翻的动作也多有发现，如山东微山两城出土的汉画像石（见图 7-11），前面一人（左）正在做前手翻头朝下推手后的动作（向右翻转），此人动作的身体重心已在前面，身体的位置和身体出现的弯度和角度几乎和现今前手翻的情形一样，其人两手已推离地面；后面一人（右）的动作是后手翻正在向后甩臂甩身的一瞬间动作，即两手即将着地面然后收腿的姿势（向右翻转）。有趣的是画面所表现两人动作的腿呈交叉形，前手翻动作者的腿在前，后手翻动作者的腿在后，意为告诉人们动作者的前后方向。

图 7-11　前手翻(左)和后手翻(右)动作的画像石拓片

注:引自杨爱国《中国画像石集萃-3》图 47,山东美术出版社 2019 年版。

(五)空翻动作

体操中的空翻是动作者在身体腾空后完成的身体翻转动作。刻有空翻动作的汉代画像石在山东省曲阜县东风公社旧县村发现。汉画像石刻有庭院、人物、大门双开,院落重深。堂前有人正处直体后空翻头朝下时的空中动作姿态,左旁边的人以单腿跪姿正在伸手保护(见图 7-12)。空翻在初期的练习阶段多是由人帮助和保护完成的,空翻的高度也往往不很高,图 7-12 就是描绘这一阶段的练习过程。四川省成都羊子山 1 号汉墓出土的汉画像石刻有一人在一人之高的空中,身体呈头朝下的反弓形,这个动作就其高度来看,显然是成熟的弯腰直体空翻动作(见图 7-13)。另外,山东省安丘县和微山县出土的画像石还刻有团身空翻的图像。

(六)多人技巧

汉代画像石中不仅有单人项目的技巧,而且还有多人的技巧动作的图像。山东省苍山县城前村出土的汉画像石中刻有双人技巧联合动作,画面底下一人两腿微曲呈前后开立,两臂曲上举一人,上面的人两脚前后站立于下面人的

图7-12 直体后空翻头朝下时的空中动作的汉画像石拓片

注:引自杨爱国《中国画像石集萃-3》图25,山东美术出版社2019年版。

图7-13 弯腰直体空翻动作的画像石拓片

注:引自唐林《四川汉代画像石的艺术成就》,《中华文化论坛》2014年第6期。

手上。此动作类似现代技巧运动的双人"立柱"动作(见图7-14)。类似双人"立柱"的动作在汉画像石中多有发现,而且有的动作在两人配合上达到了很高的技术难度。如山东省济宁县城南张的画像石,刻有一人在向上斜45度绳上走,另一人倒立于他的肩上。又如山东省嘉祥县武氏祠的画像石中,刻有一人呈屈腿倒立姿势,其双手各撑于一鼓上,另一人单手撑于该人的脚上,身体呈水平状态,显然上、下二人是运动中的画面(见图7-15)。三人技巧动作见于山东省滕县官桥出土的汉画像石,最下面的人双手托一圆物,中间的人站立于圆形物之上,其双手也上举最上面的第三人,第三人站立于中间第二人的手上。

汉代画像石中还有表现多人叠罗汉的场面。例如江苏省连云港市的孔望山汉代摩崖造像中就有一叠罗汉图像。该图像中的表演者共 10 人,自下而上搭叠共 5 层。最底的第 1 层站立 3 人,第 2 层 2 人,第 3 层 3 人,第 4 层和第 5 层均 1 人。最底层东侧人 1 手叉腰做曲肘姿势,另外 2 人做弓步姿势,3 人组成 1 个稳固的基础。第 2 层西侧 1 人斜站在第 1 层人的肩上,两臂上举。另 1 人站在底层人的手上,两臂侧平举。第 3 层东侧的 1 人戴假面,称为"象人"。此叠罗汉的场面令人感到紧张和惊险的氛围。类似这类联合的技巧动作还见于山东省董家庄汉墓画像石(见图 7-16),该画像石叠罗汉技巧造型共分 3 层,第 1 层 9 人用立姿、跪姿、倒立、俯撑等身体造型完成基础;第 2 层 6 人用手臂抱扯为一体立于第 1 层的基础之上;第 3 层 5 人身体多用横卧姿势相互牵拉成型,左右两侧的人呈反弓的对称形态。

综上所述,汉代的技巧运动无论是在种类上还是技术水平上都达到了相当高的程度。技巧运动在世界上来说是古老的体操项目,但是,我国在 1800 年前的汉代已经有各种身体姿态的倒立动作、前后手翻动作、空翻等动作以及多人技巧的组合动作,这些种类的动作与现今的技巧动作类别已相差无几,这充分说明我国在汉代已有这些高水平的体操动作。

二、器械体操

器械体操多是指人在器械上完成动作的体操,器械是处于相对固定的状态。汉代的器械体操大体有杠杆、平衡器械、复合器械等,这类器械体操活动在汉画像石中多有发现。

(一)杆杠

杆杠运动在汉代称为"寻橦"或"戴杆"。山东省微山县南沟公社出土的一块画像石中有左、中、右三图,左图就是一幅汉代杠杆器械类动作图,其杆形

图 7-14　手托人,双人"立柱"动作的汉画像石拓片

注:引自杨爱国《中国画像石集萃-5》图 100,山东美术出版社 2019 年版。

图 7-15　单手撑于倒立人脚上动作的汉画像石拓片

注:课题组采集于嘉祥县汉画像石博物馆,2017 年 8 月。

呈"W"形,左、中、右杆顶均有一短横棍,左杆顶一人正在做头手倒立,右边一人在横杆上做单臂倒立。其中有一个人两腿分立于地,双手上举似刚从杆上完成下法动作,还有一人头朝下,身体腾空,正在完成空翻下法,还有一人从斜杆攀登而上,另一人从斜杆上正在倒立爬下(见图 7-17),横杆上单臂倒立动作者的身体重心已不在手上,当是动力性动作的一个过程,图中所表现的空翻

图 7-16　三层多人叠罗汉技巧动作的汉画石像拓片

注:课题组采集于安丘市博物馆,2018 年 8 月。

下法动作说明了这种器械活动的技术在汉代已达很高的水平。另外,表现从杆高处做团身空翻下法的画面还有山东省安丘董家汉墓的寻橦图,图左上方刻有一人从杆旁的空中呈团身姿势,两手抱膝和现代体操中的团身后空翻的空中姿势相同(见图 7-10)。

图 7-17　杠杆器械类动作的汉画石像拓片

注:引自杨爱国《中国画像石集萃-3》图 56,山东美术出版社 2019 年版。

杠杆类动作在山东出土的汉画像石中多见,此类器械一般将杠杆固定,进行动作者一般有上法动作、杆中间动作、杆上动作及下法的动作,汉画像石图像表现这类动作时只能表现个人动作的某瞬间场面,但是汉代的画像石制作者却给我们选取能表现某动作特征的场面。今天我们可以通过这些宝贵资料看出汉代人们早在近两千年前就能完成如此复杂、惊险的器械动作。此类动作在傅玄的《正都赋》中有生动的记载:"乃有材童妙伎……缘修竿而上下……将坠而复续……杪竿首而腹旋,承严节之繁促。"这段记载是说,年少的男女演员沿着杆而上,以腹部为中心在杆上旋转,频繁的握杆上下动作令人惊心动魄。过去认为中国最早的杠杆类运动是清朝末年的"五根棍",即在左右两边两相交叉的两根木棍上横架杠,在横杠上做倒立、回环等动作。由上述汉画像石中的杠杆器械运动资料看,中国杠杆类体操运动的出现至少应提前至两千多年前的汉代。

(二)平衡器械

汉代画像石中所见的平衡器械主要是约一人高的较宽横杠和长绳,动作者在上做一些各种类型的平衡、翻腾、倒立等动作。

山东省滕县宏道院出土的汉画像石刻有一平衡器械,器械由一竖圆柱和柱顶的一横杠组成,横杠的宽度按其画面和人的比例来看约15厘米,杠的右边一人正在做倒立动作,中间一人做单腿站立的平衡动作,左边有一人也倒立于杠上,与右边一人的动作呈对称形(见图7-18),横杠下的地面的右边一人做倒立动作,左边的一人做站立的舞蹈动作,这显然是一个表演性场面。

山东省安丘县董家庄出土的汉画像石(见图7-10),刻有一人举一竖杆,竖杆上有一横杆,横杆上有一人在做软翻的"下桥"动作。在此画地面上也有一人在做倒立及倒立爬行动作,这显然是技巧性很强的表演场面。以上的器械动作很类似现代体操平衡木器械上的某些动作。

在横于空中的长绳上做倒立或行走是难度很高的平衡动作,因为人要在晃动的绳上完成动作,这类动作见于山东省沂南县出土的汉画像石(见图

4-7），图像中刻有一人倒立于一人多高的绳索之上，这类动作汉代称为"高絙"（见图4-10）。《汉元帝纂要》记载："百戏起于秦汉曼衍之戏，后乃有高絙、刀、履火、寻橦等也。"关于长绳上的动作，《大飨碑》有记载："惟延康元年八月……巴俞丸剑，奇舞丽倒；冲狭逾锋，上索踏高"，这里叙述的"上索踏高"即是汉代长绳上平衡一类的动作。这一类走索平衡运动可追溯到公元前七八百年前的春秋时期，是世界上最早的平衡运动。从上述汉代的平衡器械运动的技术来看，可判断在汉代平衡运动的动作是具有很高水平的。

（三）复合器械

在汉代画像石出行图中，往往刻有车、杆、绳复合在一起，人在车上面的杆、绳上做各种体操动作。山东省沂南县出土的汉画像石刻有在三匹马拉行进的车上竖起一杆，杆顶有一人正在小平台上做倒立动作（见图4-13）。此图像中的动作是行进中的演示场面，其车上有三人击鼓为倒立者助兴，有一人驾车，车后有三人步行跟随。此类动作在河南省新野县的汉画像砖中也有发现，该图像中有一人蹲于行进车上两人之高的杆顶端，同时用手牵拉一杆（绳），杆（绳）的另一端由前面的车上的人牵拉，此杆（绳）上有一人边走边做各种动作并保持身体平衡，前面车上也竖一两人高的杆，杆顶端有一横杠，有一人用脚钩住横杠，身体呈倒挂姿势，此人两手平伸各托一人，平伸的一只手上有一人站立，另一只平伸的手上有一人半蹲（见图7-18）。该图中用脚钩住横杠呈倒挂姿势人的手臂力量之大不亚于现代体操吊环中的十字悬垂的两手支撑力量，图中刻画的车行进动作是在两辆车上进行的，需要紧密地配合，其难度之大是超乎人们所想象的，特别是两车之间由杆（绳）牵拉，由于杆（绳）上人在做动作，因此这种牵拉力是变化的，这种变化的力量可能导致车的忽快忽慢而影响上面各表演动作，这需要驾车人的高超驾驭车的能力。该动作图以驾车配合平衡能力、超人力量等各项技术为基础的巧妙造型设计，充分显示了汉代人在展示人控制自身体重方面的练习能力，使我们现代人也叹为观止。

图 7-18　《斜索戏车》汉画像砖图片

注:课题组采集于河南博物馆,2017 年 11 月。

三、马上体操

现代竞技体操中的跳马和鞍马是古老的运动项目之一,它起源于古代的骑技训练。我国的骑技训练在公元前两千多年前的商代就开始了,甲骨文中的"学马"即是训练马匹。到了春秋战国时期由于频繁战争需要,统治阶级更是力倡胡服骑射,骑技训练更为普遍。

到了汉代,由于针对骑马民族匈奴骑兵的作战,骑技训练加强。在骑技训练的基础上,骑技进而发展为具有艺术性的一种表演项目。无论是在大型的庆祝集会及庞大的百戏表演中,还是在雄壮的车马出行中,都有马上动作的表演。这些马上表演的体操动作,有的是在奔腾的马上完成,有的是在静止站立的马上完成。这些栩栩如生的马上体操动作图由汉画像石给我们保存至今。

(一)马上站立

汉画像石中多刻有马上站立的动作。如山东省滕县龙阳店出土的一组汉画像石,其中有 3 块是反映汉代马上动作的,画面共 14 幅,其中有一幅是马呈静止站立姿势,一人站立于马上(见图7-19)。此图中马的四腿与地面呈垂直状态,可判定为静止状态,马上的人两脚前后站立于马背上,右手前伸保持平衡。在山东省沂南县出土的汉画像石的大型百戏表演图中,有一人站立于正在奔跑的马背上(见图7-20),马奔跑四蹄腾空,人在马上站立,左手拿的器械是棒一类的硬物,右手拿的是组合的一类摇甩物,显然此人是用此两种器械站在飞奔的马背上做各种动作表演。当然,如同样难度的动作,在奔跑的马上完成要比在静止的马上难得多。

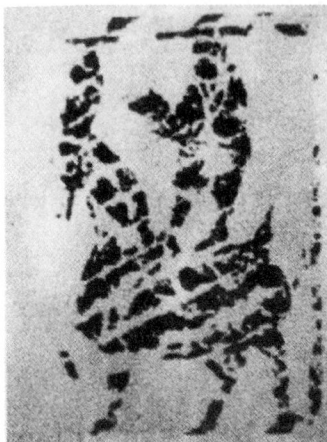

图7-19 一人站立于静止的马上的汉画像石拓片

注:课题组采集于滕州博物馆,2017年8月。

图7-20 飞马之上的轻器械动作的汉画像石拓片

注:课题组采集于沂南北寨汉画像石墓博物馆,2018年8月。

（二）马上倒立

汉画像石中还刻有在马上呈倒立姿势的动作画面,如山东省滕县龙阳店出土的汉画像石中,刻有一人在站立的马上做倒立动作,两腿呈前后分开的姿势(见图7-21)。值得注意的是,此人的头上方有一圆球,可判断此人在马上做的是一套抛球、接球、踢球、头顶球各种动作的球类表演操,但是由于此人在马上做连续动作非常困难,因此极有可能是一个倒立用头顶球、停球的平衡动作。另外,河南省少室山汉代石阙上的汉画像石中有一百戏图,图中刻有一人头手倒立于一匹奔腾的马上,该动作是直腰屈小腿的头手倒立动作,就其头和两手的距离来看,动作要领准确,给人一种安定感。

图 7-21　在站立的马上做倒立动作的汉画像石拓片
注:课题组采集于滕州博物馆,2017 年 8 月。

在汉画像石中还刻有利用马鞍前后突起部分进行体操动作的画面。如山东省滕县西户口村出土的汉画像石刻有一幅车马出行图,其中有一匹马处于静止的站立姿势,马上有人一手握于马鞍的前突起部,另一手握马鞍的后突起部,动作者头正向马尾方向,身体和马背平面约成 70 度角(见图7-22),此人的动作姿态很类似现代鞍马中的"经手倒立转体下"的动作。现代体操中鞍马器械的两环是由马鞍前后突起的部分演变而来,所以可以说该画像石所表现的利用马鞍前后突起所做动作是鞍马运动的最古老先例。

图 7-22 左边马上人利用马鞍前后突起做倒立动作的汉画像石拓片

注:课题组采集于滕州博物馆,2017 年 8 月。

(三)马上翻腾

汉画像石中还有在马背上进行翻腾动作的画面。山东省滕县万庄出土的画像石刻有一人在马背上做前翻动作,身体呈反弓形,两手撑马背前部,两脚呈将落还未着马背后部的状态。该马的前后腿都与地面成垂直角度,说明马是处静止状态(见图 7-23)。山东省沂南县出土的一块汉画像石,刻有一四蹄腾空奔跑的马,马上有一人双手抓马鞍,身体呈直体姿态并和马背平面约成30 度角,身体重心已不在手上,是连续动作过程中的一个图像(见图 7-24)。从此人的身体与马背的角度推断,此人应是利用马鞍的突起部分在奔跑的马上做身体翻转或腾起的动作。据资料记载,国外开始骑技训练是与我国汉代相同时间的罗马帝国开始的,当时只进行一些上马和下马技术的练习。完全利用马鞍做"摆动"练习则是 18 世纪末期的事,到了德国的古茨斯把马鞍换成了铁环。在 19 世纪初还只是一些单纯的跨越动作。从以上汉画像石中的马上动作资料看,我国约在 1800 年前的汉代就已有鞍马体操项目的马上动作,而且达到了很高的技术水平,这些图像可以说是跳马、鞍马项目起源的最早图像资料之一。

图 7-23　在马背上做前翻动作的汉画像石拓片

注:课题组采集于滕州博物馆,2017 年 8 月。

图 7-24　在奔跑的马上做身体翻转或腾起动作的汉画像石拓片

注:课题组采集于沂南北寨汉画像石墓博物馆,2018 年 8 月。

四、徒手和轻器械体操

徒手或手持轻器械动作是体操的内容之一。徒手体操是不持任何器械做各种身体练习的动作。据汉代文献及出土文物证实汉代徒手导引术流行,如汉张良练习的《赤松子导引术》和马王堆汉墓出土的帛画导引图以及湖北省张家山出土的竹简《引书》都是充分的证明。但是,汉画像石中至今还未曾发现一套导引术操图像,仅存个别徒手动作图像。本考察还发现汉画像石中刻有轻器械体操,即长绸(袖)圈、球、棒、带等体操动作图,而这一类的动作在汉代画像石中非常多,下面分而叙之。

(一)徒手动作

徒手操动作见于河南省南阳市出土的汉画像石中,刻有二人并排成蹲立,每人的两手指相对,呈上托状(见图7-25)。从图像上看,二人动作统一、有力,极似现今流行的宋代八段锦中的"两手托天理三焦"动作。这一类的动作图像应属健身操动作。另外,还有一类徒手操以表演的形式出现,如江苏省双沟地区出土的汉画像石刻有一人的徒手操表演,其人上身裸露。类似的徒手操表演在山东省微山县两城画像石中也有表现,该画像石中刻有一人进行徒手操舞的表演,该人四肢皆屈但是角度各不相同,身体似前似后,表现出舞姿生动活泼的状态,该徒手操舞者的旁边有二人进行倒立动作(见图7-26)。这说明徒手操舞中也会出现倒立等难度动作,该图像的最右侧有二人端坐观看,这二人戴帽束装,显示出身份高贵的样子。

(二)长绸、长袖舞动作

汉代画像石中的舞动长绸彩带的体操动作图像非常多,主要表现有长绸舞和长袖舞两类。长绸舞在汉画像石中发现数量较多,它的表演形式和现代艺术体操中的彩带操几乎一样。河南省南阳市石桥出土的一块画像石,画面右边有

图 7-25 双人徒手上托动作的汉画像石拓片

注:引自南阳汉画像石馆《南阳汉画像·石刻》图 62,上海人民美术出版社 1988 年版。

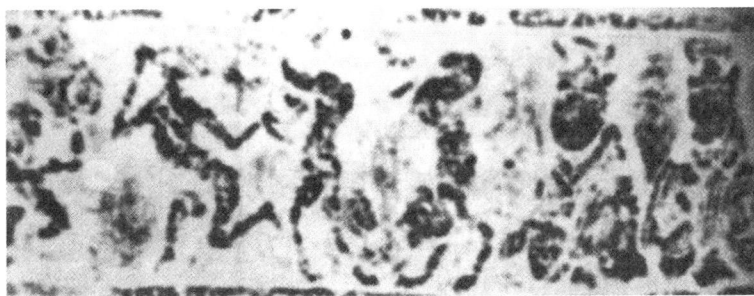

图 7-26 徒手操舞表演的汉画像石拓片

注:引自《微山汉画像石选集》图 14。

二人击掌进行节拍伴奏,并有一人吹箫和之,中间有一女子手持长绸按击掌的节拍进行挥舞,表现巾袖凌空(见图 7-27)。汉代的长袖舞和长绸舞也很相似,有的舞者的袖子长度不亚于长绸舞的长绸,如山东省邹县西户口村出土的一块汉画像石有人挥长袖而舞,后有三人坐而观,长袖舞者身体倾斜,长袖甩向右边呈飘舞状,表现出舞姿婆娑(见图 7-28)。汉代的长绸舞还有将长绸的远端裹一短棍,用以增加长绸的远端分量,以便舞动,如四川成都市扬子山出土的一块画像砖就刻有一舞者双手各持长绸,长绸一端竖裹短棍,长绸翻卷,似猎猎发声。

长绸舞或长袖舞还有集体配合的项目,如山东省邹县王石村出土的一块汉画像石上刻有二人长袖舞的图像,两人举手动作呈对称形(见图7-29),这说明二人的动作是相互配合的。与此画像相同的长袖舞见于河南省唐河县湖阳辛店出土的汉画像石,刻有两人并肩抛袖折腰作舞(见图7-30),旁边有一人做倒立动作,说明长袖舞和技巧动作同时表演。三人的长袖舞见于山东省滕县西户口村出土的画像石,该画像共三层,上下两层是表现观者的内容,中间一层刻有三人长袖舞,左右二人呈腿起跑动姿势的舞姿,中间一人似在做旋转的舞姿动作(见图7-31)。由以上五图像看,长袖舞在汉代已达很高水平,长袖舞在战国的铜器图像中就有发现。汉代长袖舞和长绸舞非常盛行,并有许多擅长其舞的专家,在出土的汉印中多有长袖舞图形,当为这些舞蹈家所用的印章,汉代文献《舞赋》中对长袖舞也有所描述:"抗修袖以翳面兮,展清声而长歌。"

图7-27 女子长绸舞汉画像石拓片

注:引自王建中等《中国画像石全集-第6卷》图5,河南美术出版社2000年版。

图7-28 长袖舞动作汉画像石拓片

注:引自杨爱国《中国画像石集萃-3》图61,山东美术出版社2019年版。

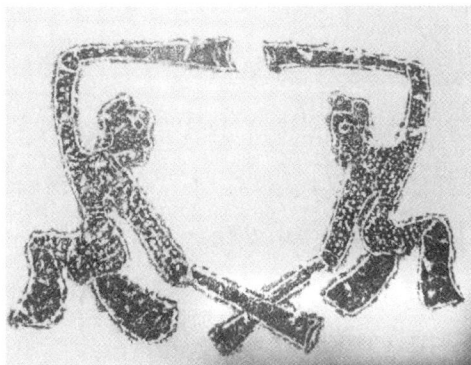

图7-29　二人长袖舞汉画像石拓片

注:引自杨爱国《中国画像石集萃-3》图68,山东美术出版社2019年版。

图7-30　两人并肩抛袖折腰作舞汉画像石拓片

注:引自王建中等《中国画像石全集-第6卷》图37,河南美术出版社2000年版。

图7-31　三人长袖舞汉画像石

注:课题组采集于滕州博物馆,2017年8月。

(三)球舞动作

汉画像石中多有表现球操的活动,这多是球舞动作的画面,而且姿态各异,与这类球操动作相似的有汉代蹴鞠。本章在区别汉画像石中的球操与蹴鞠差别时遵守一个基准,就是图像中动作之人有无用手持球或有用手持球的可能。如图7-28中的马上倒立之人虽其头上的空中有球,可以判断为用头顶球、停球动作。由于其人在马上很难传与他人或继续踢球,在此情况下,马上之人只能用脚夹球,用手接球才能继续动作表演,为此,没有将其判为蹴鞠动作。因此,本书选取的球操图汉画像石均是动作者用手或用物持球进行舞蹈的动作。

河南省南阳市出土的一块汉画像石中刻有一人呈弓步姿势,右手持一球,左手前上伸,表现出动作优美,显然是球操中的一个舞蹈动作(见图7-32)。

山东省嘉祥县五老洼出土的画像石中刻有一人用一手抚球起舞(见图7-33),该画像所表现的是一人在接拿地上之球的旋转状态,其人衣裙在旋转的作用下已飘开成圆状。

一手是长袖,另一手是短袖持球的舞蹈见于山东曲阜县梁公林出土的一块汉画像石,图中刻有一人一手持球而舞,另一手则长袖下垂(见图7-34)。该图像中还有乐队伴奏,中间端坐观者,显然是一球舞表演场面,该图充分说明汉代已把球和长袖的舞蹈结合在一起。

在汉代还有用短棒拨、挑球的舞蹈(见图7-35),该图像见于河南省南阳市出土的汉画像石,图像中刻有一人呈仆步姿势,其人右手拿一前头翘的细物体,左手拿一稍弯的细物体。据此两物的形态看,可以判断不是鼓槌,而且人旁边也无大鼓,可以推定为是用来击球、托球的弯棒。此人身体的前后各有一球,而且前边的球小,后边的球大。球的大小必然给表演者带来一定的动作难度,因为在用弯棒击球、托球时,球的大小变化影响击球、托球的力量,因此击球、托球的表演者必须适应其变化而调整力量。

汉代的球操在进行舞蹈表演时,表演者用弯棒或身体的头、手、膝、脚、胸等部位进行击、碰、顶、托等动作的表演,有一球和两球的舞蹈表演种类,这些动作在现代艺术体操的球操中均能看到。

图 7-32　弓步手持球舞蹈动作的汉画像石拓片

注:引自王建中等《中国画像石全集-第 6 卷》图 133,河南美术出版社 2000 年版。

图 7-33　接拿地上之球的旋转舞蹈动作的汉画像石拓片

注:课题组采集于山东石刻艺术博物馆,2017 年 8 月。

（四）圈舞动作

圈舞操是艺术体操的一个项目,类似圈舞操的圈舞动作在汉画像石中也

图7-34 球和长袖结合的舞蹈汉画像石拓片

注:课题组采集于济宁市博物馆,2018年8月。

图7-35 用短棒拨、挑球的舞蹈汉画像石拓片

注:引自南阳汉画像石馆《南阳汉画像石刻·续编》图6,上海人民美术出版社1988年版。

有发现。山东省济宁市城南张出土的一块汉画像石,画面分两层,上层是车马出行图,下层是百戏图。百戏图中间有一人呈舞蹈姿势,左手抛起,很显然是在进行圈舞(见图7-36)。关于此类图有人认为是舞车轮,但是经笔者对此图分析很难赞同此观点,因此图中的环状物一是无轮的中轴,二是从人和环状物的比例来看与车轮大小不符。在中国古代的车轮都是木制的,由于古代路面不好,车轮都很大,据车马图汉画像石的比例来看,车轮大都和马背同高,因此,车轮直径约1米50厘米,然而从图7-37中的环状物和人的比例看,其直径约40厘米。由此,图7-37中人所舞的应是特制的一圆圈。关于此类的圈舞还见于山东省滕县西户口村出土的一汉画像石中,画面共分三层,中间一层是乐舞百戏图,画面的左下角和右下角是乐队,有吹笙、吹排箫者。画面的中间偏左有一人在乐队伴奏下进行圈舞动作,其人左腿抬起,环在其人大腿上,显然是用大腿将环弹起,同时两手做伸展的舞蹈状。从以上的两例汉画像石的圈舞来看,汉代的圈舞的圈环直径均不太大,主要动作应是把圈抛接和使圈在舞者身体各部位的滚动动作。

图 7-36　左手抛圈动作的汉画像石拓片

注:课题组采集于济宁市博物馆,2018 年 8 月。

(五)棒操

棒操也是现代艺术体操中的一个项目,类似棒操的动作在山东省和河南省的汉画像石中也多有发现。例如,山东省滕县龙阳店出土的一块汉画像石,画面分两层,下层是一组骑行图,上层是一组乐舞百戏图,有长袖舞、弄丸、摇鼓舞、建鼓舞等。图右边有一人左手拿一棒,右手长袖,正在翩翩起舞(见图7-37)。该图的棒操是手握棒的一端进行的。握棒中间的棒操舞见于山东省滕县大郭村出土的六博乐舞汉画像石,其人双手各持一棒,手握棒中间,面部向上,右腿屈膝上抬,身体呈后仰姿势起舞(见图7-38),旁边还有观者。类似动作的汉画像石在河南省南阳市石桥也有出土,这块画像中刻有一人呈大仆步姿势,两臂前后平举,双手各持一棒进行舞蹈动作。

图 7-37 长袖棒舞汉画像石拓片

注:引自杨爱国《中国画像石集萃-4》图 47,山东美术出版社 2019 年版。

图 7-38 双手各持一棒中间起舞汉画像石拓片

注:引自杨爱国《中国画像石集萃-4》图 92,山东美术出版社 2019 年版。

现代徒手体操和艺术体操中的持轻器械体操一般都认为是 19 世纪末至 20 世纪初在欧洲瑞士出现的。据上面汉代画像石的资料证明,徒手体操和持轻器械类体操表演活动在 1800 年前的汉代就已出现,而且和现代艺术体操的项目极为相似,动作也具相当水平,反映出中国古代文明的灿烂辉煌。

第四节　齐鲁汉画像石呈现的体操画面举隅

齐鲁区域体操活动画像石分布在嘉祥县、滕州市、邹城市、微山县、曲阜市、汶上县、沂南县、苍山县、安丘市、五莲县、高密县、诸城县、历城县等18个县市。从这些县市来看，主要分布在济宁、临沂、泰安、潍坊4个地市，其中以济宁地区出土地最多，达8个县市。

1.嘉祥县五老洼画像石

1981年嘉祥县五老洼出土，东汉早期（公元25年—88年），山东博物馆藏，画面左侧刻一人倒立画面（见图7-39）。

图7-39　嘉祥县五老洼画像石

注:引自杨爱国《中国画像石集萃-4》图17，山东美术出版社2019年版。

2.曲阜旧县村画像石拓本

曲阜东北东凤张旧县村出土，东汉中期（公元89年—146年），曲阜孔庙藏。画面刻有庭院人物，堂前院中有伎人练习后仰空翻（见图7-40）。

3.微山县两城画像石拓本

微山县北部两城乡附近出土，原石保存于微山博物馆。

（1）石面纵69.5厘米、横130厘米。画面下层左端刻有两人相对倒立，双

图 7-40　曲阜旧县村画像石拓本

注：引自杨爱国《中国画像石集萃-3》图 25,山东美术出版社 2019 年版。

腿相交,较为罕见,另有一跳丸者一腿跷起,一人反腰着地出其胯下,表现出较好的技巧水平(见图 7-41)。

图 7-41　微山县两城画像石拓本(1)

注：引自杨爱国《中国画像石集萃-3》图 47,山东美术出版社 2019 年版。

(2)石面纵 72 厘米、横 141 厘米。下层右边刻有一人脚立束腰器上,反躬下腰,两手支于三足樽上,一人跳丸等画面(见图 7-42)。

4.滕州西古村画像石

1982 年滕州市岗头镇西古村出土,东汉晚期(公元 147 年—189 年),滕

图 7-42 微山县两城画像石拓本（2）

注:引自杨爱国《中国画像石集萃-3》图 48,山东美术出版社 2019 年版。

州市博物馆藏。石面纵 86 厘米、横 130 厘米,画面左侧刻有一人倒立在三足樽上,一人跳丸等画面(见图 7-43)。

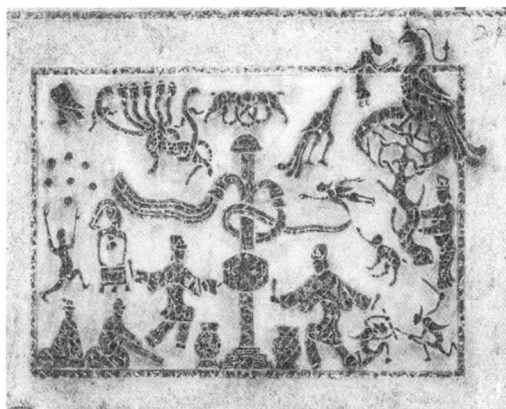

图 7-43 滕州西古村画像石

注:课题组采集于滕州市博物馆,2018 年 8 月。

5.滕州龙阳店画像石

滕州市龙阳店镇附近出土,东汉晚期(公元 147 年—189 年),山东博物馆藏。原石面纵 97 厘米、横 94 厘米,刻有倒立技巧、建鼓乐舞、习剑、跳丸等画面(见图 7-44)。

图 7-44 滕州龙阳店画像石

注:课题组采集于山东博物馆,2017 年 8 月。

6. 沂南北寨汉画像石拓本

1954 年 3 月沂南北寨村出土,东汉晚期(公元 147 年—220 年),沂南北寨汉画像石墓博物馆藏。石面纵 50 厘米、横 236 厘米。画像刻有倒立、飞剑、跳丸,顶橦戴竿、盘舞、马戏、戏车等多种技巧、器械与平衡动作画面等(见图 7-45)。

图 7-45 沂南北寨汉画像石拓本

注:课题组采集于沂南北寨汉画像石墓博物馆,2018 年 8 月。

7. 邹县汉画像石拓本

1968 年邹县师范学校附近出土,济宁博物馆藏。石面纵 78 厘米、横 164 厘米。右格两层:上层,乐舞杂技。右边一卧羊座的建鼓,两旁有击鼓和奏乐者,在树建鼓的长竿顶,两边斜拉两条绳索,8 人在绳索上表演,有的抱膝而蹲,有的拉手相戏,有的顺索而躺,有的立索下滑,有的肩载倒立人缘索而上,有的跳丸(见图7-46)。

图7-46　邹县汉画像石拓本

注:引自杨爱国《中国画像石集萃-3》图92,山东美术出版社2019年版。

8.嘉祥县五老洼画像石拓本

1977年嘉祥县城关分社五老洼村出土,山东博物馆藏。石面纵53.5厘米、横153厘米。画面中三人手抚球起舞、倒立、跳丸,两旁摇鼗、吹排箫、吹笙、吹笛、敲鼓、抚琴等乐人伴奏(见图7-47)。

图7-47　嘉祥县五老洼画像石拓本

注:课题组采集于山东博物馆,2017年8月。

9. 沂水县韩家曲画像石拓本

1972 年沂水县韩家曲村出土,东汉,沂水县博物馆藏。石面纵 82 厘米、横 183 厘米。画面分两层,下层:倒立、跳丸(见图 7-48)。

图 7-48　沂水县韩家曲画像石拓本

注:引自杨爱国《中国画像石集萃-5》图 76,山东美术出版社 2019 年版。

第八章　齐鲁汉画像石中的蹴鞠活动

第一节　蹴鞠的渊源与考证

对中国蹴鞠的研究是国际上的一个热门课题,因为它与球类活动特别是足球运动的起源有关。关于蹴鞠起源的文献记载,西汉时期的学者刘向曾在他的著作《别录》中这样记述:"蹴鞠者,传言黄帝所作"(《太平御览》卷七五四)。对于黄帝时代有蹴鞠活动的记载还见于出土文物。

1973年,考古工作者在湖南长沙马王堆三号西汉墓发现了帛书《十六经·正乱》。其中记述有黄帝战胜蚩尤之事,内容是:"……黄帝身禺(遇)之(蚩)尤,因而擒之。……充其胃以为鞠。使人执之,多中者赏。"约在四千六百多年前,中原的黄帝部落与南方的蚩尤部落在涿鹿(河北涿州)进行了一场战争。黄帝部落取得了胜利,擒杀了蚩尤。为了发泄余恨,黄帝便将蚩尤的胃塞满了毛发,做成鞠球让士兵们踢。黄帝时代还没有文字记载,所有的社会文化都是口授相传的,但是传到汉代还是有一定可信度的。以上的史料可以说明中国在四千六百多年前就已有蹴鞠活动。

在中国的正史中有关蹴鞠的记载最早见于《战国策》和《史记》,这两书都记述有关蹴鞠的同一条资料。成书于公元前2世纪的《史记·苏秦列传》中记述的:"(苏秦)因东说齐宣王曰:'临淄甚富而实,其民无不吹竽鼓瑟,弹琴击筑,斗鸡走狗,六博蹴鞠者。临淄之途,车毂击,人肩摩,挥汗成雨,家殷人足,志高气扬。'"关于战国至西汉初的蹴鞠活动记载见于另一部文献,晋人葛洪所辑、旧题刘歆所撰的《西京杂记》卷二中记载:"太上皇徙长安,居深宫,凄怆不乐。高祖窃因左右问其故,以平生所好,皆屠贩少年,沽酒卖饼,斗鸡蹴鞠,以此为欢。今皆无此,故以不乐。高祖乃作新丰。"其意是说,刘邦平定天下做了皇帝后,他父亲刘太公当了太上皇,但并不满意终日闷闷不乐。于是,刘邦派人到刘太公处暗自打听,才知太上皇以前在家乡时酷爱踢球,经常同一些杀猪摆摊的好友们在一起蹴鞠取乐。自从住进宫中,没有了过去的老朋友,没有人陪他斗鸡蹴鞠,因此心中不畅。于是,刘邦就命人仿照原来家乡丰邑(今江苏省丰县)的样子,造起了一座新城,并将其父亲的一班家乡旧友、屠贩少年迁往这里。从此,太上皇又可以和他的故旧们在一起蹴鞠斗鸡了。这件事的发生时间是在西汉的初年(公元前 2 世纪初)。刘邦的父亲经历战国末、秦、汉初三个朝代,这确切地说明在他生活的这三个朝代的时间段里存在着蹴鞠活动。

一、汉代蹴鞠活动的时代背景

在西汉初期存在蹴鞠活动的例子不仅有刘邦父亲蹴鞠的历史记载,还有一例可以确定汉初蹴鞠场地的存在。如西汉初期时的皇后吕雉迫害戚夫人,"使居鞠域中"(把刘邦的妃子戚夫人关在鞠球洞窟中迫害)。《史记》中关于这鞠球洞窟的记载,证明西汉初期已经有了蹴鞠活动。据文献记载,两汉时期的蹴鞠活动盛行,就连九五之尊的汉代皇帝也多有喜好蹴鞠的。譬如汉武帝(公元前 154 年—公元前 87 年)游览各地时一定会举行"弋猎、射驭、骑马、蹴鞠",由此可知,西汉中期的皇帝也爱好蹴鞠活动。

另外,西汉后期的元帝(公元前 33 年—公元前 9 年)、成帝(公元前 8 年—公元前 2 年)等也非常爱好蹴鞠,如《西京杂记》卷二中记载汉成帝过于热衷练习蹴鞠而引起大臣们的担心。在皇帝的提倡下,蹴鞠在贵族和庶民之间也广为流行,其不同的是,贵族们主要为锻炼身体和娱乐,庶民则多是为了提高军事技能。西汉的汉武帝时期许多贵族喜爱蹴鞠活动。《汉书·东方朔传》第三十五中记载董偃深受君上宠幸,当时天下无人不晓,郡国的一些游艺犬马和蹴鞠高手、剑客等都归集于董君门下,他们经常随君上在北宫游玩,在上林苑平乐观一带骑马驰骋,观看斗鸡和蹴鞠及犬马比赛,使君上的心情非常愉快和高兴。由此可见,西汉时期不仅是在皇帝的宫殿之内和游览地设场蹴鞠,就是在各王、诸侯等贵族的领地也设场地蹴鞠。到了东汉,贵族们就更热衷于蹴鞠了。例如,《后汉书·梁冀列传》第二十四中有这样的记载:"冀,字伯卓。为人鸢肩豺目,洞精党盻,口吟舌言,裁能书计。少为贵戚,逸游自恣。性嗜酒,能挽满(使强弓)、弹棋、格五(游戏)、六博、蹴鞠、意钱(赌博)之戏,又好臂鹰走狗,骋马斗鸡。"此文中讲述的是梁冀这一贵族子弟爱好各种玩乐活动,其中一项就有蹴鞠。

班固的《汉书·艺文志》第十中把《蹴鞠二十五篇》作为兵书目录收录,但是这二十五篇的内容全部失传。汉代的兵书共有四类,第一类是讲战略战术的兵权谋家;第二类是讲军事指挥的兵形势家;第三类是讲含有迷信色彩的兵阴阳家;第四类是讲军事训练的兵技巧家。《蹴鞠二十五篇》就是属于军事训练的兵技巧类。据史书记载,到唐朝时还有人看到过《蹴鞠二十五篇》,唐朝人司马贞在《史记索隐》中记述"《蹴鞠》书有《域说篇》",域说就是讲述蹴鞠场地建筑规格的。关于这种有建筑规格场地的蹴鞠在东汉有一位名叫李尤的人就曾有记载。他所写过的一篇《鞠域铭》就镌刻在当时蹴鞠场的奠基石上。这篇铭文虽短,但却能比较全面地反映汉代蹴鞠竞赛的基本情况,该《鞠域铭》被国内外体育史教材采用,影响极大。这篇铭文最早见于唐人欧阳询编辑的《艺文类聚》中,其后李善作《文选注》也引用此文。在以后的《文献通考》和《李兰台集》书籍中亦引录此文,但对此铭文的记述都有所差异。在此将中华书局1965年点校本排印的《艺文类聚》卷五十四《刑法部》一书中收录的《鞠域铭》原文抄录于下:"圆鞠方墙,仿像阴阳。法月衡对,二六相当。建长立平,其例有常。不以亲疏,不有阿私。端心平意,莫怨是非。"在《鞠域铭》中,李尤笔下的蹴鞠场,是"圆鞠方墙,仿像阴阳",即"鞠是圆形的,球场四周围着方墙,它象征着天圆地方,阴阳相对"。关于"法月衡对,二六相当"一句的解释,有的学者认为是竞赛中,效法月份,双方各六人,共十二人进行对阵互相抗衡,称为"法月衡对,二六相当"。笔者对"法月衡对"的解释是两边的鞠球洞窟像圆月一样相对。关于"建长立平,其例有常"则是指有一定规则的竞赛,因而要设置裁判员建立公正的标准。对于裁判的判罚也有共同遵守的规则。担任裁判的人,不能偏袒一方而疏远另一方,裁判要公正地执行规则。同时,对参赛队员的要求是心平气和地服从裁判,不要抱怨裁判的裁决。《鞠域铭》的这段文章反映出这时的蹴鞠已经具备了两方对阵比赛的形式。对于《鞠域铭》中所描述的蹴鞠,很多学者认为已近似现代足球运动。笔者认为,仅凭四十字的《鞠域铭》就断定汉代已有类似现代足球运动还证据不足,应该还有其他证据才可。汉画像石中有很多蹴鞠图,这些图中有无像《鞠域铭》所描述的蹴鞠形式存在呢? 现还不为人所知。因此,需要对汉画像石文物史料的蹴鞠形式和方法等进行分析,对李尤所描述的蹴鞠形式进行查找,以弥补《鞠域铭》的记载不足。

两汉时期的蹴鞠运动非常普及,它既是一种军事训练手段,也是民间的一项普及的体育运动。蹴鞠活动可以增强体力,培养勇敢耐劳精神,因而也被当作军事训练的一种很好的手段。刘向在《别录》一书中指出:"蹴鞠,兵势也,所以练武士知有材也,皆因嬉戏而讲练之。"他提到,用蹴鞠练兵,士卒有兴趣,不仅可练就体力也可体会实战中的攻守意识,而且在蹴鞠的比赛中能发现和认识人才,蹴鞠也能够娱乐军士。因此,军队在驻守和战事之间常进行蹴鞠活动。如班固的《汉书·霍去病传》记载:霍去病"从军……其在塞外,卒乏粮,或不能自振,而去病尚穿域蹴鞠也"。在汉末的三国时期,蹴鞠也在军队和民间广为开展,如《太平御览》卷七五四引《会稽典录》叙述说:"汉末三国鼎峙,年兴兵革,士以弓马为务,家以蹴鞠为学。"当时,男子应征从军者极多,这些在军队通过练习掌握蹴鞠技能的军士返乡后,就会将蹴鞠活动带入民间,因而使蹴鞠活动更加兴盛。据文献史料记载,东汉期间无论是官宦人家还是普通民众,蹴鞠已经成为一种时尚,汉画像石的蹴鞠图就是这种时尚的具体反映。

二、汉代鞠球的制作

汉代画像石蹴鞠图中的鞠即圆形的鞠球,由于汉画像石中的鞠是刻画在石头上的物体,因而无法确定其制作方法及其质地,但本章是研究汉代蹴鞠内容,为使读者能把握汉代蹴鞠整体面貌,在此有必要以文物资料和文献史料为主要依据来确定汉代鞠的制作方法和质地问题。

西汉末期的绸布鞠的制作方法:先选取一定数量的绸布叠揉成圆形,然后用麻绳捆成球形,直径约六厘米。通过该鞠的形质可以推断这种鞠球的蹴鞠形式,一是这种鞠球较轻而不易踢远,因此蹴鞠者的距离应该较近,类似现代的踢毽子运动;二是这种鞠球直径较小,不易在地面滚动和用脚踢踏,可排除像现代足球那样有两球门的远距离对攻比赛形式。是否在汉代仅有这一种形式的鞠呢? 这仅是对一种出土文物的考证,不能简单地下结论,还得从文献资料中查寻其他的鞠球形式记载。

据文献记载,汉代的鞠也叫"毛丸"。《太平御览》卷七五四引汉应劭《风俗通》记载说:"毛丸谓之鞠。"又引晋郭璞《三苍解诂》云:"鞠,毛丸,可蹋戏。"在《汉书·艺文志》的《蹴鞠二十五篇》中,唐人颜师古解释:"鞠以韦为之,实以物,蹴踏之以为戏也。"古代圆形的"球"多以玉石做成,故作玉旁,而这时出现的蹴鞠之鞠壳是以皮做成,故鞠作革旁。汉扬雄在《法言》中解释说:"捖革为鞠。"说明汉代的鞠有一种是以熟皮缝制、内填以毛或其他东西的圆形实心毛丸。

从上述的文献记载可以看出,汉代还有一种以皮缝制、内填毛或其他物的皮鞠。这种皮鞠需缝制,所以说应该比绸制的鞠体积要大。由于用皮缝制和用毛等物填充,其重量也应比绸制的鞠要重得多。因此,这种鞠可以踢远、踢高,进行用头顶、身弹等练习。由此,得出了汉代至少应有两种不同的鞠,对汉画像石中的蹴鞠活动考察可以依据这两种鞠来推断各种动作。

三、研究汉画像石中蹴鞠活动的方法与意义

如前所述,以最新出版并具有代表性的汉画像石巨著《中国画像石全集》1-7卷(1676幅拓片)为中心,另加《嘉祥汉画像石》(160幅拓片)、《微山汉画像石选集》(108幅拓片)、《淮北汉画像集》(466幅拓片)以及其他汉画像石选集中的拓本为查阅资料,从中选出蹴鞠汉画像石拓片,从《汉书》《后汉书》等汉代文献中选取与蹴鞠有关的文字内容,对照汉画像石的蹴鞠图进行考察。查阅专门对中国出土文物研究的《文物》杂志618册,从中找出有关汉画像石研究的文章及汉画像石图片,收集有蹴鞠图的拓片资料。2017年2月28日至12月19日期间,实地考察了多有蹴鞠图汉画像石出土地区的陕西省绥德县、河南省南阳市、江苏省徐州市、山东省滕州市等地的博物馆和汉画像石展览馆,观察蹴鞠汉画像石的实物并拍摄照片,以供和书籍中的蹴鞠图对照研究。同时,访问了当地文物部门的汉画像石研究人员,听取了他们的意见并征集相关资料。

许多历史学者和考古专家一致认为汉代在政治、经济、科学、技术、文化各方面都是一个大发展时期,是中国统一以来的最繁盛时代,也可以说是中华民族的一个鼎盛时期。在这各方面发展的同时,蹴鞠活动也在其种类和技术方面得到了进步发展。蹴鞠内容均是在汉代文献史料中的记载,因这些文章大都是人物传记题材,故未对蹴鞠的内容作详细的描述。然而,近些年来出土的汉画像石中却存有蹴鞠图,这是汉代人留给后人研究汉代蹴鞠活动的珍贵史料。

汉画像石中的蹴鞠内容距今约有两千年的历史,所以是中国体育史上最古老的蹴鞠动作画像,有着很重要的研究价值。许多学者也发现这些史料的重要性,然而,关于蹴鞠内容的研究却仅在汉画像石相关的书籍和体育史教材

及汉画艺术研究文章中略有提及。尤为甚者，在近年来中国出版的汉代画像石的书籍中，有不少蹴鞠画像石被误认为是踏盘舞或踏鼓舞（一边踏踩地上的盘子或鼓，一边进行舞蹈动作），或被误认为是悬鼓踏盘舞（边敲吊着的大鼓边踏盘舞蹈）。因此，汉画像石中的蹴鞠内容有必要进一步挖掘和探讨。

第二节　蹴鞠汉画像石的判断标准

蹴鞠图的汉画像石共有 24 块，以此为基础，制成了汉代蹴鞠画像石的分布状况统计表（见表 8-1）。要从众多的拓本中选出蹴鞠汉画像石是要有判断标准的，本研究采用了以下的标准和步骤确定蹴鞠汉画像石。

第一，对被体育史研究领域采用的蹴鞠汉画像石加以分析，再进一步确认。

在体育史研究领域被采用的蹴鞠画像石是表 8-1 中的 No.2（见图 8-1）、No.7（见图 8-2）、No.8（见图 8-3）、No.1（见图 8-4）。图 8-1、图 8-2、图 8-3 不仅被登载在北京体育学院的教科书《中国体育史》（1987 年版）上，还被登载在日本发行的《中国古代的体育》（邵文良著，1985 年版）中。图 8-1 是一边打鼓一边进行的蹴鞠动作图。关于图中的鼓，在这需说明一下，汉代画像石中的这类鼓统称大鼓，如细分则可分为建鼓和悬鼓。从汉画像石的建鼓和悬鼓看，分不出其细致的性质。下面列举出土文物对这两种鼓进行简单介绍。

建鼓，在战国时期非常流行。据谭维四著《曾侯乙墓》一书（文物出版社出版，p96-98）中介绍了曾侯乙墓出土的建鼓。墓建鼓，由中间长柱、鼓身、鼓座三部分组成。长柱纵贯鼓腔、下插入青铜鼓座内。通高 3.65 米，上端伸出鼓腔 1.5 米，下端伸出鼓座，鼓腔部分为 1.25 米。因此，鼓的下沿距地面是 0.9 米，也就是说从地面的 0.9 米至 2.15 米之间是鼓面。长柱与鼓腔相交处较粗。通体彩绘。鼓身为扁长形，身长 1.06 米，鼓腔口径为 0.74 米，用四排竹钉蒙上鼓皮。鼓身出土时，色泽艳丽。建鼓的鼓座为青铜铸造，整体呈圆锥形。由底座、承插鼓柱的圆管和大小不同、形态各异的龙组成。鼓座通高 54 厘米,底座径 80 厘米,重达 192.1 千克。龙身脊两边还镶嵌绿松石两道,刻有微细的麟斑纹。底座四周对称竖置圆环钮,各衔铜环一个,为鼓的抓手。圆管柱盘口内刻有"曾侯乙作'持'"五字。同时出土的还有木质圆杆形鼓槌 1 对,通长 4 厘米,直径为 1.8 厘米至 2.4 厘米。这一对鼓槌的形质确定对下面汉画像石中的鼓槌有重要意义,因为鼓槌较小,不易辨别形状的细小变化及质地。此鼓槌的出土确定鼓槌的粗细为直径 1.8 至 2.4 厘米的渐粗形木质圆棒。

曾侯乙墓还出土了悬鼓一座。悬鼓,鼓腔两面蒙皮,扁圆体,中部微鼓,高 8.5 厘米,口外径约 36 厘米,腹外径约 42 厘米,黑漆为底,朱漆着彩。腔上有三个铜质铺首衔环。与悬鼓同位置出土两座立于长方形铜板上的青铜鹿角鹤。鹤首插两只铜铸鹿角,通高 143.5 厘米,重 38.4 千克。座板长方形,呈三层台,中部较高,四边各有一虎形衔环铺首。整体造型美观大方,是一件相当精美的艺术品,极有楚文化的风范,应是悬鼓的鼓架,因鼓上竖环恰套在鹤嘴尖啄上,两横环分别套在向上呈圆弧状的鹿角上,十分合适。

在汉画像石出土非常多的山东省也出土了建鼓和悬鼓。如《中国文物报》(2001 年 3 月 18 日第八版)就介绍了济南洛庄汉墓出土了建鼓和悬鼓。建鼓用一木架固定,鼓架已坏。鼓为扁圆体,通体朱漆彩绘,用三层骨楔将蒙皮固定。建鼓与扁鼓有一种奇特的可拆可合的组合方式,可见是个组合体,设计巧妙独特。这组建鼓悬鼓二、扁鼓四,与青铜錞于、钲、铎为一组组合的乐队,用于作战、狩猎。《淮南子·兵略训》中有"两军相对,鼓錞相望"的记载,用錞于调和作战时的鼓声,用镯节制行军时的鼓声,用铙制止退军时的鼓声,用铎传示军令的鼓声。可见鼓声有多种,各种鼓声,有进有退。鼓是乐队之指挥,更是行军作战、狩猎的指挥官。

王建中在《南阳两汉画像石中》中说明,百戏中的大鼓蹴鞠是由军事蹴鞠变迁而来的。笔者认为蹴鞠中的鼓有两个作用:一个是指挥功能,另一个则是奏乐功能。图 8-1 中的击鼓是起蹴鞠时的指挥和号令作用的。

表 8-1　我国蹴鞠图像汉画像石分布状况统计表

省份	编号	内容	出土地	记载出处
河南省	1	2 人、2 鞠、3 槌大鼓	南阳	《中国画像石全集》第 6 册：119
	2	2 人、2 鞠、2 槌大鼓	南阳	《中原文物》1996 年第 3 期：16
	3	2 人、2 鞠、2 槌大鼓	南阳	《中国画像石全集》第 6 册：156
	4	2 人、4 鞠、2 槌大鼓	南阳	《汉画像研究》1992 年第 2 期：51
	5	2 人、2 鞠、3 槌大鼓	南阳	《汉画像研究》1992 年第 2 期：57
	6	2 人、2 鞠、4 槌大鼓	南阳	《汉画像研究》1992 年第 2 期：52
	7	1 人、1 鞠、长袖舞	嵩山	《体育史》1987 年版：135
	8	1 人、2 鞠、长袖舞	南阳	《文物》1973 年第 6 期：19
	9	1 人、1 鞠、长袖舞	南阳	《汉画像研究》1992 年第 2 期：51
	10	1 人、1 鞠、长袖舞	南阳	《南阳汉代画像石刻》：4
	11	1 人跳起蹴鞠过竿	嵩山	《体育史》1987 年版：135
	12	踢鞠入酒樽	方城	《中国画像石全集》第 6 册：33
	13	2 人、2 鞠、4 槌大鼓	铜山	《文物》1990 年第 9 期：67
	14	2 人、2 鞠、4 槌大鼓	铜山	《汉画像研究》1992 年第 2 期：53
	15	1 人、1 鞠的踏鞠动作	睢宁	《文物》1997 年第 9 期：38
	16	1 人、1 鞠的长袖蹴鞠	铜山	《文物》2003 年第 4 期：64
山东省	17	双手倒立用头弹鞠	滕州	《中国画像石全集》第 2 册：217
	18	单手倒立用头弹鞠	滕州	《中国画像石全集》第 2 册：151
陕西省	19	2 人、4 鞠、2 槌大鼓	绥德	《汉画像研究》1992 年第 2 期：5
	20	2 人、5 鞠、2 槌大鼓	绥德	《中国画像石全集》第 5 册：138
	21	2 人、2 鞠、2 槌大鼓	神木	《中国画像石全集》第 5 册：173
	22	2 人、2 鞠、大鼓	绥德	《中国画像石全集》第 5 册：101
	23	2 人、2 鞠、大鼓	绥德	《陕北画像石》：173
浙江省	24	1 人、1 鞠的长袖舞	海宁	《文物》2003 年第 4 期：17

图 8-1　2 人、2 鞠、1 鼓槌的大鼓蹴鞠汉画像石拓片

注:引自《文物》1992 年第 2 期,第 44 页。

图 8-2　1 人、1 鞠的长袖舞蹴鞠汉画像石拓片

注:引自《体育史》87 卷,第 135 页。

图 8-3　1 人、2 鞠的长袖舞蹴鞠汉画像石拓片

注:引自《文物》1990 年第 4 期,第 62 页。

图 8-4　1 人跳起身体呈反弓形踢鞠过竿汉画像石拓片

注:引自《体育史》87 卷,第 135 页。

含有舞蹈和蹴鞠两要素的表演形式是长袖的蹴鞠舞(见图 8-2 和图 8-3),即一边跳着长袖舞蹈一边蹴鞠。对于图 8-3 的动作有两种见解,其中一种见解出自《南阳画像石》和《中国古代体育》两书,其见解是穿着长袖服装的人用两脚各自踢一鞠。另一种见解是《南阳两汉画像石》中的记载:"右起第一人高髻长袖,脚踏双鞠作舞。"该句所表述的是图 8-3 中右边的第一个人将发高高盘起,穿着长袖衣服,两脚踏着两个鞠进行舞蹈。但是笔者认为,左边的鞠和图中人的右脚有一定的距离,所以鞠应该是一个滚动着的鞠,左脚呈现出脚踏鞠姿势。据以上所述,可以推断图 8-2 和图 8-3 的蹴鞠形式是在跳长袖舞蹈的同时,踏鞠、踢鞠。图 8-4 可定为腾空倒踢的特别技能高难度动作蹴鞠。另外,图 8-1 和图 8-3 中有音乐伴奏和舞台幕,所以可判定为百戏的演技内容。

第二,对汉画像美术史研究领域中所采用的蹴鞠画像石进行再分析确认。高国藩和干增明在中国《汉画像研究》(1992 年第 2 期)期刊的文章中,将图 8-5、图 8-6、图 8-7、图 8-8 确认为蹴鞠画像石。

图 8-5 和图 8-6 两幅画像因为没有舞台幕和音乐,所以笔者判定不是百戏的演技内容,是使用大鼓的蹴鞠。《南阳画像石》《南阳两汉画像石》中刊有图 8-6 和图 8-7,但其解说词中仅把它们定义为建鼓舞和二人舞蹈,并没有将其判断为蹴鞠图。然而,高国藩在《汉画像研究》中,阐述了对图 8-6 和

图 8-5　2 人、4 鞠大鼓蹴鞠汉画像石拓片

注:引自《汉画像研究》1992 年第 2 期,第 51 页。

图 8-6　2 人、2 鞠、3 鼓槌的大鼓蹴鞠汉画像石拓片

注:引自《汉画像研究》1992 年第 2 期,第 57 页。

图 8-7 的看法,他认为是击鼓人踢鞠于大鼓上,利用大鼓将鞠回弹而同时击鼓、跳舞。笔者赞成高国藩的意见,认为图 8-6 和图 8-7 是使用大鼓的蹴鞠,而且有乐队伴奏和舞台幕,是百戏中的蹴鞠内容。图 8-8 在《南阳两汉画像石》中被解说为七盘舞,并认为长袖女子的脚下有 6 个盘和 1 个鼓,一只脚踏着鼓,另一只脚踩着盘,书中解说未将图 8-8 定为蹴鞠图,但《汉画像研究》中的文章作了如下判断:图 8-8 中的女子一脚踩着鞠,正在跳蹴鞠舞。笔者赞成高国藩的见解,认为图 8-8 和图 8-2 均为长袖舞的蹴鞠。

　　第三,以上两个研究领域所采用的汉画像石中的蹴鞠内容主要有以下四种形式:

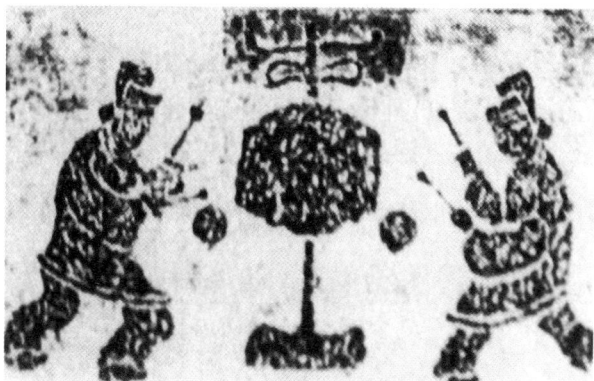

图 8-7　2 人、2 鞠、4 槌的大鼓蹴鞠汉画像石拓片

注:引自《汉画像研究》1992 年第 2 期,第 52 页。

图 8-8　1 人、1 鞠的长袖舞蹴鞠汉画像石拓片

注:引自《汉画像研究》1992 年第 2 期,第 51 页。

（1）百戏中的大鼓蹴鞠;

（2）大鼓的蹴鞠;

（3）长袖舞蹈的蹴鞠;

（4）特别技能的蹴鞠。

上述所列举的汉画像石的共同特点有二:第一,这些汉画像石中刻有鞠这种运动器具;第二,刻画了人们正在踢鞠的状态。笔者依据蹴鞠活动的四种形式和这两个特点为判断的标准,从众多的汉画像石的拓本中确认并选出了15块蹴鞠汉画像石,即图8-9、图8-10、图8-11、图8-12、图8-13、图8-14、图8-15、图8-16、图8-17、图8-18、图8-19、图8-20、图8-21、图8-22、图8-23。其中有3块是百戏中的大鼓蹴鞠图(图8-9、图8-10、图8-13),其判定依据是有鞠、有音乐伴奏以及有舞台幕。例如,关于图8-9,在1988年12月出版的《南阳汉代画像石刻》中将其解释为击敲大鼓的舞蹈,在2000年6月出版的《中国画像石全集》的图片说明中也认为图8-9是一幅边敲击大鼓边跳舞的图像。但是,本研究却认为图8-9同图8-1一样,是百戏中的表演蹴鞠图,因为图像中既有伴奏乐队和舞台幕,同时也是一边击鼓一边用脚侧和脚底的蹴鞠动作。有4幅(图8-19、图8-20、图8-21、图8-22)使用大鼓的蹴鞠图,但是因为没有舞台幕和音乐伴奏队及观众,所以本研究将其断定为大鼓蹴鞠练习图。长袖舞的蹴鞠图有3块画像石(图8-11、图8-16、图8-23)。图8-11出自《南阳汉代画像石刻》一书中,被判断为只有一个人的蹴鞠图,但在《汉画选》和《南阳汉代画像石刻(续编)》中却被解释为舞乐百戏的长袖舞图,两者解释截然不同。笔者为弄清这个问题,亲自到此画像石陈列处的南阳汉画馆考察,以确定长袖舞者脚旁的圆物。因笔者亲自见到实物,其实物的确是一立体感很强的圆鞠,因此,可断定图8-11是一长袖舞蹴鞠图。

有4块画像石展现的是特殊技能的蹴鞠(图8-12、图8-14、图8-17、图8-18)。其中,图8-14是以大鼓为道具的特殊技能蹴鞠,图8-17中右侧人物双手倒立的图像在汉画像石中多见,但是该图人物两手倒立,用头弹撞圆鞠实为罕见。图8-18作为大鼓杂技图被收录在《黄河文明展》和《中国画像石全集》中,图中有人单手倒立,用头弹撞圆鞠。在汉画像石中,单手倒立的画面经常可以见到,例如图8-11中蹴鞠人的左侧就有一人用左手倒立于樽之上,其人右手手持一物。图8-18的画像石现藏于山东省博物馆,这块画像石采用浅浮雕技法雕刻而成,清晰可见画像中单手倒立的人正用头弹撞圆鞠。就以上分析而言,图8-17、图8-18可推定为双手倒立和单手倒立蹴鞠动作图。

图8-9　2人、2鞠、3鼓槌的大鼓蹴鞠汉画像石拓片

注:引自王建中等《中国画像石全集-第6卷》,河南美术出版社2000年版,第119页。

图8-10　2人、2鞠、2鼓槌的大鼓蹴鞠汉画像石拓片

注:引自王建中等《中国画像石全集-第6卷》,河南美术出版社2000年版,第156页。

图8-11　1人、1鞠的长袖舞蹴鞠汉画像石拓片

注:引自《南阳汉代画像石刻》,第4页。

图 8-12　把鞠踢入酒樽的高难度蹴鞠动作汉画像石拓片

注:引自王建中等《中国画像石全集-第 6 卷》,河南美术出版社 2000 年版,第 33 页。

图 8-13　2 人、2 鞠、4 鼓槌的大鼓蹴鞠汉画像石拓片

注:引自《文物》1990 年第 9 期,第 67 页。

图 8-14　2 人、2 鞠、4 鼓槌的特殊技能蹴鞠汉画像石拓片

注：引自《汉画像研究》1992 年第 2 期，第 53 页。

图 8-15　1 人、1 鞠的踏鞠动作汉画像石拓片

注：引自《文物》1997 年第 9 期，第 38 页。

第三节　蹴鞠汉画像石的年代、分类与分布

迄今为止，在有关蹴鞠的汉画像石中，虽然有一部分已被相关论文或体育史教材所引用，但是并没有一个总体数量上的统计。要统计出这个总体数量

图 8-16 1 人、1 鞠的长袖舞蹴鞠汉画像石拓片

注：引自《文物》2003 年第 4 期，第 64 页。

图 8-17 双手倒立、用头弹鞠的汉画像石拓片

注：引自赖非《中国画像石全集-第 2 卷》，山东美术出版社 2000 年版，第 217 页。

图 8-18 单手倒立、用头弹鞠，击鼓者脚后跟蹴鞠汉画像石拓片

注：引自赖非《中国画像石全集-第 2 卷》，山东美术出版社 2000 年版，第 151 页。

是有相当难度的，但是为了把握本研究的总体对象，笔者查阅大量资料，基本对中国现存的画像石进行了一次全面调查。调查结果如前所述，共计 24 块画像石与蹴鞠有关，其分布状况如表 8-1 所示。这 24 块蹴鞠画像石中有 22 块

图 8-19　2 人、5 鞠、2 鼓槌的大鼓蹴鞠汉画像石拓片

注:引自汤池《中国画像石全集-第 5 卷》,山东美术出版社 2000 年版,第 138 页。

属于墓中、2 块属于石阙。对于这 24 块蹴鞠汉画像石的年代、分类、分布应做一探究,从中以明确这些画像石中蹴鞠活动开展的具体年代、活动类别以及在中国各地的开展范围。

一、蹴鞠画像石的年代

表 8-1 所列出的 24 块画像石中,有 3 块有年号记载。其中 No.13(图 8-13,江苏省铜山)标记为元和三年(公元 86 年),No.7、No.11(图 8-2、图 8-4,河南省嵩山"启母石阙"),标记为公元 123 年,这 3 块画像石都是东汉中期作品。对于没有年号的蹴鞠画像石可以根据其石刻特征进行推定。据此,表 8-1 所示的汉画像石一般均可推定是公元 25 年—公元 220 年间的作品,其中大部分是东汉中后期的石刻作品。因此,可以推定汉画像石所表现的蹴鞠活动均在东汉中后期流行。

二、蹴鞠汉画像石的分类

在这 24 块画像石中,描绘了各式各样的蹴鞠动作,就蹴鞠的脚部技法而言,主要有用脚尖、脚掌、脚侧、脚背、脚后跟踢鞠。除此之外,也有用膝盖和头部向上方弹撞鞠球的技法。为了便于研究,就必须对蹴鞠的种类和动作进行分类,同时也可明了汉代蹴鞠的特征。下面对表8-1中的24块汉画像石以蹴鞠的场所、目的、所用器械为基准进行分类分析。

(一)以蹴鞠场所为基准进行分类

以蹴鞠场所为基准进行分类可以分为室内、庭院、野外的蹴鞠三种。

室内的蹴鞠画像石表明该画像石墓的被葬者生前在室内参加蹴鞠或欣赏过蹴鞠。因此,这种蹴鞠多是属于百戏中的蹴鞠,正在蹴鞠的人物旁边多有音乐伴奏者,其上方刻有垂下来的幕布,如图8-1、图8-5、图8-6、图8-7均为室内的百戏蹴鞠。

表现庭院蹴鞠的是江苏省睢宁县的画像石(见图8-15),画面中刻有三层楼阁,楼阁中的屋内有四位官员正在向室外观看,室外立有大鼓,有击鼓者、管乐器吹奏者、蹋鞠者、看客等各色人物于画中。由此可以断定,这属于庭院的百戏,在24块画像石中仅此一块是庭院蹴鞠图。在陕西绥德的蹴鞠画像石中(见前图8-19),没有看到幕布和伴奏乐队的刻画,图中却刻有野生的动植物。由此可以断定,这是野外蹴鞠,据考证陕西省的5块画像石均断定属于此类。

(二)根据蹴鞠目的进行分类

基于蹴鞠的目的,可以分为两类:一类是在庭院、室内举行的蹴鞠,属于百戏的表演性身体活动;另一类是在野外举行的蹴鞠,是主要供练习者娱悦身心的身体活动。

表演性的蹴鞠属于汉代百戏范畴,主要表现蹴鞠的动作变化和高难度动作以及节奏的变化与熟练程度,其主要目的是为观众表演并以各种难度动作取悦观众,百戏中的大鼓蹴鞠和特殊技能的蹴鞠就属此类。

野外蹴鞠的特点是追求一定难度技巧水平的动作,其目的在于提高身体能力,发挥技术,娱悦练习者的身心,图8-4、图8-8、图8-19刻画的大鼓蹴鞠图即属此类。

(三)根据蹴鞠使用器械进行分类

蹴鞠汉画像石中的蹴鞠者使用有多种多样的器械和用具,根据使用的器械和用具特点可以分为三类,即使用大鼓的蹴鞠和长袖衣具的蹴鞠以及使用特别器械并伴有特殊技能的蹴鞠(见表8-2)。表8-2中的24块蹴鞠汉画像石中属大鼓的蹴鞠有13块,属长袖衣具舞蹈的蹴鞠有6块,属使用特别器械并伴有特殊技能的蹴鞠有5块。

表8-2　根据蹴鞠使用器械分类的分布表

省市县 / 种类	河南省	江苏省	山东省	陕西省	浙江省
使用大鼓的蹴鞠	7(南阳市)	1(铜山县)		5(绥德县、神木县)	
长袖衣具舞蹈的蹴鞠	3(南阳市、嵩山)	2(睢宁县、铜山县)			1(海宁)
伴有特技和特别器械的蹴鞠	2(南阳市、嵩山方城)	1(铜山县)	2(滕州)(同大鼓蹴鞠的图)		
画像石的数量	12	4	2	5	1
蹴鞠的特征	蹴鞠种类繁多,动作也多,演出时的技艺也多样	徒手蹴鞠者穿的衣具很面熟。大鼓蹴鞠时球踢得很高	大鼓蹴鞠有倒立和前翻的动作,要求左右动作的对称	以大鼓蹴鞠为心,多鞠配置,在室外举行	只有一块蹴鞠画像石,两脚大开立动作的蹴鞠

1.使用大鼓的蹴鞠

使用大鼓的蹴鞠就是一边敲大鼓一边踢鞠的活动,鞠的个数以2个居多,据其方向有向下的踩踏鞠动作(见图8-8),向上的用脚尖或膝盖把鞠往上踢弹动作(见图8-1、图8-10),向前的脚掌和脚外侧水平踢鞠传球动作(见图8-9),向后的脚后跟踢鞠动作(见图8-18),共计四种。根据大鼓两边的人手持鼓的数量可分为三种类型。

第一类是大鼓两边的人手持鼓槌边敲鼓边蹴鞠。这种类型的蹴鞠就是边击大鼓边把鞠往各个方向踢与传,击鼓者手持的鼓槌的根数也不尽相同,有站在大鼓两边的人两手持鼓槌(见图8-7)的种类,也有一边一人手持两个鼓槌,另一边一人手持一个鼓槌(见图8-6)的种类,还有左右两边二人各持一个鼓槌(见图8-19)的种类,共计3种类型。

第二类是大鼓一侧的人手持鼓槌击大鼓,另一侧的人徒手蹴鞠。该种类见于河南省南阳卧龙区石桥镇出土的汉代画像石,图像中有高达人胸口的建鼓。建鼓的右边一人两手持鼓槌,一边敲大鼓一边呈大步行进状,用左脚的脚尖把鞠踢起;左边的人没有持鼓槌,与右边的人做相应动作的踢鞠(见图8-1)。

第三类是徒手敲大鼓蹴鞠。如河南省南阳的蹴鞠画像(见图8-5)中,大鼓左右蹴鞠的人穿着长袖的衣服,用手边击大鼓边踢鞠。在河南省南阳军帐营出土的画像石中(见图8-9),大鼓两侧的人没有穿长袖的衣服,用手边击大鼓边将鞠踢起。

2. 长袖舞蹈的蹴鞠

长袖舞蹈的蹴鞠即是一个人一边踢鞠,一边进行长袖舞蹈的表演,在汉代画像石中有一个鞠和两个鞠的长袖舞蹈。

一个鞠的长袖舞蹈蹴鞠见于河南省的3块画像石(见图8-2、图8-8、图8-11),在江苏省(见图8-16)和浙江省(No.24)各有一块。图8-17中呈现的是,从右边数第三人一边甩着长袖一边将身体向后转,然后踢鞠。浙江省(No.24)呈现的是中间的一人一边将长袖往头上甩,一边将右边的鞠踢于平腰高的空中,两脚呈左右马步开立姿势。

两个鞠的长袖舞是一个人踢着两个鞠进行长袖舞蹈的表演,例如前已描述过的图8-3画像石拓片。

3. 使用特别的器具,伴着特殊技术的高难度动作的蹴鞠

使用特别的器具,伴随着特殊技术的高难度动作有三种类型,一是把鞠高踢、倒立;二是单手倒立时用头顶撞鞠的动作(见图8-17、图8-18);三是踢鞠而做特定动作,如把鞠踢入酒樽的动作(见图8-12)。把鞠高踢的动作,有击鼓高踢(见图8-14)和背后踢鞠,使鞠超过一定高度的竿子(见图8-4),对于图8-12的蹴鞠动作,刘秉果等认为此蹴鞠形式是世界上最古老的足球运动。①

从以上的动作分类看,汉代蹴鞠种类多种多样,反映出汉代人根据社会的需要对蹴鞠运动的创新精神。

三、蹴鞠汉画像石的分布

表8-1中所收录的24块蹴鞠画像石,分别分布于中国5省9县市。从表8-1可知,汉代蹴鞠活动主要分布在中国中部的黄河流域地区。由表8-2可知,蹴鞠画像石在河南省分布最多,然后为陕西省和江苏省。这3省均为汉代皇帝的故乡或首都所在地,也是政治、经济、文化、军事的重要地区。因为蹴鞠有娱乐和军事训练的双重作用,因此在这3省颇为流行。河南省出土的蹴鞠画像石大多分布于南阳地区。根据信立祥的研究,全国汉画像石以出土数量多少为序可分为山东省、河南省南阳、陕西北部、四川省、河南省洛阳这5个中心地区。蹴鞠的汉画像石的数量和以上的排位顺序并不一致,这种差异主要是由百戏图汉画像石的数量在各地区不同所造成的。在山东省的中东部地区尽管出土了不少百戏图汉画像石,但是没有蹴鞠图,尤其是淄博临淄区未见刻有蹴鞠画面的画像石,仅在南部地区县市出土的百戏图画像石中发现为数不多的刻有蹴鞠内容的画面。

北京市、贵州省、安徽省出土的汉画像石中没有蹴鞠的内容,但是,因为蹴鞠汉画像石的分布与石材、画家、雕刻家的有无等条件有关,所以不能断言没有出土画像石的地方就没有蹴鞠活动。

---

① 刘秉果、赵明奇、刘怀祥:《蹴鞠:世界最古老的足球》,中华书局2004年版。

石头的质量、画家的画法、雕刻家的雕刻水平是影响蹴鞠画像石风格的三大要素。把这次收集到的蹴鞠画像石在各省之间的艺术风格进行比较,就会发现河南省、江苏省、山东省的画像石有共同之处,它们大多用石灰石雕刻而成,表现的内容细腻。陕西省北部的蹴鞠画像石是用当地出土的赤石雕成的,由于这种赤石质地坚硬,其画像石多是一种浅浮雕,画风质朴。然而,河南省南阳市的一块画像石(见图 8-5)却与陕西省北部的蹴鞠画像石画风相同,身体姿势也很相似,此是唯一之例外。

四、蹴鞠汉画像石所处位置

探讨蹴鞠图汉画像石在墓室和石阙中的分布问题,对于揭开画像石所表现的蹴鞠活动与该汉画像石墓被葬者的关系有着重要意义。

汉代墓室一般分为前室、后室两室墓和前、中、后三室墓。后室是被葬者的主室,存放棺木。主室画像石的内容主要是有关被葬者的阴间生活,保护遗体的吉祥图,天上的神像和天象图,被葬者渴望升仙的愿望图四类。中室的画像石主要有天上诸神画像、仙界的图像、祭祀被葬者的图像、历史故事图像等内容。前室的画像石主要描绘被葬者生前所经历的内容。蹴鞠就是被葬者生前经历、参与、观看的活动内容之一。根据汉代蹴鞠作用的特点,可分成以自身娱乐目的而举行的蹴鞠和作为百戏中的演艺活动而举行的蹴鞠,描绘这两类活动的画像石广泛刻于墓的前室。墓的前室画像内容大多反映了被葬者在厅堂、庭院、野外的活动。蹴鞠图多被刻在前室的墙壁、门扉、门柱上。比如,江苏省铜山县汉画像石两室墓出土的画像石就刻在前室北墙的第三块石头上(见图 8-15),河南省方城东关汉墓的蹴鞠画像刻在南门的北石门扉上(见图8-12)。还有,陕西省的蹴鞠内容画像石都刻于前门的石柱之上。根据以上的分析,可以清楚地了解到蹴鞠的内容主要刻在墓室前室的石壁、门扉和门的石柱之上。

另外,蹴鞠内容不仅在墓室的汉画像石中有发现,而且在汉代石阙中也有所发现,如河南省嵩山的少室石阙和启母石阙就是例证。阙是中国古代门前的建筑物,有使人们对这些门引起注意的作用,阙也是张贴法令和布告的地方。另外,城门前也有在其上观察敌情的作用,因此也叫"观"。汉画像的石阙因主要是提示墓地大门,阙周围多雕以画像。在我国已发现了25座汉石阙,但带有蹴鞠图的石阙只有2座,阙周围的画像多表现百戏、狩猎、神话故事、马车的队伍、神话中的野兽、贵族的豪华生活等内容。蹴鞠图被雕刻在少室石阙的第6层,启母石阙的第3层(两石阙都有7层的画像,从下往上数)。另外,汉代的石棺和石祠堂里虽也有画像石,但反映蹴鞠活动的内容还未曾发现。

第四节 汉画像石中高难度蹴鞠动作的考证

考察中发现有高难度的蹴鞠动作图,如跳起身体呈反弓形后踢过竿动作、鞠球高踢的动作、倒立踢球的动作、鞠入酒樽的动作等。

一、跳起身体呈反弓形后踢过竿动作

该跳起身体呈反弓形后踢鞠过竿的动作如前所述图像内容(见图8-4)。图中右边一人坐凳子上,双手拿一长竿,将竿举至1.6米左右的高度(按人体高度比例计算)。中间的人做跳起身体呈反弓形后,用一只脚的脚底踢鞠过竿动作。该人跳起的高度约1.4米,身体几乎与地面平行。在踢鞠的瞬间两臂和头同时后扬,身体呈反弓形的优美姿势。该动作的难度体现在起跳高度要高、身体姿势要美、踢鞠要准确三个方面。该图的左边一人正袖手端坐欣赏这一蹴鞠的难度动作。

二、一边敲大鼓一边将鞠球高踢的动作

一边将鞠球踢到空中一边敲大鼓的动作在汉代画像石中经常可以看到。

但是,将鞠球踢过大鼓高度的蹴鞠图仅一例,这就是江苏省徐州市汉画馆陈列的蹴鞠图(见图8-14)。该图像中大鼓两边的人一边用鼓槌敲着大鼓,一边将鞠球踢到空中,两个球的高度与踢球者的身高相比较,大可推定是2.5米左右,一边敲大鼓一边将鞠球踢到这样的高度是有一定难度的,不光将鞠踢高有难度,而且在击鼓的同时,用脚接住从这样高度落下的鞠也不是一件易事。

三、倒立用头弹顶鞠的动作

在汉代,以大鼓为中心的舞蹈表演蹴鞠同样追求舞蹈者的动作难度。例如,汉代的《淮南子》卷十九修务训中记载"今鼓舞者,绕身若环,曾挠摩地,扶旋猗那"(跳鼓舞的人,旋转身体弯曲像环一样,或者手撑地面而不断地变换动作)。这里所记载的"曾挠摩地",即鼓舞手撑地等一类的倒立动作,在汉代画像石大鼓舞图中,多发现人的倒立动作,刻有倒立蹴鞠难度动作的有两块画像石。

第一块是山东省滕州市桑村镇西户口村出土的汉代画像石,其大鼓舞图中,有两个人在做双手倒立(见图8-17),右边的倒立者将两腿伸展开,保持身体重心的同时,用头顶弹鞠球,当然,倒立动作是蹴鞠演技中的一个瞬间动作。

第二块是山东省滕州市龙阳店出土的汉代画像石,其大鼓舞图中刻有两个人正在做单手倒立(见图8-18),这两个人的前伸致使身体重心前倾,在此前倾瞬间用头来顶弹鞠球。

就以上的倒立头顶弹鞠动作来看,此动作是需特殊训练才能完成的难度动作,特别是单手倒立头顶鞠动作的完成是有相当难度的。

四、把鞠球踢入酒樽的蹴鞠动作

在河南省方城东关出土的一块汉代画像石图像中,有欲把鞠踢入酒樽的动作(见图8-12)。图中右边人用右脚踢鞠,左边的一人像守门员一样张开两手阻止鞠球进入酒樽,而且酒樽口径刚能容入该鞠球。这块汉代画像石共有三层。第一层有三个人坐着,中间一人吹奏管类乐器,左边一人在打击乐器,右边一人用摇动乐器来伴奏。踢鞠球入樽的图在第二层。第三层可推定为是被葬者,其人稳坐中间,被高难度的进球惊得目瞪口呆,这是连续运球,突然命中目标而达到表演高潮的方法,根据酒樽的口径之小和这三幅图像的连续关系可推断是高难度的踢鞠入目标动作。把鞠球踢入酒樽的动作,可以佐证后汉李尤《鞠域铭》的如下内容。

（一）证明"域"的作用和形制

《汉书·外戚传》中记载有"居鞠域中"和班固《汉书·霍去病传》记载的"而去病穿域踏鞠也"中的"域"有洞和地上小屋的两种说法,但是"域"的作用和形制至今不明确。从图8-12的蹴鞠内容来看,图中的酒樽应是"域"的舞台象征物,由此可以推定,鞠域的作用是踢鞠进入的目标,鞠域的形制应是像酒樽口一样的圆形。一般的鞠域应该是挖于地面,所以,东汉服虔对"穿地作鞠室也"的解释应为挖地作鞠室之意。因此,把鞠域解释为地上小屋之说不能成立。由此可以进一步推断《鞠域铭》中的"法月衡对"是指比赛双方的鞠域洞窟各一个,像圆月一样对应摆开。由此可以推断,高等教育出版社出版的《体育史》(1987年第1版)教材中所说的"各设6个鞠室"是欠妥的。

（二）证明比赛规则

《鞠域铭》中的"不以亲疏,不有阿私"是指裁判规则。图8-12的规则是将鞠用脚踢入酒樽者为胜,这条规则应是一般蹴鞠规则的难度化和舞台化表现,平时的一般蹴鞠在地面,其鞠域的洞口也不像酒樽的口,和鞠球的大小相近,但是,根据图8-12的蹴鞠规则推断其基本规则也是踢入洞口即为胜利。

（三）证明比赛人数

《体育史》教材中根据《鞠域铭》绘制了"竞赛图",图中共有22人,违背了《鞠域铭》中"二六相当"的句意,况且22人踢1个鞠球人数也太多,会造成很多人闲置,使运动兴趣降低。据图 8-12 蹴鞠的二人来看,应是攻守的双方,即得鞠者往酒樽内踢,所以《鞠域铭》中"二六相当"的句意是双方各 6 人蹴鞠。

根据以上《鞠域铭》内容和图 8-12 的蹴鞠图像的对照分析可推断《鞠域铭》的比赛形式大致为:在一个有着方墙(防止鞠球出界)的场内,两端各有一圆形洞窟,双方各 6 人,一方的 6 人在地面或空中传鞠球,避开对方防守将鞠踢入对方洞窟。一方抢到鞠球也用同样方式进攻对方。传鞠球和防守洞窟有规则,并由裁判监督执行。

第五节　齐鲁汉画像石呈现的蹴鞠活动举隅

蹴鞠的起源,最早可以追溯到十万年前,当时的"鞠"是石球,是狩猎工具。另有传说蹴鞠始于黄帝,作用是军事训练。最早有关蹴鞠的记载史料是在战国时期。《战国策·齐策》和《史记·苏秦列传》都曾记载齐地盛行蹴鞠,说明最晚在战国时期,蹴鞠就已经出现并流行于齐鲁地区。

1.纸坊镇画像石拓本

1983 年嘉祥县纸坊镇敬老院出土,东汉早期(公元 25 年—89 年),嘉祥县武氏祠藏。原石面纵 80 厘米、横 78 厘米,刻有二人跳蹴鞠舞(见图 8-20)。

2.滕州龙阳店画像石拓本

早年于滕州市龙阳店镇附近出土,东汉晚期(公元 147 年—189 年),山东博物馆藏。原石面纵 97 厘米、横 94 厘米,中间刻有建鼓的两侧二人站立头弹鞠画面(见图 8-21)。

3.西户口村画像石拓本

1958 年滕州市桑村镇西户口村出土,东汉晚期(公元 147 年—189 年),滕州汉画像石馆藏。石面纵 82 厘米、横 83 厘米,中心位置刻二人倒立头弹鞠画面(见图 8-22)。

图 8-20 二人跳蹴鞠舞汉画像石拓片

注:引自杨爱国《中国画像石集萃-3》图 111,山东美术出版社 2019 年版。

图 8-21 二人头弹鞠汉画像石拓片

注:引自杨爱国《中国画像石集萃-4》图 47,山东美术出版社 2019 年版。

4. 济宁城南张画像石拓本

1970 年济宁喻屯镇城南张出土,东汉晚期(公元 147 年—189 年),济宁博物馆藏。石面纵 154 厘米、横 50 厘米。画面分四层,第二层为 8 人蹴鞠,其中 4 人手持鞠,中间有椭圆形网,1 人倒立,呈现多人蹴鞠游戏画面(见图 8-23)。

图 8-22　二人倒立头弹鞠汉画像石拓片

注:引自杨爱国《中国画像石集萃-4》图 116,山东美术出版社 2019 年版。

图 8-23　多人蹴鞠汉画像石拓片

注:引自杨爱国《中国画像石集萃-3》图 10,山东美术出版社 2019 年版。

参 考 文 献

[1]刘朴:《汉画像石中的体育活动研究》,人民出版社 2009 年版。

[2]孔令峰、夏申吾:《山东汉画中的体育活动》,《体育文化导刊》2010 年第 12 期。

[3]崔乐泉:《论汉画中的武艺活动》,《成都体育学院学报》1993 年第 1 期。

[4]王清建:《论汉画中的玄武形象》,《中原文物》1995 年第 3 期。

[5]乐陶:《汉画上的中国古代体育活动》,《中华文化画报》2008 年第 7 期。

[6]黄雅峰:《汉画像石画像砖艺术研究》,中国社会科学出版社 2011 年版。

[7]袁宏:《齐鲁体育文化研究》,山东大学出版社 2016 年版。

[8]朱冬勇:《齐鲁武术文化国际化传播的路径探究》,硕士学位论文,山东师范大学,2020 年。

[9]牟艳:《儒家伦理思想对齐鲁传统体育文化的影响》,《体育文化导刊》2017 年第 4 期。

[10]《中国画像石全集》编辑委员会编:《中国画像石全集(1—3 山东卷)》,山东美术出版社、河南美术出版社 2000 年版。

[11]朱锡禄编著:《嘉祥汉画像石》,山东美术出版社 1992 年版。

[12]马汉国土编:《微山汉画像石选集》,文物出版社 2003 年版。

[13]杨宇全:《以山东出土的汉画像石为例谈汉画像石上的杂技"绝活"》,《杂技与魔术》2012 年第 2 期。

[14]王艳妮:《齐鲁体育文化传承与发展研究》,硕士学位论文,山东体育学院,2015 年。

[15]杨焱勋:《陕西汉画像石中的体育文化研究》,硕士学位论文,西北民族大学,2020 年。

[16]邢金善、王军红、胡远远:《汉画像石(砖)体育文化的历史流变与社会互动发展研究》,第十一届全国体育科学大会论文摘要汇编,2019年。

[17]中国体育科学学会:《第十一届全国体育科学大会论文摘要汇编》,中国体育科学学会,2019年。

[18]万潇莹:《初中美术校本课程〈南阳汉画像石艺术〉的开发与实践》,硕士学位论文,河南师范大学,2019年。

[19]安来顺:《中国博物馆通讯》,中国博物馆协会,2018年。

[20]杨绍华:《秦汉时期中国与丝路沿线诸国体育文化的交流——以汉画像石为考察对象》,《西安体育学院学报》2017年第3期。

[21]任昭君:《汉画像石与中国古代剑文化研究》,《四川体育科学》2017年第1期。

[22]刘勇、刘业飞等:《从画像石透视陕北汉代体育娱乐的区域特征》,《榆林学院学报》2015年第6期。

[23]蒋晨:《东汉黄河中下游汉画像石中的兵器图像研究》,硕士学位论文,南京艺术学院,2015年。

[24]郑雅萍:《汉画像石上的休闲体育》,《中原文物》2014年第4期。

[25]邓凤莲、杨辉:《汉画中体育文化资源的整理与开发》,《南都学坛》2014年第4期。

[26]任昭君:《汉画像石与中华传统体育精神研究》,《体育文化导刊》2014年第6期。

[27]宋华:《南阳汉画像石(砖)中的射箭活动》,《中原文物》2013年第4期。

后　　记

　　不知不觉间,本书的撰写工作已经接近尾声,颇有不舍之情。《汉画像石中的齐鲁古代体育文化研究》一书从酝酿、构思、查阅资料到写作、修改,用了三年之久。回想这本书的整个写作过程,感慨良多。本书在创作过程中得到社会各界与学者们的广泛支持,在此表示深深的感激与感谢!

　　在创作过程中,作者也曾遇到了"瓶颈期",曾经想过放弃,但是在体育史学各专家们与课题组成员的支持下,研究得以继续开展。刚开始准备书稿写作的时候,头绪杂乱,汉画像的数量十分庞大,齐鲁传统体育文化看似简单,但真正从石碑文献资料、文化遗址与文物中去爬梳,却是千头万绪。研究中借鉴了文化学的基本观点,通过阅读相关的典籍,对于书稿的框架有了大体的构思,进而对图文资料与古文献再核对,最终采用了纵向的历史贯穿与横向分类相结合的方法,以期能够还原汉画像中展现的齐鲁体育文化特色。

　　为了拓展视野,力求站在体育文化的研究前沿,不断参加国内体育文史的学术研讨会,邀请相关专家开展学术沙龙活动,开拓了书稿写作的视野,深刻感悟到了将齐鲁体育文物的考证研究运用到其体育文化研究的价值与意义。由于对汉画像石中的齐鲁体育文化研究不能一蹴而就,需要不断探索与实践,因此,作者由衷地期待全社会共同努力,推动体育考古学研究的不断深化与提升。

    由于本人学识有限,尽管自己在研究中做了很大努力,但文章中难免存在不足之处,希望得到各位同行及专家的批评指正。

责任编辑：张　燕
封面设计：石笑梦
版式设计：胡欣欣

图书在版编目（CIP）数据

汉画像石中的齐鲁古代体育文化研究/张红霞 著. —北京：人民出版社,2022.12
ISBN 978－7－01－025053－3

Ⅰ.①汉…　Ⅱ.①张…　Ⅲ.①画像石-研究-山东-汉代 ②体育文化-研究-
　山东-古代　Ⅳ.①K879.424 ②G812.752

中国版本图书馆 CIP 数据核字（2022）第 169247 号

汉画像石中的齐鲁古代体育文化研究

HAN HUAXIANGSHI ZHONG DE QILU GUDAI TIYU WENHUA YANJIU

张红霞　著

人民出版社 出版发行
（100706　北京市东城区隆福寺街 99 号）

中煤（北京）印务有限公司印刷　新华书店经销

2022 年 12 月第 1 版　2022 年 12 月北京第 1 次印刷
开本：710 毫米×1000 毫米 1/16　印张：16.75
字数：270 千字

ISBN 978－7－01－025053－3　定价：78.00 元

邮购地址 100706　北京市东城区隆福寺街 99 号
人民东方图书销售中心　电话（010）65250042　65289539